高等学校"十三五"学前教育专业规划教材

学前儿童
语言教育与活动指导

主　编　宋苗境
副主编　段　蓉　吴　冰
参　编　唐　锋　马　媛

南京大学出版社

图书在版编目(CIP)数据

学前儿童语言教育与活动指导 / 宋苗境主编. — 南京：南京大学出版社，2019.10
ISBN 978-7-305-08619-9

Ⅰ.①学… Ⅱ.①宋… Ⅲ.①学前儿童—语言教学—高等职业教育—教材 Ⅳ.①G613.2

中国版本图书馆 CIP 数据核字(2019)第 224499 号

出版发行	南京大学出版社
社　　址	南京市汉口路 22 号　　邮　编　210093
出 版 人	金鑫荣
书　　名	学前儿童语言教育与活动指导
主　　编	宋苗境
责任编辑	丁　群　钱梦菊　　编辑热线　025-83597482
照　　排	南京南琳图文制作有限公司
印　　刷	盐城市华光印刷厂
开　　本	787×1092　1/16　印张 12.75　字数 280 千
版　　次	2019 年 10 月第 1 版　2019 年 10 月第 1 次印刷
ISBN	978-7-305-08619-9
定　　价	36.00 元

网址：http://www.njupco.com
官方微博：http://weibo.com/njupco
微信服务号：NJUyuexue
销售咨询热线：(025) 83594756

* 版权所有，侵权必究
* 凡购买南大版图书，如有印装质量问题，请与所购
　图书销售部门联系调换

前　言

2012年，教育部颁布了《3—6岁儿童学习与发展指南》，其中指出：语言是交流和思维的工具。幼儿期是语言发展，特别是口语发展的重要时期。可见，如何科学有效地促进学前儿童语言发展以胜任学前儿童语言教育的工作，是未来幼儿教师与在职幼儿教师需要重点学习与解决的问题。

本教材紧扣《教师教育课程标准（试行）》中"育人为本、实践取向、终身学习"的基本理念，以"突出实践能力培养，提高学习者从事学前儿童语言教育的理论水平和实践能力"为原则构建教材内容，既注重吸收国内外学前儿童语言教育的先进理念和方法，保障理论的前沿性；又结合学前儿童语言教育的实际问题，注重教材的实用性。本教材在内容与形式上有如下三方面的编写特色：

第一，教材各章节是组块式结构，包括"思维导图""情境导入""理论知识""案例""技能训练""国考真题""拓展链接"等栏目，结构清晰，各章节既相互独立，有相互联系，保证了知识体系的完整，既有利于各学校授课教师适当取舍，又有利于学习者的自主学习。

第二，建构了文本、视频、音频、课件、图片等多类型、信息化、互动化的学前儿童语言教育课程数字资源。其中有许多课程资源，以二维码的形式链接起来，为翻转课堂、线上线下混合式教学和移动学习提供了条件。

第三，结合幼儿教师的实际需要，注重学习者实践能力培养的多元化需求。其一,全书包含丰富的幼儿园语言教育活动的优秀案例,且依据理论知识点的学习对案例进行深度分析;其二,各章节后有多样化的技能训练项目,注重学习者语言教育素养及语言教育技能的训练;其三,"国考真题"中选择近几年全国幼儿园教师资格证的笔试与面试的典型真题,有助于学习者的资格证备考。

本教材共分为六章,第一章重点阐述了学前儿童语言发展的相关理论、特点、影响因素,以及学前儿童语言教育的价值、基本理念、目标、内容、途径与方法;第二至第六章分别介绍了学前儿童听说游戏、文学活动、早期阅读活动、谈话活动、讲述活动等各类型学前儿童语言教育活动的教育价值、内涵、选材分析、活动设计与组织的指导以及案例评析。第一章重在理论阐释,后五章重在理论与实践的结合,通过丰富、典型的案例让学前教育专业学生在实践中学习与操作,以便更深刻地理解与掌握理论,并在实践中应用理论。既重视学生关于学前儿童语言教育的理论学习,又注重提高学生的学前儿童语言教育的实践能力。

本书是课程团队集体智慧的结晶,具体分工如下:第一章由唐锋编写,第二章由马嫒编写,第三章由宋苗境编写,第四章第一、二节由段蓉编写,第四章第三节由段蓉、唐锋编写,第五章第一、二节由吴冰编写,第五章第三节由宋苗境、马嫒编写,第六章由宋苗境编写。最后,由宋苗境、段蓉、吴冰负责全书的修改,唐锋与马嫒完成统稿工作。

在本书编写过程中,参考与借鉴了国内许多专家、同行的研究成果,在此,表示诚挚的谢意。由于编者水平有限,书中疏漏与不当之处在所难免,敬请广大读者批评指正。

宋苗境

2019 年 9 月于长沙

目 录

第一章 学前儿童语言教育概述 1

第一节 学前儿童语言发展 1
一、学前儿童语言获得理论 1
二、学前儿童语言发展的特点 4
三、学前儿童语言发展的影响因素 6

第二节 学前儿童语言教育 8
一、学前儿童语言教育的基本理念 8
二、学前儿童语言教育的目标与内容 11
三、学前儿童语言教育的途径与方法 19

第二章 学前儿童听说游戏 30

第一节 学前儿童听说游戏概述 30
一、学前儿童听说游戏的内涵 31
二、学前儿童听说游戏的特点 32
三、学前儿童听说游戏的分类 35
四、学前儿童听说游戏的教育价值 41

第二节 学前儿童听说游戏的设计与组织 44
一、听说游戏的设计思路 44
二、听说游戏的指导要点 47

第三节 学前儿童听说游戏案例与评析 51

第三章 学前儿童文学活动 62

第一节 学前儿童文学活动概述 62

一、学前儿童文学活动的教育价值……………………………………… 62

　　二、对学前儿童文学活动的认识………………………………………… 66

　　三、学前儿童文学活动的选材分析……………………………………… 68

第二节　学前儿童文学活动的设计与组织…………………………………… 72

　　一、感受与欣赏文学作品的指导………………………………………… 73

　　二、理解与体验文学作品的指导………………………………………… 76

　　三、创造与运用文学作品的指导………………………………………… 82

第三节　学前儿童文学活动案例与评析……………………………………… 85

第四章　学前儿童早期阅读活动……………………………………………… 98

第一节　学前儿童早期阅读活动概述………………………………………… 98

　　一、学前儿童早期阅读活动的教育价值………………………………… 98

　　二、学前儿童早期阅读活动的类型与特点……………………………… 100

　　三、学前儿童早期阅读活动的选材与分析……………………………… 102

第二节　学前儿童早期阅读活动的设计与组织……………………………… 110

　　一、幼儿园早期阅读教学活动的设计与指导…………………………… 110

　　二、幼儿园阅读区的创设与指导………………………………………… 116

　　三、亲子阅读活动的优化与指导………………………………………… 118

第三节　学前儿童早期阅读活动案例与评析………………………………… 119

第五章　学前儿童谈话活动…………………………………………………… 133

第一节　学前儿童谈话活动概述……………………………………………… 133

　　一、学前儿童谈话活动的教育价值……………………………………… 133

　　二、学前儿童谈话活动的目标…………………………………………… 136

　　三、对学前儿童谈话活动的认识………………………………………… 138

　　四、学前儿童谈话活动话题的选择……………………………………… 141

第二节　学前儿童谈话活动的设计与组织…………………………………… 142

一、集体谈话活动的设计与指导 ……………………………… 142

　　二、日常谈话活动的指导 ……………………………………… 152

第三节　学前儿童谈话活动案例与评析 …………………………… 154

第六章　学前儿童讲述活动 …………………………………………… 163

　第一节　学前儿童讲述活动概述 …………………………………… 163

　　一、学前儿童讲述活动的教育价值 …………………………… 163

　　二、对学前儿童讲述活动的认识 ……………………………… 167

　　三、学前儿童讲述活动的主要类型 …………………………… 170

　第二节　学前儿童讲述活动的设计与组织 ………………………… 174

　　一、感知与理解讲述对象的指导 ……………………………… 174

　　二、讲述的指导 ………………………………………………… 180

　第三节　学前儿童讲述活动案例与评析 …………………………… 183

参考文献 …………………………………………………………………… 195

第一章 学前儿童语言教育概述

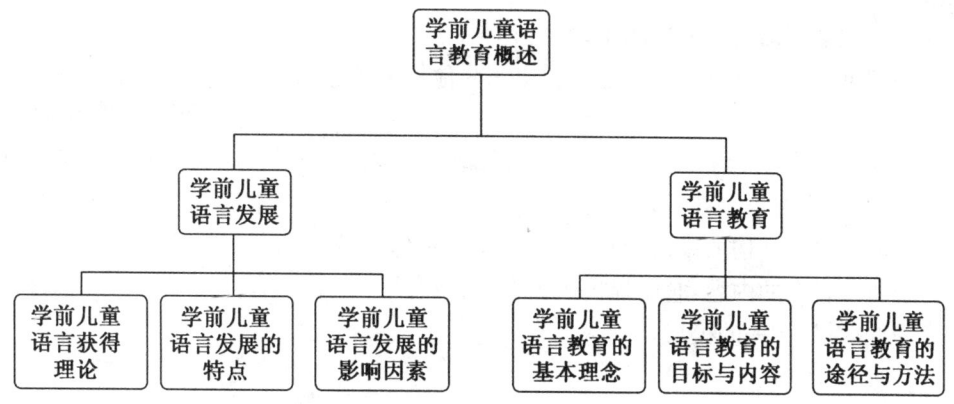

第一节 学前儿童语言发展

情境导入

小女孩思思2岁3个月了,还只能说一些简单的话,如"妈妈,饭""妈妈,澡"等,别人问她话也不答。而另一个比她还小一个月的小男孩明明语言发展就好很多,不仅能和成人进行简单的对话,还能背诵几首古诗。年龄差不多,为什么他们的语言发展水平差别如此之大?儿童的语言是如何发生发展的?又有何特点?哪些因素影响着儿童的语言发展?这些都是本节要探讨的重点问题。

一、学前儿童语言获得理论

儿童为什么能在短短几年内掌握复杂的语言?儿童的语言知识和能力是先天具有的还是后天习得的?有关儿童语言的获得模式有多种,大体上可以归为三类:后天环境论、先天决定论、先天与后天相互作用论。

(一)后天环境论

后天环境论来源于巴甫洛夫和华生的理论,他们把语言看作一种习惯,强调环境和强化对语言学习和获得的决定性作用,否定或轻视儿童语言发展中的先天或遗传因素。后天环境论者关于语言获得的观点因强调的侧重点不同而不完全一致,下面介绍几种有代表性的。

1. 模仿说

模仿说认为,儿童是通过模仿成人的语言而掌握语言的。模仿说可分为早期的机械模仿说和后来的选择性模仿说。

机械模仿说最早由美国心理学家阿尔波特于1924年提出,它把儿童的语言看作是其父母语言的翻版。模仿在儿童语言的发展中有一定甚至比较重要的作用,但它忽视了儿童掌握语言过程中的主动性和创造性,不能解释儿童语言发展中的一些根本问题和重要现象,比如,儿童能够说出一些他从未听过的成人语言中没有出现过的词或句子。

选择性模仿说是在批判机械模仿说的基础上改造而成的,怀特斯基和瓦斯托研究指出,儿童学习语言并不是对成人语言的机械模仿,而是选择性模仿。选择性模仿是对示范者语言结构的模仿,而不是对其具体内容的模仿。选择性模仿说给"模仿"一词增加了崭新的内容,它所提出的语言获得模式是比较符合获得过程实际情况的模式,但也不是唯一的模式。

2. 强化说

强化说的主要代表人物是美国心理学家斯金纳。强化说以刺激—反应论和模仿说为基础,并特别强调"强化"在儿童语言学习中的作用,认为儿童是通过强化学会语言的。斯金纳后来又提出了"强化依随"的概念,指的是强化刺激紧跟着言语行为之后发生,它有两个特点:第一,最初被强化的是个体偶然发生的动作,如婴儿偶然发出d声,母亲就微笑着过来抱他,并应答他;第二,强化依随是渐进的,指的是不必等到儿童说出和示范句完全一样的句子时才强化,只要儿童说出的句子接近示范句就强化,然后再强化更加接近该句的话语。通过这种逐步接近的强化方法,儿童最终能学会非常复杂的句子。

后天环境论中的很多观点被证明是片面狭隘的,但这些理论中也有很多合理的地方,不能一概否定。

(二) 先天决定论

先天决定论强调人的先天语言能力,强调遗传因素在儿童语言发展中的决定性作用,忽视甚至否定后天环境因素的影响,与后天环境论完全相反。比较有影响力的理论主要是先天语言能力说和自然成熟说。

1. 先天语言能力说

先天语言能力说主要是由乔姆斯基在其《句法结构》(1957)一书中提出,他认为,这里的语言能力指的是普遍的语法知识,儿童大脑中有一种受遗传因素决定的先天语言获得装置(Language Acquisition Devise,简称LAD),儿童是通过先天的普遍语法向个别语法转化学会语言的,这个转化是由LAD实现的。LAD以生来具有的普遍语法为依据,对所接受的具体的语言材料进行处理,并逐步形成一种个别的语法能力。在此过程中,儿童能发现语言的深层结构(显示基本的句法关系,与语义相连,决定句子的实质性意义),以及将其转换为表层结构(用于交际中句子的形式,与语音、表达形式相连)的转换规则,因而能产生和理解无限多的新句子,创造性地使用语言。

2. 自然成熟说

自然成熟说是美国心理学家勒纳伯格提出的一种儿童语言发展理论。他认为,儿童语言的发展是一个受发音器官和大脑等神经机制制约的自然成熟的过程。人类具有一种先天的潜在语言结构,语言是人类大脑机能成熟的产物,当大脑机能的成熟达到一种语言准备状态时,只要受到适当外在条件的激活,就能使潜在的语言结构状态转变成现实的语言结构,语言能力就能显露,儿童的语言也就逐渐发展成熟。同时,勒纳伯格还提出了儿童语言发展的"关键期"概念。他指出,受生理因素的影响,儿童在2—12岁学习语言最为容易,超过这段时间,语言学习的效果就受到较大程度的影响。

先天论强调语言发展中的先天因素和儿童的主动性和创造性,改变了后天论中儿童被动模仿的观点,这是其合理之处。但是,先天论者不管是强调先天语言获得机制还是自然成熟法则,都否定环境和学习对语言获得的决定性影响,这与其强调儿童的主动性和创造性的观点又自相矛盾,从另一个极端又否定了语言发展中儿童的积极性和主动性。

(三) 先天与后天相互作用论

无论是先天决定论还是后天环境论都没有科学地解释儿童语言获得的过程,都带有很强的片面性。因此,一些理论家开始将两派的观点结合起来。先天与后天相互作用论以皮亚杰的认知发展理论为基础,认为语言能力是认知能力的一部分,认知结构是语言发展的基础,语言发展是遗传因素和环境因素相互作用的结果,强调主客体相互作用产生的认知结构对语言发展的作用。

先天与后天相互作用论吸收了先天论和后天论的合理之处,赞同先天因素作为儿童语言发展的生理基础所起的决定性作用。同时,也看到了环境对儿童语言发展的影响,强调儿童与周围环境(包括成人和同伴)的互动对儿童语言发展的重要作用。不足之处在于:第一,相互作用论的很多观点都还只是理论假设,尚未得到验证。第二,强调认知结构对语言发展的作用,却忽视了语言发展对认知结构的影响。

以上三派观点都从某一方面解释了儿童语言发展的过程,但都未能全面解释儿童语言发展的全过程。我们更倾向于认为,在儿童发展的不同阶段,不同因素的影响程度不同。如在出生后第一年,可能生理因素,尤其是大脑机能的成熟对语言发展更具决定性作用;在2—4岁,儿童开始模仿成人的语言并在成人的强化下能学会很多简单的词句;4岁以后,儿童通过与他人的交流和互动,体验交流的乐趣,产生进一步交流的愿望,学习更多复杂的语句。

二、学前儿童语言发展的特点

虽然儿童掌握语言的速度各不一样,但儿童的语言发展受生理机制成熟和认知能力发展的制约,有其固有的发展顺序和阶段。因此,了解学前儿童语言发展的过程及其特点,是开展学前儿童语言教育的基本依据,对学前儿童语言的发展有重要意义。下面分别从语音、词汇、语法三方面介绍学前儿童语言发展的特点。

(一) 学前儿童语音的发展

语音是口头语言的物质载体,是人类发音器官发出的表达一定语言意义的声音。学前期是语音发展的关键期,基本能掌握本民族的全部语音,并能有意识地辨别发音是否正确,模仿正确发音,纠正错误发音。

1. 儿童发音水平随着年龄增长逐步提高

(1) 非自控音阶段(出生—20天)。发音器官为语音的发生做最基本的物质准备。这一阶段新生儿的发音以哭声为主,也有一些咳嗽声和吃奶时的发音,这些声音绝大多数都是新生儿不能自己控制的,因此,可以称为"非自控音"。

(2) 咕咕出声阶段(21天—5个月)。声音听辨能力有较大发展,有大量的"玩弄"声音的现象,有了最初的语音模仿和"对话"意识。

(3) 牙牙学语阶段(6个月—1岁)。连续发音的节奏感加强,发音的形式变得丰富多彩,出现许多类似语言的语调。这一阶段显著的特征是婴儿模仿发音的能力大大提高。

(4) 学话阶段(1—1.5岁)。连续音节和类似词的音节增多,能说出一些单词,无意义的音节减少,这是一个由无意义音节发展到词音的过渡阶段。

(5) 积极言语发展阶段(1.5—6岁)。开始由单词句、双词句向完整句发展,集中的无意义的发音现象消失,发音和发出的词和句子整合在一起。但由于发音器官未成熟,会出现许多语音"错误"。

2. 儿童声母发音比韵母发音错误多

学前儿童容易出现发音错误的声母主要集中在 z、c、s、zh、ch、sh、r、n、l 等辅音上,z、c、s 容易和 zh、ch、sh 混淆,对 zh、ch、sh(舌尖后擦音)和 r(舌尖后浊擦音)的发音感到困难。研究者认为,学前儿童发辅音容易出错主要是因为辅音要靠唇、齿、舌等运动的细微变化,由于学前儿童生理上不够成熟,还不能灵活地支配发音器官。由于学前儿童之间存在个体差异性,因此,针对学前儿童出现的发音错误,只要不是发音器官和听觉器官功能异常,成人都要根据学前儿童语音发展的特点进行适当的指导,既不能忽视也不能操之过急。

3. 儿童语音发展受到方言的干扰与影响

有学者对我国十省市 3—6 岁儿童研究调查,结果显示,儿童跟读成人发音的正确率高于儿童独自发音时的正确率,这说明儿童虽然具备了正确发音的能力,但是当地的语言习惯对儿童的正确发音产生了很大的干扰。同时,有研究发现,就算儿童成长在方言较重的语言环境中,但父母双方或一方讲普通话,并且重视儿童的正确发音,其子女显示出不同于当地儿童语音的特点,能讲标准的普通话,甚至可以抵消方言对儿童发音的影响。

(二)学前儿童词汇的发展

词汇即词的总汇。学前期是儿童词汇发展最迅速的时期,词汇量的增加也是儿童语言发展的一个重要标志。儿童词汇的发展主要表现在词汇量、词义和词类的变化等方面。

1. 词汇量不断增加

3—6岁是人的一生词汇量增加最快的时期。一般来说,3岁幼儿词汇量约为800~1 100个,4岁为1 600~2 000个,5岁时增至2 200~3 000个,6岁时词汇数量可达3 000~4 000个。随着词汇量的迅速增加,儿童在入学前已经掌握基本的口语词汇,足以保证能和别人交流。同时,由于词汇的掌握很大程度直接取决于儿童生活的语言环境,因此,儿童词汇量的掌握具有较大的个体差异。

2. 词类范围不断扩大

随着年龄的增长,学前儿童生活的范围逐渐扩大,掌握的词类范围也不断扩大。学前儿童掌握的词类已比较齐全,主要是意义比较具体的实词,其中名词最多,其次是动词,再次是形容词,最后是副词。学前儿童也逐渐掌握了意义比较抽象的虚词,如连词、介词、助词等,但总量很小。

3. 对词义的理解不断确切和深化

学前儿童对词义的理解比较笼统且具体。如一个1岁左右的婴儿把圆形物称为"球",见到苹果、橘子等圆形都叫"球",常常用一个词表示多种对象,对词义的理解比较笼统,同时又是非常具体的,上述婴儿所理解的"球",只是指圆形物体,这只是该词的某一具体含义,尚未掌握词的全部含义。但是,随着年龄的增长,生活经验的丰富,学前儿童逐渐向掌握词汇的全面语义发展,由词的单义向多义发展,由词的具体含义向抽象含义发展。

(三)学前儿童语法的发展

语法是由一系列语法单位和有限的语法规则构成,是语言的最为抽象的基础性系统,是语言的民族特点和一个人的语言能力的最为基本的表现。所谓掌握了一种语言,在很大程度上是指掌握了一种语言的语法系统。由于所学语言的差异和学习语言的主客观条件的不同,学前儿童语法系统的发展表现出一定程度的差异,但是有一个基本相同的发展过程和特点。

1. 从简单句发展到复合句

简单句是指句法结构完整的单句。2岁以后,简单句逐渐增加。学前儿童使用的简单句类型主要有:主谓结构,如"宝宝吃饭";谓宾结构,如"洗澡澡""坐车车";主谓宾结构,如"宝宝吃饭"。学前期虽也出现了一些复合句,但简单句仍占大多数。已有研究表明,2岁时复合句只占所有句子的3.5%,简单句占96.5%。由表1-1可知,学前期的简单句仍占大多数,随着年龄的增长,复合句所占的比例逐渐增加,但直到学前晚期,仍然在50%以下。

表1-1 学前儿童简单句和复合句的比例①

年龄/岁	简单句/%	复合句/%
3	96.2	3.8
4	88.5	11.5
5	87.6	12.3
6	80.9	19.1

2. 从陈述句发展到多种形式的句子

陈述句是儿童最初掌握的句型,整个学前期,简单的陈述句仍然是基本的句型。随着年龄的增长,逐渐学会其他形式的句子,学前儿童常用的其他句型主要有疑问句、祈使句和感叹句等。如"为什么要睡觉?""这花好美啊!"

3. 从无修饰句发展到修饰句

儿童最初表达的句子是没有修饰语的,如"宝宝睡觉""车走了"。随着年龄的增长,一些修饰语开始出现。有研究表明,2岁儿童已经开始说出一些简单的修饰语,如"两个娃娃玩游戏",但仅占20%;3—3.5岁是复杂修饰语句的数量增长最快的时期;4岁,有修饰的语句开始占优势。

三、学前儿童语言发展的影响因素

语言的发展是一个非常复杂的过程,其影响因素众多。影响学前儿童语言发展的因素主要有以下几方面。

(一) 生理因素

这里的生理因素主要包括三方面,一是整套发音系统,如口腔、声带、气管和肺等;二是大脑神经系统;三是感知觉系统,如视觉、听觉、味觉、嗅觉和触觉等。比如,视觉或听觉有障碍的儿童,学习语言会比正常儿童困难,这正好说明了感知觉系统对儿童语言发展的重要影响。

当然,生理因素只是为儿童语言发展提供了一种可能性和规定性,先天的这种潜在可能性和规定性,要在后天实现,自然要受到后天因素的制约和影响。

(二) 心理因素

在诸多影响儿童语言发展的心理因素中,最重要的是儿童认知能力。语言能力无论是印入性的(例如听和阅读)还是表达性的(例如说和写),都建立在对语言内容

---

① 郭咏梅.幼儿语言教育与活动指导[M].北京:高等教育出版社,2017.

理解的基础上。也就是说,语言能力和认知能力有密切关系,语言能力是受一般认知能力制约但又有自己特殊性的认知能力。例如,如果儿童对语言中所描述的事物全无概念,又不理解词义,当他人说出一些物体的名称或描述形状时,他便会感到茫然,难以理解其内容。同样,他也不能用语言或文字去描述这些事物。因此,儿童如果缺乏认知能力和概念知识,当他听到别人说话时,便很可能产生理解错误,或者表达障碍。

此外,儿童的其他心理因素也影响着其语言的发展,如个性品质。一般来说,性格外向、喜欢与人交往的儿童,其语言发展的速度较快。也有研究指出,女孩比男孩更乐于与成人交往,她们在做一件事情之前,往往要向成人请示。女孩和男孩这种心理差异及其带来的行为上的差异,是导致女孩语言发展快于男孩的原因之一。

(三) 环境因素

除生物因素、心理因素外,儿童语言的发展还依赖于其生活的社会环境。社会环境因素很多,其中较为重要的是儿童周围的语言环境、儿童的生活体验和成人对待儿童的态度。后天的语言环境和成人有目的、有意识的教育,对于儿童语言的发展有着重要的作用。

1. 良好的语言环境

已有研究和实践表明,环境对儿童发展的影响越来越大,儿童语言的发展同样受到其生活的社会环境的重要影响。家长和幼儿园教师普通话的标准程度、词汇的丰富程度及儿童同伴的语言水平等都直接影响着儿童语言的发展水平。

成人的言语范例表现在:坚持讲普通话,发音准确;词汇丰富,用词确切;口语清楚明确,文理通顺,富于表现力,有文学修养;在表达方法上要适于儿童的接受水平;讲话的语气语调要使儿童感到亲切,讲话的速度和声音,以儿童能听清为宜。总之,从内容到形式,成人的言语都应是儿童的榜样。

2. 丰富的生活体验

《指南》指出:"幼儿的语言学习需要相应的社会经验支持,应通过多种活动扩展幼儿的生活经验,丰富语言的内容,增强理解和表达能力。"丰富的生活体验有利于儿童言语交际能力的发展。如果儿童有一个丰富多彩、轻松愉快而又有教育意义的生活环境,必然思想活跃、性格开朗,愿意与成人和同伴交往,谈论他们的感受和见闻。当幼儿需要有更多的词去命名事物和现象,需要有更强的表达能力来表达自己的认识和体验但又表达不畅时,他们就会注意倾听别人的讲话,会积极、主动地去模仿别人的语言,这样就能促进儿童言语的发展。因此,成人应尽可能地增加儿童广泛接触自然和社会生活的机会。除了每天的日常生活内容应有所变化外,还可以带儿童外出参观、组织节日活动、听"小喇叭"广播、阅读书刊等。

第二节 学前儿童语言教育

情境导入

有人认为,儿童出生后,让他自然生长就能掌握本民族的语言,并不需要专门的语言教育。这种观点合理吗?学前儿童语言教育有何价值?应当坚持怎样的语言教育观?学前儿童语言教育的目标、内容、途径和方法分别是什么?这些都是本节要探讨的重点问题。

一、学前儿童语言教育的基本理念

学前儿童语言教育的基本理念涉及当前新课程理念背景下学前儿童语言教育的基本观念,我们将从学前儿童语言教育的价值和基本观念两方面进行阐述。

(一)学前儿童语言教育的价值

学前儿童语言教育包含多方面的价值,体现在对儿童语言、认知、社会性和审美等多方面的发展上。只有全面认清语言教育的价值,才能在语言教育的过程中全面挖掘这些价值,促进学前儿童的全面发展。

1. 促进学前儿童语言的发展

学前儿童语言教育的基本任务在于促进学前儿童语言能力的发展。这主要体现在两个方面:

(1)促进学前儿童基本语言能力的发展

基本语言能力包括两方面:一是运用社会交往规则的能力,二是运用语言认识和思考的能力。在社会交往过程中,学前儿童逐渐学会倾听,结合情境恰当理解他人所说的话,并及时做出得体的反应;学会把握说话时机,不随便插话或打断别人说话;学会根据不同的交往目的、对象、场合使用得体的语言。同时,当学前儿童语言真正发生以后,他认识和思考的世界得以扩大,他逐步学会用语言来分析、解决遇到的问题。"通过语言获取信息,幼儿的学习逐步超越个体的直接感知。"

在学前儿童语言教育中,成人往往会为儿童提供丰富的语言范例,包括好听的故事、有趣的儿歌、优美的诗歌等,让儿童去感知、理解、体验和记忆,也会为儿童提供大量运用、创造语言的机会。通过多种多样的语言学习和语言交往活动,学前儿童的基本语言能力能得到快速发展。

(2)提高学前儿童学习语言的兴趣

儿童心理学研究发现,在语言学习过程中,学前儿童会对语音、词汇、语法等现象表现出兴趣,产生语音意识和语法意识,自发地关注、纠正自己或他人的发音、用词以及语言表达。对语言现象的兴趣是学前儿童语言能力发展的前提,而语言能力的发展又会反过来激发他学习语言的兴趣。这一良性互动关系在那些语言兴趣高、语言能力强的学前儿童身上能得到充分的印证。良好的语言教育能增强学前儿童学习语言的兴趣,并有利于促进学前儿童语言能力发展和语言兴趣之间的良性互动。

2. 促进学前儿童认知的发展

学前儿童在学习语言的过程中,不仅接触到语言本身,而且也接触到语言所传递的知识。例如,图画书《想吃苹果的鼠小弟》不仅能让学前儿童感受到苹果一个个减少的数量变化,还能帮助学前儿童了解各种动物的习性和特点,丰富学前儿童的科学知识。

图画书
《想吃苹果的鼠小弟》

学前儿童语言教育对学前儿童认知的促进还表现在智力上,特别是思维能力的促进上。在语言输入,即语言学习的过程中,学前儿童需要感知语音、记忆词汇、理解词和句的含义。这些加工过程有利于锻炼他们的认知能力。在语言输出过程中,学前儿童要把话语表达得正确、完整和连贯,也需要有感知、记忆、思维、想象过程的参与。随着儿童语言水平的提高,语言和认知能力的结合也渐趋密切。我国儿童心理学家朱智贤认为,儿童言语连贯性的发展是儿童言语能力和逻辑思维能力发展的重要环节。心理学家们普遍认为,儿童早期语言能力的发展是他们认知发展的重要标志。

3. 促进学前儿童社会性的发展

《指南》指出:"人际交往和社会适应是幼儿社会学习的主要内容,也是其社会性发展的基本途径。"语言教育有利于学前儿童社会适应能力的发展。通过语言教育,学前儿童习得运用语言进行交际的社会规则,从而发展社会性。研究指出,儿童的语言交往技能在一定程度上影响着儿童在同伴群体中的地位。通常情况下,语言发展较好的儿童往往比较善于通过协商、说服等比较文明的方式与同伴交往,提出请求或化解双方的矛盾。这些儿童很容易被同伴接纳。相反,一些语言发展较差的儿童,既不善于表达自己的思想感情,又不会用协商等方式化解与同伴的冲突,这些儿童往往难以得到同伴的接纳,处于被忽视或被排斥的地位,严重影响其社会性发展。

儿歌《别说我小》体现了语言材料对幼儿自理能力发展的积极影响,图画书《小老鼠和大老虎》则给了儿童人际交往技能的启发。《小老鼠和大老虎》讲述了小老鼠和大老虎是一对好朋友,但却是一对地位不平等的好朋友,因为大老虎总是欺负小老鼠:玩游戏时,大老虎总是当好人,小老鼠总是当坏人;吃甜甜圈时,大老虎总是吃多的一半,小老鼠总是吃少的一半……后来小老鼠终于忍不下去了,它竟然吼了大老虎,决定不再和它做朋友,大老虎这才意识到要失去这位好朋友了,从此开始,它们的地位反转了,不过最后它们成为真正的好朋友:玩游戏时轮流当好人,吃甜甜圈时一人一半……

图画书
《小老鼠和大老虎》

4. 促进学前儿童审美的发展

语言的内容和形式中蕴含着各种类型的美。然而,在实践中,学前儿童语言教育的其他价值容易受到重视,审美价值常常被忽视,而审美价值对于儿童的发展又是极其重要的,尤其是年幼的儿童。语言内容和形式的美主要在文学作品中表现出来。事实上,文学属于艺术的范畴,文学中所包含的美是丰富多样的。文学作品的美包含了文学语言的美、人物形象的美、思想情感的美和景物意境的美,这些美需要教师来挖掘。如故事《一起睡着了》蕴含了浓浓的意境美,其简单而美好的意境吻合了年幼儿童的年龄特点,在听故事的过程中,儿童往往会忘乎自我,躺在地上模仿睡觉。同时,作品简单重复的结构,体现了文学语言的美。

故事《一起睡着了》

(二) 学前儿童语言教育观

《指南》指出,"幼儿期是语言发展,特别是口语发展的重要时期。"诸多研究已证明,学前期是语言发展关键期。因此,成人应充分重视学前儿童的语言发展关键期,积极培养他们的语言能力。成人应营造宽松、自由的交往环境,鼓励学前儿童的自由交谈,让他们想说、敢说、喜欢说、有机会说,在愉快的交流中提高语言能力。

1. 创设宽松环境,鼓励学前儿童的自由交流

《3—6岁儿童学习与发展指南》指出,"幼儿的语言能力是在交流和运用的过程中发展起来的。应为幼儿创设自由、宽松的语言交往环境,鼓励和支持幼儿与成人、同伴交流,让幼儿想说、敢说、喜欢说并能得到积极回应。"只有这样,才能真正让幼儿体验语言交流的乐趣。在幼儿园一日活动中,教师应把"不许说话"限制在最小的范围,如睡觉、吃东西时等。在其他时间教师不应过多限制学前儿童的表达,应创设条件鼓励学前儿童表达自己的需求,增强其表达的信心,提高语言交往能力。

2. 扩展生活经验,丰富学前儿童的语言内容

丰富的生活体验有利于儿童言语交际能力的发展。成人应通过多种活动扩展儿童的生活经验,丰富语言的内容,增强理解和表达能力。教师除了在教学活动中扩展儿童的生活经验外,更多地应通过一日生活和游戏活动来扩展儿童的生活经验,丰富语言的内容。教师应鼓励儿童之间的自由交谈,让儿童在自由交谈中交流生活经验。家长应多带儿童接触自然和社会,游览旅游胜地、参观博物馆和科技馆等都能帮助儿童开阔视野,增长知识,扩展生活经验,丰富其语言内容。在这个过程中,家长应鼓励、引导儿童用语言表达出自己的所见所闻及其感受,锻炼语言表达能力。

3. 重视早期阅读,帮助学前儿童做好终身学习的读写准备

阅读对人的成长的重要影响已为诸多研究和实践证明,高质量的阅读将影响人的一生。而良好阅读习惯的培养始于学前期。《幼儿园教育指导纲要(试行)》(以下简称《纲要》)第一次明确地把早期阅读方面的要求纳入语言教育的目标体系,提出要"培养幼儿对生活中常见的简单标记和文字符号的兴趣;利用图书、绘画和其他多种方式,引发幼儿对书籍、阅读和书写的兴趣,培养前阅读和前书写技能"。

关于早期阅读的指导,较为重要的是为儿童创造一个自由自在、生动有趣、丰富多彩的多元阅读环境,让他们饶有兴趣地接触图书和文字,逐渐形成对文字的兴趣和

阅读动机、学习阅读的技能。良好的阅读环境首先应是舒适温馨的,以吸引儿童阅读的兴趣。其次,良好的阅读环境应提供丰富的阅读材料,而不仅限于图书。教师可以给儿童提供无处不在、随手可取的图书、绘画和其他多种形式的儿童文学作品,为儿童营造良好的书香环境;教师还可以创造性地装饰书架,激发儿童的阅读兴趣;教师还可以提供适合本年龄阶段儿童书写的有趣的材料,摆放在光线适宜、便于儿童取放的地方,为儿童创设富有情趣的写、画环境,培养儿童书写的兴趣及良好的书写习惯;各活动区的标志和进区规则等也可以尝试着让儿童自己来设计,既可以锻炼儿童的书写技能,又可以促使他们更好地遵守区域规则。总之,儿童良好的阅读习惯和兴趣的培养应渗透在一日生活中,在高质量的环境中自然地受到熏陶。

二、学前儿童语言教育的目标与内容

《指南》明确了我国3—6岁儿童语言学习与发展的目标与要求,在贯彻落实这些目标时,我们需要认识理解有关儿童语言学习与发展的目标,并将之进一步细化为日常开展教育工作的具体要求。因此,有关学前儿童语言学习与发展核心经验的系统知识便应运而生。学前儿童语言学习与发展核心经验包含三类:口头语言、书面语言和文学语言,这三类核心经验可以进一步划分为交流谈话、说明讲述和叙事讲述,前阅读、前识字和前书写,文学语汇、文学形式和文学想象等经验,每一种经验都需要经历初始阶段、稳定阶段和成熟阶段三个发展阶段。

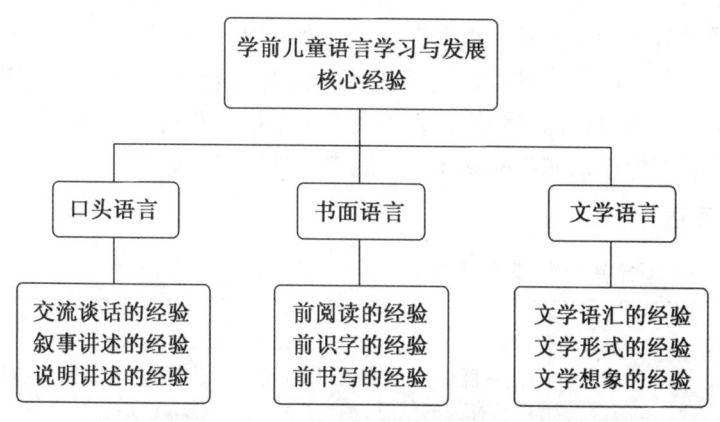

图1-1 学前儿童语言学习与发展核心经验

学前儿童语言学习与发展核心经验的系统梳理,将架构起《3—6岁儿童学习与发展指南》的目标要求与幼儿园语言教育实践的桥梁,有利于帮助教师了解不同年龄段不同经验水平儿童的语言发展状态,据此设计儿童语言教育活动的目标,选择相应的活动内容和方式等。

(一)学前儿童语言教育的目标

学前儿童语言教育的目标,是根据学前保育和教育的总体要求确定的,是整个学前儿童语言教育的纲领。教育目标总是具有一定的可供分析的结构。从纵向角度看,学前儿童语言教育目标具有一般的层次结构,通常包括总目标、年龄阶段目标和活动目标;从横向角度看,学前儿童语言教育目标则存在独特的分类结构,分类结构因分类标准的差异而表现为不同的形式。

1. 学前儿童语言教育的总目标

学前儿童语言教育的总目标有时又称为学前儿童语言教育目标。它是学前儿童语言教育的最终结果,是学前儿童语言教育要求的总和。《纲要》对学前儿童语言教育目标的表述为:乐意与人交谈,讲话礼貌;注意倾听对方讲话,能理解日常用语;能清楚地说出自己想说的事;喜欢听故事、看图书;能听懂和会说普通话。《指南》把语言领域分为两部分:倾听与表达,阅读与书写准备。其中倾听与表达包含三个目标:认真听并能听懂常用语言;愿意讲话并能清楚地表达;具有文明的语言习惯。阅读与书写准备包含三个目标:喜欢听故事,看图书;具有初步的阅读理解能力;具有书面表达的愿望与初步技能。

2. 学前儿童语言教育的年龄阶段目标

学前儿童语言教育的年龄阶段目标是总目标在各年龄阶段的具体体现,即对各年龄阶段儿童语言发展水平提出的具体标准和要求。对学前儿童所要达到的语言发展总目标,总是需要一步一步地落实到不同年龄儿童的身上,所以总目标中的内容,在不同年龄的儿童身上应当有不同的体现,这样儿童才能逐步达到总目标的要求。

《指南》分别对 3—4 岁、4—5 岁、5—6 岁三个年龄段末期儿童应该知道什么、能做什么、大致可以达到什么发展水平提出了合理期望,指明了儿童学习与发展的具体方向,并提出了相应的教育建议。语言领域从倾听与表达、阅读与书写准备两个方面,提出了 6 个具体目标。强调语言领域重点在于培养儿童的口语交流能力,培养儿童的阅读兴趣、习惯以及初步的阅读理解能力。具体表述如下:

倾听与表达

目标1　认真听并能听懂常用语言

3—4 岁	4—5 岁	5—6 岁
1. 别人对自己说话时能注意听并做出回应。 2. 能听懂日常会话。	1. 在群体中能有意识地听与自己有关的信息。 2. 能结合情境感受到不同语气、语调所表达的不同意思。 3. 方言地区和少数民族幼儿能基本听懂普通话。	1. 在集体中能注意听老师或其他人讲话。 2. 听不懂或有疑问时能主动提问。 3. 能结合情境理解一些表示因果、假设等相对复杂的句子。

目标2　愿意讲话并能清楚地表达

3—4岁	4—5岁	5—6岁
1. 愿意在熟悉的人面前说话，能大方地与人打招呼。 2. 基本会说本民族或本地区的语言。 3. 愿意表达自己的需要和想法，必要时能配以手势动作。 4. 能口齿清楚地说儿歌、童谣或复述简短的故事。	1. 愿意与他人交谈，喜欢谈论自己感兴趣的话题。 2. 会说本民族或本地区的语言，基本会说普通话。少数民族聚居地区幼儿会用普通话进行日常会话。 3. 能基本完整地讲述自己的所见所闻和经历的事情。 4. 讲述比较连贯。	1. 愿意与他人讨论问题，敢在众人面前说话。 2. 会说本民族或本地区的语言和普通话，发音正确清晰。少数民族聚居地区幼儿基本会说普通话。 3. 能有序、连贯、清楚地讲述一件事情。 4. 讲述时能使用常见的形容词、同义词等，语言比较生动。

目标3　具有文明的语言习惯

3—4岁	4—5岁	5—6岁
1. 与别人讲话时知道眼睛要看着对方。 2. 说话自然，声音大小适中。 3. 能在成人的提醒下使用恰当的礼貌用语。	1. 别人对自己讲话时能回应。 2. 能根据场合调节自己说话声音的大小。 3. 能主动使用礼貌用语，不说脏话、粗话。	1. 别人讲话时能积极主动地回应。能根据谈话对象和需要，调整说话的语气。 2. 懂得按次序轮流讲话，不随意打断别人。 3. 能依据所处情境使用恰当的语言。如在别人难过时会用恰当的语言表示安慰。

阅读与书写准备

目标1　喜欢听故事，看图书

3—4岁	4—5岁	5—6岁
1. 主动要求成人讲故事、读图书。 2. 喜欢跟读韵律感强的儿歌、童谣。 3. 爱护图书，不乱撕、乱扔。	1. 反复看自己喜欢的图书。 2. 喜欢把听过的故事或看过的图书讲给别人听。 3. 对生活中常见的标识、符号感兴趣，知道它们表示一定的意义。	1. 专注地阅读图书。 2. 喜欢与他人一起谈论图书和故事的有关内容。 3. 对图书和生活情境中的文字符号感兴趣，知道文字表示一定的意义。

目标2　具有初步的阅读理解能力

3—4岁	4—5岁	5—6岁
1. 能听懂短小的儿歌或故事。 2. 会看画面，能根据画面说出图中有什么，发生了什么事等。 3. 能理解图书上的文字是和画面对应的，是用来表达画面意义的。	1. 能大体讲出所听故事的主要内容。 2. 能根据连续画面提供的信息，大致说出故事的情节。 3. 能随着作品的展开产生喜悦、担忧等相应的情绪反应，体会作品所表达的情绪情感。	1. 能说出所阅读的幼儿文学作品的主要内容。 2. 能根据故事的部分情节或图书画面的线索猜想故事情节的发展，或续编、创编故事。 3. 对看过的图书、听过的故事能说出自己的看法。 4. 能初步感受文学语言的美。

3. 学前儿童语言教育的活动目标

学前儿童语言教育的具体活动目标是指在某一具体的教育活动中要达到的目的,是学前儿童语言教育总目标和年龄阶段目标的最终分解和具体化。一般由教师自己制定,具有较强的灵活性和可操作性。但是教师设计的具体活动目标必须与幼儿园语言教育的总目标、年龄阶段目标一致,具体活动目标是为总目标和年龄阶段目标服务的。有时候,具体活动目标是一次活动中要完成的任务,也有可能是一组相近的活动或一个主题系列活动的目标。无论哪一种活动,都含有一定要求并通过教师的活动计划和教育实践得以体现。教师在制定具体教育活动目标时应注意以下几点:

(1) 应着眼于儿童的语言发展

学前儿童语言教育的基本目的是促进学前儿童的语言发展,因此,学前儿童语言教育的活动目标必须着眼于学前儿童的语言发展,使目标适宜学前儿童的语言发展。为此,教师应掌握学前儿童的年龄特点和语言发展规律,充分观察、了解其兴趣、经验、需要和已有发展水平,掌握儿童的最近发展区,使活动目标处于儿童的最近发展区内,以促进儿童由现实的语言发展水平向潜在的语言发展水平发展。

(2) 应紧扣学前儿童语言学习与发展的核心经验

学前儿童语言学习与发展的核心经验架构起了《指南》的目标要求与幼儿园语言教育实践的桥梁。教师具备学前儿童语言学习与发展核心经验的知识,在制定语言教育活动目标时就更能聚焦语言学习的核心经验及其发展水平,使得目标更适宜儿童的语言发展水平;在选择和组织语言教育内容时就可以紧扣核心经验、体现核心经验,并根据核心经验的不同发展阶段或者发展水平组织内容;可以根据儿童现有的核心经验和发展水平选择合适的教学方法;在与儿童进行互动时能够敏锐地发现儿童核心经验发展的不同阶段或不同水平,能够通过提出有质量的问题、灵活地回应儿童的问题、把握活动节奏等方法,提高儿童参与互动的积极性以及师幼互动的质量。

(3) 应具体、明确

从目标的具体程度来看,学前儿童语言教育目标的各层次目标由抽象、概括到具体、明确,具体的活动目标必须具体、可操作,否则其不但会失去指导作用,也会给后续的活动组织和评价带来困难。

(4) 应涵盖全面

学前儿童语言教育的目标应包含认知、情感与态度、能力三个部分,只有这样才能促进儿童的全面发展。然而,在幼儿园语言教育实践中常出现"重知识,轻情感""重知识,轻能力"等现象,导致学前儿童的语言学习与发展严重失衡。因此,在设计学前儿童语言教育的目标时,首先应重视儿童情感态度的熏陶,包括兴趣、态度等;其次,应注重能力的培养,包括语言理解能力和语言运用能力;再次,还应涉及语言知识的学习,包括所获得知识的形式、数量和种类,以及操作这些知识的技能和能力。

表 1-2　学前儿童语言教育的三维目标

情感态度	兴趣、态度、情感的培养
能力	倾听、表达、前阅读、前书写的培养
认知	语言知识的学习

(5) 应从儿童角度表述

在表述活动目标时,既可以从教师角度表述,即把教师作为主体,常运用"指导、引导、帮助、提高、激发、促进……"等词语表述活动目标,也可以从儿童角度表述,即把儿童作为主体,常运用"感知、了解、理解、喜欢、愿意、乐意、萌发、体验……"等词语表述活动目标。当然,我们提倡从儿童角度表述目标,以突出儿童在活动中的主体地位,这样有利于教师始终围绕"如何促进儿童发展"来选择适宜的教育手段和方法,也更有利于在活动结束后针对儿童的行为状态进行评价和反思。下面具体分析几个活动目标的设计。

案例

大班文学活动"雨中的森林"活动目标:

1. 喜欢聆听散文诗,感受到雨带给森林的美丽景色。
2. 懂得诗句运用的比喻手法及作用,学习理解"躲""笔直""飘落""孵出"等词汇。
3. 理解散文诗的内容,并能根据原文的格式和句式,大胆想象并进行适当的仿编。

散文诗《雨中的森林》

中班讲述活动"好心的风娃娃"活动目标:

1. 感受用正确的方法帮助别人是一件快乐的事。
2. 学会有序地观察图片,能比较完整、连贯地讲述图片内容。
3. 理解故事中风与船、风筝、蒲公英和火之间的关系,加深对风的认识。

以上两个活动目标不仅从情感、认知和能力三个维度设计,从儿童角度出发,表述明确、具体,而且符合相应年龄班儿童的发展水平,紧扣学前儿童语言学习与发展的核心经验,第一个案例主要提供文学语言核心经验的学习,第二个案例主要提供讲述语言核心经验的学习。

(二) 学前儿童语言教育的内容

学前儿童语言教育的内容是指学前教育机构为儿童提供的语言形式、语言内容和语言运用的基本知识、基本行为方式和基本态度的总和,是儿童学习语言、获得语言经验的载体,是达成语言教育目标的手段。它既要贯彻社会对儿童语言发展的要求,又要反映语言教育理论研究的最新成果,更要符合儿童语言个性化发展的特征。《纲要》中学前儿童语言教育的"内容与要求"如下:

1. 创造一个自由、宽松的语言交往环境,支持、鼓励、吸引幼儿与教师、同伴、或其他人交谈,体验语言交流的乐趣。

2. 养成幼儿注意倾听的习惯,发展语言理解能力。

3. 鼓励幼儿大胆、清楚地表达自己的想法和感受,尝试说明、描述简单的事物或过程,发展语言表达能力和思维能力。

4. 引导幼儿接触优秀的儿童文学作品,使之感受语言的丰富和优美,并通过多种活动帮助幼儿加深对作品的体验和理解。

5. 培养幼儿对生活中常见的简单标记和文字符号的兴趣。

6. 利用图书、绘画和其他多种方式,引发幼儿对书籍、阅读和书写的兴趣,培养前阅读和前书写技能。

7. 提供普通话的语言环境,帮助幼儿熟悉、听懂并学说普通话。

《指南》明确了我国3—6岁儿童语言学习与发展的目标与要求,要贯彻落实这些目标,我们需要在日常工作中将其细化为具体的工作要求,需要选择能实现这些目标与要求的教育内容。因此,有关学前儿童语言学习与发展核心经验的系统知识便应运而生。根据学前儿童语言教育的目标、《纲要》和《指南》精神及有关学前儿童语言习得和发展的理论,将学前儿童语言教育内容定为学前儿童语言学习与发展的核心经验,包含三类:口头语言、书面语言和文学语言,这三类核心经验可以进一步划分为交流谈话、说明讲述和叙事讲述,前阅读、前识字和前书写,文学语汇、文学形式和文学想象等经验。

1. 口头语言核心经验

《指南》指出,幼儿期是语言发展,特别是口语发展的重要时期。学前儿童口头语言的核心经验是指儿童在发展口头语言能力的过程中所需要学习并获得的最重要、最核心的经验,主要包括交流谈话的经验、叙事讲述的经验和说明讲述的经验。

(1) 交流谈话的核心经验

一个有着良好倾听习惯和能力、乐于交往、敢于表达、能围绕主题谈话、不偏题、掌握谈话规则、会轮流谈话的学前儿童往往被认为是有着高水平谈话能力的学前儿童,也是学前末期一个有着良好谈话能力的学前儿童应有的状态,支撑这种状态背后的核心能力或品质就是学前儿童谈话的核心经验。根据谈话本身的语言要素、学前儿童谈话活动的特点,学前儿童谈话的核心经验主要包括三个方面:

良好的倾听习惯和能力:良好的倾听习惯和能力是学前儿童谈话能力中的首要核心经验。《指南》将"认真听并能听懂常用语言"列为学前儿童语言能力发展的首要目标,在学前阶段,学前儿童重点要发展的是主动倾听的经验,从有意识倾听和辨析性倾听,逐渐发展到理解性倾听。

掌握并运用交流和表达的规则:《指南》中"倾听与表达"部分的目标3——"具有文明的语言习惯"主要涵盖的就是这个范畴的经验,主要包括:使用文明礼貌用语;注意倾听他人发言及时给予应答和反馈;不随便插话,发言时先示意;注意谈话对象之间的轮流等。

初步运用谈话策略:学前儿童需要获得的谈话策略的经验主要指儿童能运用语

气、声调、表情、身姿、手势、目光等辅助手段来帮助交流和表达,能在谈话中围绕主题,并能在交流过程中主动发起谈话、初步修补和维持谈话。

(2) 叙事讲述的核心经验

叙事讲述的核心经验是指儿童在发展叙事性讲述语言能力过程中所需要学习并获得的最重要、最核心的经验,这些经验与儿童叙事能力发展的过程相关,但又不仅限于此。叙事讲述的核心经验主要包括以下三方面:

使用较为丰富多样的词句讲述:叙事性讲述要求用口头语言描述学前儿童的生活经历或想象。指示明确、词汇丰富、句型多样的语言运用能使得讲述更为清楚、生动,更能抓住听者的兴趣和注意力。

有条理地组织讲述的内容:叙事性讲述的内容以学前儿童的生活经历或想象为主,有条理地组织这些经历或想象,才能让眼前的听者理解他们所未经历的事情发生的来龙去脉。

感知独白语言的语境:叙事性讲述的语言是独白语言,其语境相对比较正式,在语言的内容、形式和思维的逻辑性方面,都比谈话要求高。

(3) 说明讲述的核心经验

以独白语言的形式讲述:说明性讲述的语言属于独白语言,需要讲述者能够脱离语境,独立构思讲述内容并有条理地讲述出来。

使用规范准确、简洁明了的说明性词句:说明性讲述的突出特点是使用规范准确、简洁明了的词句。

理解说明性讲述的内容组织方式:在学前儿童说明性讲述学习的过程中,随着儿童认知水平的提高,可以逐渐做到从有内容地讲述到有顺序地讲述,最后发展到有重点地讲述。

2. 书面语言核心经验

在着重关注学前儿童口头语言能力学习与发展的同时,我们也不能忽略学前儿童的早期书面语言准备的经验。在当今社会,阅读能力影响着一个人的终生发展。而近年的研究结果显示,3—8岁是儿童早期阅读和读写发展的关键期,教育者应切实抓住这个发展时机,帮助幼儿做好书面语言学习的准备。学前儿童书面语言的核心经验主要包括前阅读、前识字和前书写的经验。

(1) 前阅读的核心经验

我们根据学前儿童阅读一本图画书的历程,将学前儿童"前阅读"的核心经验划分为三个范畴:

良好阅读习惯和行为的养成:获得图画书的基本概念;养成良好的阅读习惯;形成正确的图画书阅读行为。

阅读内容的理解和阅读策略的形成:通过对主角形象的感知,对主角行动和主角状态的理解,获得图画书内容;初步形成预期、假设、比较、验证等阅读策略。

阅读内容的表达与评判:能叙述阅读内容,并在生活中回忆和迁移;对图画书的人物特征、故事主旨形成自己的理解和判断。

(2) 前识字的核心经验

前识字的核心经验是指学前儿童在接受学校教育之前，获得的有关符号和文字在功能、形式和规则上的意识，并在有目的、有意义的情境中初步习得符号和文字的经验。学前儿童前识字的核心经验包括以下三方面：

获得符号和文字功能的意识：知道文字和符号能够表达意义；具有记录作用，能将口头语言或信息记录下来。

发展符号和文字形式的意识：能区分有意义的符号、文字与绘画，知道汉字是方块字，具有独特形式。

形成符号和文字规则的意识：了解文字在构造上有一定规律，在生活和阅读中，有意识地利用这些规律来习得汉字的含义或读音。

(3) 前书写的核心经验

研究者根据文献梳理和实际研究的结果，结合幼儿园教育实践的案例，将汉语儿童书写核心经验归纳为以下三方面：

建立书写行为习惯的经验：指儿童能非正式地涂画、模仿与书面文字相关的符号，这些符号不仅指简单的汉字字形，还包括简单的笔画、图形等。

感知理解汉字结构的经验：儿童通过观察发现汉字的视觉特点，能在书面文字逐步熟悉的过程中，慢慢积累对汉字结构的认知和理解，并将这些理解贯彻在前书写的探索中。

学习创意书写表达的经验：尝试使用一些新颖的方法表达自己的意思，在成人与他们交流讨论时能说出这些图形代表的是什么。有的儿童会将某些固定的"替代"方式记下来，重复使用，形成自己独特的表达策略。

3. 文学语言核心经验

文学语言是早期语言学习的一种特别的经验储备。我们知道，学前儿童喜欢聆听各种儿童诗歌、散文和童话故事，这种通过口头语言方式输入的语言信息，却带有凝聚书面语言特质的高质量语言的价值，对于儿童的语言发展具有非常重要的意义。学前儿童文学语言的核心经验主要包括文学语汇、文学形式和文学想象的经验。

(1) 文学语汇的核心经验

结合儿童文学作品自身的特点以及学前儿童理解与欣赏文学作品能力的发展特征，我们以文学语汇为切入点，将学前儿童文学语汇学习的核心经验分为语词、语句和修辞手法三个方面：

语词：儿童的语言文学，是由各种语词组合起来的语言艺术作品，学习文学作品是儿童扩展语词的重要途径。

语句：文学语句是由儿童文学作品中的一个词或句法上有关联的一组词构成的。文学语句的学习是儿童理解复杂的语言句法结构和熟练地使用这些句法结构的前提条件。

修辞手法：修辞方式指通过修饰、调整语句，运用特定的表达形式以提高语言表达作用的方式或方法，包括比喻、夸张、比拟、反复等修辞手法。

(2) 文学形式的核心经验

结合儿童文学作品自身的特征与学前儿童文学语言学习与发展的过程,我们以儿童诗歌、儿童故事和儿童散文这三种文学作品类型为基点,整合儿童文学形式的核心经验。

诗歌的形式特征:诗歌的形式特征表现为分行排列,这种分行排列的结构能带来音乐美(节奏与韵律)、绘画美(或生动或优美的画面内容)和形式美(句式多样灵活)。在此基础上,通过句式长短的变化,按照音韵和谐规律塑造出来诗歌独特的形体美。

故事的形式特征:故事(包括童话和生活故事)的形式经验以学前儿童对作品中的人物特征和情节结构的理解为主。儿童对故事中人物特征的认识主要通过对人物的语言和行动两个方面进行,对情节结构的理解是儿童故事理解的基本表现,包括儿童对故事主要情节乃至主题的概括。

散文的形式特征:散文具有灵活多样的表现形式,联想自由而无拘束,但仍有一个内在的结构线索将所有材料有机地纳入一个结构中,这就是散文"形散而神不散"的文体特征。对散文线索结构的学习是儿童理解与仿编散文的基础。

(3) 文学想象的核心经验

根据想象的创造性程度不同,学前儿童文学想象的核心经验可以划分为两个范畴:

再造文学作品中的想象:对文学作品中词汇含义、人物特征、人物关系、故事背景、故事情节、蕴含情感、主题意境的想象,从而准确理解作者所欲表达的内容。

创造文学作品中的想象:学前儿童在理解文学作品内容、结构和主题的基础上,进行想象,从而创造出一个新的结构片段、情节或结尾。

三、学前儿童语言教育的途径与方法

上述语言教育目标要得到实现,语言教育内容要得到组织,需要通过一定的途径和方法。下面具体探讨学前儿童语言教育的途径和方法。

(一) 学前儿童语言教育的途径

学前儿童语言教育的途径有多种。可以说,凡是有语言参与的活动都可以对儿童进行语言教育。概括起来,学前儿童语言教育的主要途径有:日常生活与游戏、专门的语言教育活动,以及其他领域教育活动中的语言教育等。

1. 日常生活和游戏中的语言教育

《纲要》指出,"语言能力是在运用的过程中发展起来的,发展幼儿语言的关键是创设一个能使他们想说、敢说、喜欢说、有机会说并能得到积极应答的环境。"日常生活和游戏为儿童的语言交往提供了大量机会,儿童在日常生活和游戏中的交谈是发展语言能力的最佳契机。

(1) 日常交谈中的语言教育

首先,通过日常交谈了解儿童语言发展的现状。在非常自然的情境中,儿童往往

能真实地表现自己的语言水平和语言表达的态度和习惯。如果成人能仔细观察儿童的日常交谈,就能够了解儿童的语言发展水平和交往态度,进而采取有针对性的措施。

其次,在日常交谈中为儿童提供语言示范,丰富儿童的词汇。成人通过与儿童交谈,向他们介绍有关各种物品的知识,如名称、外形、颜色、用途和使用方法等。在介绍这些生活常识的过程中,成人也在向儿童展示相关的词汇和句式。

再次,帮助儿童提高理解语言并按语言指令行动的能力。在建立生活常规的过程中,通常,成人通过语言指令来组织儿童的日常生活,如临近用餐时间,教师便要求儿童收拾玩具、盥洗、安静地等待进餐。为了使儿童明确这些语言指令的含义,最初应把这些指令与相应的行动结合起来。

总之,成人要抓住与儿童日常交往的有利时机,为儿童提供良好的言语示范,并在交往过程中观察和了解儿童的语言发展状况,给儿童以针对性的指导。

(2) 区角活动中的语言教育

活动区的设立不仅为儿童的个性化学习提供了条件,也增加了儿童的交往机会。儿童在活动区活动时,常常是一边摆弄玩具,一边与同伴交谈。教师应鼓励儿童之间的谈话,并利用巡回指导的机会引导儿童扩展谈话内容。

目前我国比较常见的做法是在各班设立图书角和语言角。图书角为儿童自己选择和阅读图书提供了很好的条件。教师要及时向儿童介绍图书角里的新书,激发儿童阅读的兴趣;教师还要带领儿童集体阅读图书,教给儿童正确的阅读方法,使儿童掌握阅读的有关技能,同时还要鼓励儿童将其阅读的内容讲述出来。语言角的主要作用是锻炼儿童的口语表达能力。可以在语言角准备一些人物图片或手偶和指偶等,让儿童练习讲故事;还可以准备一些图片或剪贴用具,以便儿童练习讲述,或边制作边讲述;还可以投放一些识字图片或填图游戏卡和书写工具等,以便有兴趣的儿童认读汉字或练习运笔。

(3) 日常生活中的语言游戏

语言游戏是一种有规则的游戏,一般在游戏规则中对儿童听音辨音及语言表达能力提出要求。语言游戏所用的时间不宜太长,可以在一日生活的过渡环节进行。例如"传话筒"游戏,把全班儿童分成若干组,每组第一个儿童开始向身后一个儿童描述一个物体,依次往后传递,看哪组又快又准。这既锻炼了理解能力和记忆能力,又锻炼了口头表达能力。

2. 专门的语言教育活动

专门的语言教育活动是根据语言教育的目标,由教师有目的、有计划地引导学前儿童系统规范地学习语言的过程。专门的语言教育活动会依据语言教育的总目标和年龄阶段目标设计具体的活动目标,选择适当的活动内容、形式和方法来组织活动,引导儿童学习规范的语言,形成良好的语言习惯和能力。专门的语言教育活动形式主要有儿童文学作品学习活动、早期阅读活动、谈话活动、讲述活动和听说游戏。这五类活动在促进儿童语言能力发展上各有侧重点,其组织形式也不尽相同。

3. 其他领域教育活动中的语言教育

幼儿园除了语言教育活动外,还有其他领域教育活动,如健康、社会、科学和艺术,这些领域虽不以语言为教育内容,但其中部分活动包含着大量的语言教育因素。在这些教育活动中,儿童也在不断尝试用语言与周围人交往,学习新词新句。例如,在科学教育活动中,儿童既可以提出自己的观点与想法,又可以交流自己的探索、操作的过程和方法,以及从中获得的情绪体验。在中大班的音乐教育活动中加入听音乐、学语言的内容。在健康活动中应先让儿童观看老师的示范动作,请儿童讲述并讨论教师的动作要领及注意事项,然后请一名儿童模仿教师的动作,再请这名儿童说说他是怎样做好这一动作的。因此,教师可以在这些教育活动中对儿童进行适当的语言教育。同时,在其他领域教育活动中进行语言教育时应注意以下几点:

(1) 为儿童提供规范的言语示范,鼓励儿童积极表达

无论是在语言教育活动中还是其他领域教育活动中,教师都应为儿童提供规范的语言,供儿童模仿和学习。此外,教师还要努力为儿童创设一种宽松自由、轻松愉快的心理环境和语言环境,使儿童有机会自由表达心声。教师真诚而坦白的表达,师幼之间平等的交谈,将有效地激发与增强儿童运用语言表达思想感情的动机和兴趣。

(2) 通过计划—操作—回忆的活动程序为儿童提供交流的机会

教育活动是儿童主动活动的过程,教育活动的主体是儿童。在活动前,教师要在教育活动中帮助或引导儿童自己计划活动进程,并指导儿童说出自己的活动计划;在活动过程中,教师要为儿童提供充分的语言交流机会,鼓励他们将自己独特的感受表达出来。这样就使儿童在认识事物的过程中,既互相交流了认识经验,又练习了语言表达。

(3) 要避免语言教育的"喧宾夺主",影响其他领域教育目标的实现

其他领域教育活动的存在都有其独特的价值,在促进儿童身心和谐发展方面有其不可替代的作用。我们不能为强调语言教育而忽视其他领域的教育,在其他领域的教育活动中,有时语言教育并不占据主要地位,不能为发展儿童语言能力而使其他领域的教育活动"本末倒置",这是幼儿园教育活动中所应注意的问题。

(4) 鼓励儿童之间的合作与交流

教师要充分利用各种教育活动中同伴之间互相合作和交往的机会。当儿童在生活中遇到困难和问题时,教师要启发儿童动脑筋,与同伴商量,找到解决问题的方法。这样既促进了同伴之间的协商与合作,又有助于发展儿童与同伴之间的语言交往能力。

(二) 学前儿童语言教育的方法

学前儿童语言教育的方法,从本质上来说是成人为发展学前儿童的语言创设条件和提供机会,让学前儿童参与各种丰富多彩的活动。常用的方法有示范模仿法、游戏法、表演法、练习法等。

1. 示范模仿法

示范模仿法是指教师通过为幼儿提供规范的语言范例,引导幼儿效仿的语言教育方法。一般由教师给幼儿进行正确、生动的示范,有时也可以由语言发展较好的幼儿来示范。具体运用这一方法时应注意:

(1) 教师示范的规范性

在幼儿园,教师是幼儿模仿的直接对象,因此,教师的示范必须规范、生动、有感染力。教师的言语示范应注意咬字清楚、发音准确,同时辅以自然的表情和恰当的手势,还要注意语言的表达,包括运用适当的音量、语调、速度等。幼儿教师还要注意使用具体易懂的句式,如果是指令性语言,更要简单、明确、规范。

(2) 教师示范的针对性

对于教学重点和难点问题及一些新的、幼儿不易掌握的学习内容,教师要反复地重点示范,如难发准的音(zh、ch、sh 和 z、c、s、n 和 l)、新词句的学习、人物的对话、连贯的讲述、需要幼儿作为仿编参照的原词句等。同时,不同年龄段示范的侧重点也有所区别。如关于语音的练习,不同年龄段幼儿的要求就有所不同。小班幼儿发音不准的现象较为普遍,因此,教师可在发音练习上多做示范,可以在日常生活和游戏中进行。中大班的重点是对个别幼儿发音的矫正和言语表情的培养,因此示范多在具体的语言运用中展开,让幼儿有意识地进行模仿学习。

(3) 教师要积极观察幼儿的语言表现,妥善地运用强化原则

教师要关注各种活动中幼儿的语言表现,善于发现幼儿语言发展的差异,因材施教。要随时鼓励幼儿形成正确的语言行为和习惯,并加以强化。同时也要及时指出错误,尽量避免重复幼儿不正确的语言,产生误导。但也要避免过于挑剔幼儿语言中的错误,导致降低幼儿学习的积极性。

例如,童话故事《一起睡着了》主要以小动物对话的形式展开,情节简单、有趣,符合小班幼儿的年龄特点和兴趣经验,教师应通过示范讲述让幼儿感受到情节的趣味性。因此,教师的示范讲述应通过突出小动物和旁白的语气语调的不同和变化来实现这个目的。小动物的声音是稚嫩、可爱的,而"嘘!我们在看大象睡觉呢。"应以说悄悄话的方式朗诵。旁白应是柔和、慢速的,尤其是最后一段,其效果应能达到催眠的效果,好的示范朗诵结束后,往往会有很多幼儿自发地躺在地上睡觉。

由上面的案例我们可以看出,在运用示范模仿法时,教师还应有意识地引导幼儿欣赏或模仿文学作品的语言节奏和韵律;给幼儿朗诵作品时,应通过表情、动作和抑扬顿挫的声音传达作品的情绪情感,让幼儿感受作品的感染力和表现力。

2. 游戏法

游戏法是指教师运用有规则的游戏,训练幼儿正确发音,丰富幼儿词汇和学习句式的一种方法。游戏是幼儿最喜爱的活动,游戏法是幼儿语言教育常用的一种方法。游戏法有利于吸引幼儿的兴趣,集中注意力,提高语言学习的效果。具体运用这一方法时应注意:

(1) 围绕目标和内容开展游戏

当前,游戏理念逐渐为幼教工作者认同,教师在组织语言活动时往往会用游戏来激发幼儿参与活动的兴趣。教师应根据幼儿语言教育的目标和内容来选择和编制游戏,要求目标明确,规则具体,便于幼儿理解,达到训练语言能力的目的,提高幼儿运用语言的兴趣。

(2) 抓住游戏开展的时机

游戏可以在导入环节,激发幼儿参与活动的兴趣,也可以在最后环节进行,还可以把游戏贯穿活动全过程。

如小班故事活动"打电话"在导入环节,教师组织幼儿玩"打电话"的游戏,游戏规则是:幼儿分三组,分别扮演小兔子、小花熊和小松鼠,教师运用作品中的语句分别给三种动物打电话,三种动物接到电话后就和教师一起去摘果子。通过这个游戏,幼儿初步感知了即将要学习的作品内容,提高了学习效果。

故事《打电话》

又如谈话活动"我最喜欢的动物"中,在最后环节,教师为幼儿准备了生活在陆地、水里和天空的三类动物的卡片,幼儿自由选择一种动物与同伴自由交谈,接着教师请幼儿以贴图的方式送自己喜欢的动物"回家"(教师准备一张画有陆地、水和天空的大图)。

再如小班儿歌活动"水果宝宝去旅行",教师以"水果宝宝去旅行"的游戏贯穿全程,幼儿全程扮演水果宝宝的角色,这一游戏有效地激发了幼儿参与活动的兴趣。

 案例

水果宝宝去旅行

西瓜爷爷开火车,咔嚓咔嚓去旅行。
苹果苹果上火车,咔嚓咔嚓去旅行;
香蕉香蕉上火车,咔嚓咔嚓去旅行。
葡萄葡萄上火车,咔嚓咔嚓去旅行;
咔嚓咔嚓咔嚓咔嚓,水果宝宝去旅行。

(3) 提升幼儿的游戏水平

随着幼儿年龄的增长,应逐渐减少直观材料,可以适当开展纯语言训练的游戏。例如,大班幼儿对反义词已有一定的理解,当他们的词汇已有初步的积累以后,教师为了进一步增加幼儿的词汇,可组织幼儿开展说反义词的游戏,教师边拍手边有节奏地念"我说好",幼儿边拍手边念"我说坏";教师说"我说上",幼儿说"我说下";教师说"我说白天",幼儿说"我说黑夜"……这样反复对阵,幼儿在愉快的竞赛氛围中积累了词汇,达到语言学习的目的。

例如,小班儿歌活动"水果宝宝去旅行"中,活动导入部分,教师先组织幼儿玩"开火车"的游戏,教师充当火车头,小朋友当乘客。在基本部分,教师带领幼儿以教师说

幼儿猜、拍打节奏朗诵儿歌、教师当火车头幼儿当乘客(如教师说到"苹果苹果上火车"时,这时苹果宝宝要说出"咔嚓咔嚓去旅行"才能上车,以此类推)等多种方式玩游戏。在结束部分,教师带领幼儿玩"开火车"的游戏。教师以游戏贯穿活动始终,极大地提高了幼儿参与活动的积极性,取得了不错的活动效果。

3. 表演法

表演法是指在教师的指导下,幼儿学习表演文学作品,以提高口语表现力的一种方法。表演是幼儿特别喜欢的一种活动,运用表演法不仅能有效提高幼儿参与活动的积极性,还能锻炼幼儿的语言表达能力。具体运用这一方法时应注意:

(1) 防止表演流于形式

教师必须在幼儿理解诗歌、散文、绕口令等作品内容,并能熟练朗读的基础上,指导幼儿正确运用声调、韵律、节奏、速度等进行朗诵和表演,教师必须在幼儿理解童话、故事内容,熟悉人物对话以及体会角色心理的基础上,指导幼儿正确运用语言、动作、表情等扮演角色,再现故事情节,进行故事表演,鼓励幼儿表演中的创新,大胆地发展故事情节,恰当地进行动作设计和人物的心理刻画和渲染,不能为了表演而表演。

(2) 营造表演的环境

环境是表演的重要影响因素。教师可根据幼儿表演的情节准备表演所需的舞台、服饰、道具等,以激发和调动幼儿表演的欲望和积极性。当然,环境不一定要像舞台表演那样复杂,教师可充分利用现有资源,如桌子可当作小动物的家,椅子可当作小马等。

(3) 为全体幼儿提供参与表演的机会

表演是幼儿喜爱的一种活动,因此教师应利用多种形式为全体幼儿提供参与表演的机会。如绘本故事活动"两只棉手套",教师在表演环节请幼儿自由选择角色,分别扮演松鼠爸爸、松鼠妈妈和小松鼠,剩下一部分幼儿和教师一起扮演寒风吹向松鼠爸爸,全体幼儿都参与表演,活动积极性高。在表演过程中,教师还对幼儿进行了动作、神情等方面的指导。

4. 练习法

练习法是指有意识地让幼儿多次使用同一个言语因素(如语音、词汇、句子等)以训练幼儿某方面言语技能技巧的一种方法。具体运用这一方法时应注意:

(1) 明确目标,逐步提高要求

练习前教师要给幼儿提出明确的目标,逐步提高练习的要求。例如,为了让幼儿更好地区分平翘舌音,可让大班幼儿学习绕口令《四和十》。开始时教师可让幼儿慢速练习,但必须念准"四"和"十"这两个音;当幼儿掌握作品,逐渐熟练后,教师应提高要求,让幼儿快速地念;还可以先采用集体练习后请个别幼儿快速地练习,使难度由浅及深,直到幼儿完全掌握。

(2) 练习方式生动活泼,形式多样

练习方式应生动活泼,形式多样,要求在幼儿理解内容的基础上,创造性地练习,避免简单、枯燥的重复。在练习中可根据不同语言教育活动的类型,采取不同方式的练习。比如儿歌练习可通过男孩与女孩、教师与幼儿一问一答的方式进行,也可以通过游戏的方式进行,还可以通过表演进行。总之,教师应充分为幼儿提供练习的机会,激发幼儿练习的兴趣,让幼儿在生动有趣的练习中理解、巩固、运用习得的语言知识。如大班早期阅读活动中,教师采用练习法引导幼儿学习假设复合句"如果……就……"

案例

大班早期阅读活动:逃家小兔(片段)

教师组织幼儿以游戏的方式进行语言练习。

游戏规则:全体幼儿围成一个圆圈,小球抛给谁,谁就要用"如果……就……"来说一句话。

幼儿1:如果你来追我,我就变成汽车开得远远的,这样你就追不上我。

幼儿2:如果你变成汽车,我就变成红灯,让你停在路口开不了。

幼儿3:如果你变成红灯,我的车就变成飞机,飞得远远的。

……

图画书
《逃家小兔》

此活动中,教师巧妙地在游戏中采用练习法引导幼儿学说句子。但练习法不是枯燥机械地练习,而是在有趣的游戏中进行趣味性的练习。活动中抛球的形式激发了幼儿想说的欲望,想赢的欲望又大大地调动了幼儿"说"的热情,幼儿在愉快的氛围中学习了语言。

以上所列的语言教育方法只是比较常见的几种,教师在实际运用中,还需根据本园的具体条件,结合本班幼儿语言发展和语言学习的特点,选择和创造更为适宜的教育方法,有的放矢地进行语言教育。有时,各种教育方法还可以互相配合,综合运用,以便更好地促进幼儿语言的发展。

技能训练

训练一:《指南》和《纲要》中语言部分的知识竞赛

【实训目的】

掌握《指南》和《纲要》中语言部分的知识,领会其要领,并能运用它们评价活动。

【实训要求】

1. 学习《指南》和《纲要》中语言部分的知识。

2. 以学习小组为单位在全班进行知识竞赛。

3. 现场或视频观摩某一幼儿语言教育活动,运用《指南》和《纲要》的精神评析活动。

训练二：幼儿语言学习与发展特点研讨

【实训目的】

观看视频,分析幼儿是如何学习和获得语言的,并讨论幼儿语言发展的特点。

【实训要求】

1. 以学习小组为单位网上搜索、观看视频"婴儿的成长：牙牙学语"。

2. 小组研讨,形成小组观点。

3. 每组派代表在全班分享小组观点,师生集中研讨。

训练三：幼儿语言发展现状调研

【实训目的】

追踪调查一个幼儿,了解其语言发展的现状,分析成因并提出有针对性的教育建议。

【实训要求】

1. 以学习小组为单位追踪调查一个幼儿,了解其语言发展现状。

2. 以学习小组为单位撰写调研报告。

3. 每组派代表在全班分享调研报告,师生集中研讨。

训练四：幼儿语言教育活动观摩与研讨

【实训目的】

通过现场或视频观摩某一优秀的幼儿语言教育活动案例,进一步感受幼儿语言教育活动的价值和特点,了解其设计与组织的流程。

【实训要求】

1. 观察记录一个幼儿语言教育活动的全部过程,包括活动材料的准备与运用、活动的组织过程与方式、教学方法的运用等。

2. 以学习小组为单位对活动进行研讨。

3. 各学习小组派代表发言,师生集中研讨。

国考真题

1. 一般条件下,(　　)年龄段的幼儿能结合情境理解一些表示因果、假设等关系的相对复杂的句子。(2017年下半年幼儿园教师资格考试笔试真题)

　　A. 托班　　　　B. 小班　　　　C. 中班　　　　D. 大班

2. 2—6岁幼儿掌握的词汇数量迅速增加,词类范围不断扩大,该时期幼儿掌握词汇的先后顺序是(　　)。(2016年下半年幼儿园教师资格考试笔试真题)

　　A. 动词、名词、形容词　　　　B. 动词、形容词、名词

　　C. 名词、动词、形容词　　　　D. 形容词、动词、名词

3. 1岁半的幼儿想给妈妈吃饼干时,会说："妈妈""饼""吃",并把饼干递过去,这表明这阶段幼儿语言发展的一个主要特点是(　　)。(2016年上半年幼儿园教师资格考试笔试真题)

A. 电报句　　B. 完整句　　C. 单词句　　D. 简单句

4. 教师在幼儿书写准备的指导中,不恰当的做法是(　　)。(2016年上半年幼儿园教师资格考试笔试真题)

 A. 用图画和符号表达自己的愿望和想法

 B. 书写自己的名字

 C. 养成正确的写画姿势

 D. 学习书写常见汉字

拓展链接

学前语言教育的新取向:重视儿童学业语言的发展①
周兢　等

一、什么是学业语言

近年来自学习科学的研究一再发现,学习者所使用的学业语言已经成为幼儿学业学习和终身发展的重要条件。在幼小衔接的教育实践中,很多教师可能面临种种困惑,为什么有些幼儿交流说话非常流畅,但是进入小学学习却往往难以理解课堂语言?他们为什么阅读教材内容的时候,单个词语个个认识,而理解文本内容非常困难?研究发现,这一问题可能源于早期的学业语言发展。学业语言,作为学习各门学科内容文本的语言,无论是用口头语言方式表现,还是用书面语言方式呈现,均具有书面语言的特征。研究不断向我们证实,掌握学业语言,是幼儿在未来的读写学习中获得成功的关键。越来越多的教育者发现幼儿"学业语言能力"的缺陷与其读写能力发展滞后之间的重要联系。学业语言能力决定了幼儿未来阅读和理解教科书、撰写研究型文章、抓取文献主要内容等重要能力的发展。

有关"学业语言"的定义,学界一直以来存在着一定的争议。有的研究者认为"学业语言"(academic language)就是"教育语言"(the language of education);有的则根据学业语言使用场所称之为"学校语言"(the language of school, the language of schooling, the language that reflects schooling);还有的研究者将学业语言称之为"进阶书面语言"(advanced literacy)或者"科学语言"(scientific language);更有一些研究者用"学业语言"特指"学术英语"(academic English)。上述有关"学业语言"的定义,基本上由语言所使用的地点来决定,例如在学校、用于写作、公共场所、正式场合等。

哈佛大学研究团队认为,学业语言是幼儿语言发展过程中所学习运用的一种特别的语言能力,是一种可以通过口头语言进行交流,但是具有书面语言特征的语言。从语用学的角度来看,这种语言分类超越了一般语言学的抽象的词汇语法系统规则。无论是口头语言形式还是书面语言形式,幼儿在学习成长过程中,越来越多地需要在

---

① 周兢等.学前语言教育的新取向:重视儿童学业语言的发展[J].学前教育研究,2014(6).

课堂或各种专业教育情境中使用这类语言,因而学业语言的发展对于幼儿的学习十分重要。

近年的研究也表明,学业语言发展较少能够自然获得,在教育情境中帮助幼儿形成和发展学业语言,对于幼儿在学校的学业水平和未来发展具有重要价值。哈立德(Hallidy)指出,学业语言的发展对所有幼儿都不容易,但对那些成长过程中很少有机会接触学业语言,并且在校外生活中很少使用这类语言的幼儿来说,更是一种成长发展中的挑战。研究发现,来自处境不利家庭的幼儿,其阅读能力的差异往往与他们的学业语言水平相关,而这些由于学业语言发展造成的阅读理解能力又直接或者间接地影响到这部分幼儿的学业成绩,特别是他们的科学类学科学习成绩。对于使用第二语言作为学习语言来接受教育的幼儿来说,他们的社会性交流语言可能十分流利,但其第二语言的学业语言水平可能低下,于是就有可能造成这些幼儿在科学类学科学习过程中的"学习困难"。可见,幼儿学业语言的学习和成长,需要在学龄前阶段抓起,在早期教育情境中给予幼儿恰当的支持和帮助。学前教育者必须充分认识到幼儿学业语言发展对其学业学习以及未来发展的价值,在幼儿园语言教育过程中关注幼儿的学业语言学习,促进其学业语言发展,帮助他们做好语言方面的入学准备。

二、如何帮助幼儿获得学业语言

有关幼儿学业语言发展和教育的研究,无论是在英语或者汉语情境中均处于严重不足的状态。然而,一些先期研究已经表明,语言的功能是非常强大的。幼儿未来的学习,无论是数学、科学、历史、社会科学还是语文学科的学习,那些幼儿学习过程中不可视的理解、推理和观点采择能力,都需要通过语言成为可视的表现能力;有关学习内容的理解、思维推理水平和学科观点采择,也可以通过学业语言的表现成为可视的能力,因此已有研究提出,幼儿学业语言已经成为幼儿各门学科学习的核心能力。

如前所述,学业语言是幼儿无法从日常生活的口语化表达中习得的,教育情境中的培养是幼儿获得学业语言必不可少的过程。那么,如何在学前阶段帮助幼儿发展学业语言能力,从而做好充分的入学准备,使之成为提升幼儿未来学业水平、未来可持续发展的语言能力呢?已有研究有以下重要启示:

首先,阅读是通向幼儿学业语言成长的重要途径。在幼儿的阅读材料中,图画书是主要的阅读内容,好的图画书语言中包含了诸多具备学业语言核心特征的语言。幼儿在听读、讲读和讨论中可以接触到大量优质的学业语言,可以获得多样性和精确性表达的语汇与句式,可以体会理解叙述的客观立场和观点采择。研究同时发现,在各种类型的幼儿早期接触的阅读材料中,科学知识类图书的语言更具有学业语言的基本特征。因为科学知识类图画书一般描述一种事物、一种客观现象,或者一种自然关系特征,科学知识类图画书所使用的语言本身具有比较冷静的客观性,同时科学知识类图画书通常使用比较专业的词汇和句式。近年的研究进一步表明,如果给幼儿更多接触科学知识类图画书的阅读机会,他们就能比较快速地获得并发展起具有学业语言特点的语言。例如,一些研究发现,为幼儿提供科学知识类图画书,并让他们阅读一段时间后,这些科学知识类图画书的语言特征在他们的语言中会越来越多地呈现。比如,幼儿获得并使用更多的动词和专业名词,同时会运用更多的包含分类、对比或比较结构的语言表述方式。这些结果同时说明,即使是幼儿也有兴趣并且能够学习运用科学知识类图画书的类似书面语言的学业语言。早期幼儿阅读图画书,可以为他们的语言及其他方面发展提供丰富的语言环境,尤其是科学知识类图书的阅读,对幼儿的学业语言发展具有特别的价值。

其次,在阅读基础上或者围绕某个学习内容开展拓展性讨论。在哈佛大学的研究中发现,与学业语言相关的语言能力,包括词义丰富的词汇、语言结构、语言推理等知识和能力,需要在有目的的阅读和拓展性讨论的过程中逐渐掌握,因为这部分的语言知识无法自然习得,而需要"策略性增加"。这其中正是强调了教育的重要性。比如,在阅读《苹果的生长》图画书之后,幼儿可以在教师的引导下围绕话题开展讨论,认识有关苹果生长的几个不同阶段,理解那些简洁、准确和具有逻辑性的学业语言。对成人而言比较简单的事物发展过程,但是对成长过程中的幼儿,需要涉及多种知识、常识和个人价值观、一定推理能力的多方面综合运作。在这样讨论的过程中,在与教师以及其他幼儿的互动影响下,幼儿才可能使用恰当的学业语言来表达自己的立场和想法。

再次,幼儿教育工作者应关注说明性讲述活动,帮助幼儿系统使用他们的学业语言进行表达。说明性讲述要求围绕一个物体、现象,讲述事物现象的特征状态或者发展过程,要求幼儿使用规范和准确的词汇、简洁明了的语句,按照一定的顺序组织自己的语言内容进行表述。以"苹果的生长过程"为例,当教师指导幼儿阅读图画书之后,组织幼儿围绕图画书内容进行深入讨论,之后可以让幼儿进行有关苹果的生长过程的说明性讲述。教师可以借助排图讲述,或者选图讲述的方式,对幼儿提出某种认知挑战,引导幼儿有顺序有条理地讲述苹果生长过程。在这样的过程中,幼儿自然而然地使用着自己学习到的那些学业语言词汇、句式和语言组织表达方式,同时也在学习考虑听众的立场,即学习了解站在别人的角度思考问题,这就是具有观点采择锻炼机会的教育活动。

第二章　学前儿童听说游戏

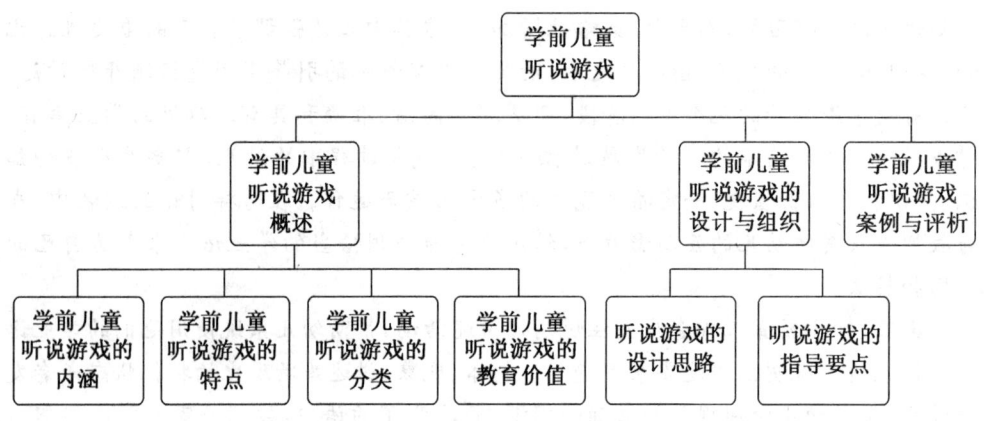

第一节　学前儿童听说游戏概述

情境导入

听说游戏是幼儿园常见的一种活动方式,因为这种活动是以游戏的形式开展的,幼儿在玩的时候特别高兴,同时它又有语言教育的内容。因此教师们很困惑。有的教师认为听说游戏是一种游戏方式,有的教师认为这是教育活动,那么听说游戏到底是游戏还是语言教育活动呢?学前儿童听说游戏的特点是什么?学前儿童听说游戏对学前儿童发展具有哪些价值?这些都是幼儿教师设计与组织幼儿听说游戏需要明确的几个关键问题。

听说游戏是将学习的因素与游戏的形式紧密结合起来,能够较好地吸引学前儿童参与语言学习活动,极大地提高了学前儿童学习语言的主动性和积极性,是完成幼儿园语言教学任务的有效手段。听说游戏可以作为教育活动的一个环节,也可以作为一个完整的教育活动,还可以在学前儿童掌握游戏玩法和规则以后在活动区里自发进行。

一、学前儿童听说游戏的内涵

游戏是学前儿童最喜爱的活动之一,能让学前儿童之间相互接触、积极交流,也是发展语言能力的一种重要方式,而"听说游戏活动"与传统意义上的"游戏"也有着明显的区别,主要表现在以下方面:

(一) 其教学形式为教师设计的半活动半游戏形式

听说游戏活动不同于学前儿童自发产生的游戏,而是由教师设计的语言教学游戏,游戏过程中教师的主导性较强。有研究者将游戏与活动的区分如下,见表2-1。

表2-1 游戏与活动的区别

类别\内容	控制	真实	动机
游戏	内部控制	假想的现实	内部动机
活动	外部控制	真实	外部动机

从表2-1可以看出,随着听说游戏的逐渐展开,学前儿童对游戏规则越来越清晰,更加熟悉和了解,教师的主导作用逐渐下降,进而学前儿童自主游戏的比例逐渐上升,幼儿参与活动的动机由外部控制转为内部控制,活动的情景也由真实转向假想。因此,听说游戏活动从严格意义上来讲,既非完全意义上的"活动",也非完全意义上的"游戏",而是一种半游戏半活动的教学形式。

(二) 其目标以培养学前儿童倾听和表述能力为主

听说游戏活动包含有对学前儿童语言学习的具体要求,以培养学前儿童倾听和表述能力为主要的语言学习指向目标,并由教师有计划有步骤地实施开展。例如,小班幼儿"n""l"很容易混淆,教师可以选择"买图片"的听说游戏,来帮助小班幼儿学习正确的发音。听说游戏要与学前儿童的语言游戏相区分,学前儿童的语言游戏往往是幼儿自发的、自娱自乐的、玩弄语音和语词的语言现象。比如,当5岁左右的幼儿第一次听到妈妈说:"这辣椒辣得爽嘞",可能幼儿就会将它当成一个语言游戏,自己编出很多自认为很好玩儿的类似的词语,例如"甜得爽嘞""咸得爽嘞""冷得爽嘞"等之类的话,这些都是明显自发的口头游戏,趣味性和玩弄性较大,与具有具体指向性目标的听说游戏是有所区别的。

(三) 属于教师组织的规则游戏

规则游戏是和创造性游戏相对应来讲的,创造性游戏的规则并不明显,属于内因规则,而规则性游戏则是外显规则,且随意性较大。听说游戏活动则属于规则游戏的一种,其规则是由教师根据具体的语言教学目标设定的,是学前儿童需要获得的知识和能力,要求其在听说游戏中要严格遵守规则。例如,以下案例是小班听说游戏"动物列车",其游戏规则为:被选中上车的幼儿要按照固定的句式进行表述。

案例

小班听说游戏：动物列车

一、游戏目标

1. 能够正确说出各种动物所发出的声音，并用简短的句式进行表述。
2. 能用清楚、大声的声音说话，养成在集体面前大胆讲话的习惯。
3. 能够倾听别人的发言，养成良好的倾听习惯。

二、游戏准备

火车头胸饰2个、玩具动物列车1辆

三、游戏玩法

将"动物列车"玩具藏在身后，请幼儿听一听"是谁发出的声音""它是怎样叫的"。逐一按响动物列车上的按钮，发出各种动物的叫声，请幼儿边听边回答。采用集体和个别回答相结合的方式，重复练习，帮助幼儿熟练运用"小羊咩咩咩！小牛哞哞哞！小猫喵喵喵！"的句式。

四、游戏规则

1. 被选中的幼儿必须以固定的句式说，例如："我是小羊，小羊小羊咩咩叫，坐上火车快快跑"，回答正确者方能乘动物列车。
2. 幼儿要排队坐火车，不能打闹。

在以上案例中，游戏规则贯穿于整个听说游戏的始终，幼儿必须用教师指定的句式来完成游戏，即"我是小羊，小羊小羊咩咩叫，坐上火车快快跑"，只有说对了才能够搭乘动物列车，这样也能够吸引幼儿参与游戏。因此，听说游戏的规则有助于提高游戏的趣味性，并促使幼儿付出一定的努力按照规则实现自己的目标。

综上所述，听说游戏是为培养学前儿童倾听和表述能力而专门设计的，用游戏的形式组织的语言教育活动，是有规则的游戏，活动内容主要集中在听和说的理解和表达方面。听说游戏的游戏成分较重，幼儿很感兴趣，能够有效地吸引其参与语言学习活动，并能使幼儿在轻松愉悦的情绪中完成语言学习的任务。

二、学前儿童听说游戏的特点

作为一种较为特殊的语言教育活动形式之一，听说游戏主要具有以下几个方面的特征。

（一）以游戏的形式实现教育目标

听说游戏有具体的语言教育目标，其包含着对学前儿童语言学习的具体要求，也是教师为了实现教育目标而选择的一种游戏方式。幼儿教师根据每个年龄阶段幼儿语言发展水平的不同以及他们学习语言的需要，提出具体的学习任务，并设计适宜的听说游戏活动，通过游戏的形式将教育目标内隐到活动的内容和过程中，从而实现相应的语言教育目标。比如，针对小班幼儿发音器官不完善、近似音不易辨别的特点设计的听说游戏"送南瓜"的活动目标确定为:区别并练习发出 n 和 l 两个音;理解简单的游戏规则,学会用礼貌用语称呼"您"和"您好";大胆参与游戏活动,感受游戏中的乐趣。

案例

小班听说游戏：送南瓜

一、游戏目标

1. 区别并练习发出 n、l 两个音。
2. 理解简单的游戏规则,学会用礼貌用语称呼"您"与"您好"。
3. 大胆参与游戏活动、感受游戏中的乐趣。

二、游戏准备

1. 拐杖、围裙、头巾。
2. 南瓜教具若干,篮子 3～5 个。

三、游戏过程

1. 设置游戏情境

教师扮作老奶奶,头上扎着头巾,腰间系着围裙,手中拿着拐杖,面向全体幼儿,采用集体和个别练习的方式与幼儿相互问好。如老奶奶说:"小朋友们好!"幼儿答:"奶奶好!"老奶奶说:"××小朋友好!"个别幼儿答:"奶奶好!"帮助幼儿练习发准"奶奶"的字音,并会用"您好"跟年长的人打招呼。接着继续以老奶奶的口吻说:"我年纪大了,做事不灵活了,我想请小朋友把种在地里的南瓜送到我家,好吗?"激发幼儿产生帮助老奶奶的愿望。

2. 交代游戏的玩法及简单的规则

教师用语言交代或配以动作示范向幼儿介绍游戏的过程,要求幼儿手拿篮子,边念儿歌边走。儿歌念完后必须站在某一个幼儿的面前,然后将篮子交给他。交换位置后,游戏继续进行。听到"老奶奶来了"的声音后,幼儿应将篮子里的南瓜送给老奶奶,并大声地说:"老奶奶您好! 这是您的南瓜。"

3. 教师参与并引导幼儿游戏

(1) 教师带领幼儿学习游戏儿歌,重点帮助幼儿发准"奶奶""南瓜"和"篮子"等字音。

(2) 教师装扮小朋友,边念儿歌边送南瓜,将篮子送给一位能力较强的幼儿。开展游戏 2～3 轮后,教师发出指令,幼儿听到指令后将南瓜送给老师。通过这种方式,帮助幼儿熟悉游戏的整个过程。

4. 幼儿自主游戏

教师请 3～5 位幼儿给奶奶送南瓜,请一位幼儿扮作老奶奶。小朋友手提篮子,边念儿歌边送篮子。交换位置后坐下,游戏继续进行。轮换几个幼儿后,教师说:"奶奶来了!"扮奶奶的幼儿走上台来。小朋友们说:"老奶奶,您好! 这是您的南瓜",并将篮子中的南瓜拿到奶奶的桌前。老奶奶说:"谢谢你。"然后,在篮子里再装进南瓜,另请3~5名幼儿上来,游戏重新开始。

此外,有些手指游戏也可以达成语言教育的目标,让幼儿一边念诵儿歌,一边协调双手动作变化,不仅可以体验游戏的乐趣,而且提高了语言表达能力。例如下面案例中的手指游戏。

 **案例**

*手指游戏:幸福的家*①

我有一个幸福的家(拍手双手打开呈花状),
有爸爸有妈妈(左手掌、右手掌分别对扇两下),
我们相亲又相爱(五个手指头依次对碰),
快快乐乐笑哈哈(拇指与食指对绕,最后双手抓挠)。

(二)语言学习的重点即为游戏规则

听说游戏属于规则性游戏,必然含有一定的规则。这些规则是教师在设计听说游戏时,根据一定的语言教育目标,从而选择适当的学习内容,将学习重点和难点转换而来的。教师在活动中可以采用直观示范、讲解法等方式让幼儿更加清楚地懂得活动的具体操作步骤,让幼儿学会怎样听、怎样说。幼儿在参与听说游戏时,要能够遵守游戏规则,根据听说游戏的玩法和规则进行游戏,进而锻炼自己的听说能力。比如小班听说游戏"会变的脸",其游戏规则为幼儿要把五官拼贴摆放在指定的位置,摆放完要正确说出娃娃的表情。

 **案例**

小班听说游戏:会变的脸

一、游戏目标
1. 能合理地拼贴人的五官,学习判别、讲述各种丰富的表情。
2. 能用简单句讲述拼贴内容。
二、游戏准备
没有五官的脸几张、各种表情形态的五官数种。
三、游戏玩法
游戏时,幼儿先取娃娃脸放在桌子上,然后在盒子中任意选择象征不同表情的眼睛、嘴巴、鼻子,放在合理的位置;仔细观察娃娃的表情,学习用语言表达出来。如拼出的是笑脸,便说娃娃笑了。
四、游戏规则

---

① 此案例改编自视频素材http://www.boosj.com/7877245.html。

拼贴时,要把五官摆放在相应位置,摆放完要正确说出娃娃的表情。

注意:游戏前可以引导幼儿观察不同表情时五官的形态变化;对语言能力强的幼儿,教师可以引导他讲"娃娃为什么笑了"等,以提高幼儿的语言表达能力和想象力。

该案例中要求幼儿必须说出"哭""笑""微笑"等表示各种表情的词语,从而提高他们的语言表达能力和想象力。游戏的规则无论是竞赛性质或非竞赛性质,都可以激励幼儿积极投入活动中,达到掌握学习重点内容的效果。

(三)从活动向游戏逐渐过渡

由于游戏是由教师组织的半活动半游戏的教学形式,具有从活动入手,游戏成分逐步扩大的特征。听说游戏具有明确、具体的学习任务,活动开始时,教师需要帮助学前儿童理解活动的内容,交代游戏的规则,示范游戏的玩法,然后教师带领幼儿进行游戏,等逐渐熟悉游戏规则、掌握游戏玩法后,再放手让他们作为活动主体独立进行游戏。因此,听说游戏开始时是以活动的方式进入,最后则以游戏的方式结束,教师的主导作用随着幼儿对规则的熟悉程度的提高而逐渐减弱,直至幼儿能完全自主地进行游戏。听说游戏活动是将游戏作为语言教育的活动载体逐渐扩大其成分、体现其作用的过程,促使幼儿听说能力得到进一步巩固和发展。

三、学前儿童听说游戏的分类

听说游戏以培养学前儿童倾听和表述能力为主,是为培养学前儿童倾听和表述能力而专门设计的。因此,学前儿童听说游戏可分为"听"和"说"两种。侧重于"听"的游戏主要是能够引导学前儿童正确辨别对方发出的信号,读懂别人的意图,侧重于"说"的游戏则主要为了提高学前儿童的语言表达能力。在听说游戏中,"听"和"说"往往是共同存在的。根据听说游戏在学前儿童语言发展中所起作用的不同,可以将听说游戏分为以下几种类型:

(一)语音练习的游戏

语音游戏是以练习正确的发音和提高辨音能力为目的的游戏,在游戏中可以帮助学前儿童练习各种基本发音或辨别、练习某些难发的音及方言中出现的干扰音等。由于活动的内容比较枯燥乏味,教师应增强活动的趣味性,让学前儿童在轻松、愉快的气氛中学习。语音练习游戏又可以细分为听音、辨音游戏和发音游戏。

1. 听音、辨音游戏

听音、辨音游戏是指准确地区分语音的微小差别,尤其是区分相似、相近的语音,发展学前儿童的言语听觉,使学前儿童能听懂普通话,能辨音、辨调,理解指令要求。例如下文中的中班辨音游戏"请你猜猜我是谁",游戏的主要目的在于学会分辨不同的声音和声调,能够注意倾听。

 **案例**

中班辨音游戏：请你猜猜我是谁

一、游戏目标

学会分辨不同的声音和声调，能够注意倾听。

二、游戏准备

幼儿之间相互认识并熟悉，一块布。

三、游戏玩法

用布蒙住一名幼儿的眼睛，其他幼儿轮流到他面前说一句话："请你猜猜我是谁？"也可以学动物的叫声，让幼儿来听辨是哪位小伙伴发出的声音。

四、游戏规则

幼儿只能通过声音分辨；旁观的幼儿不能够提示猜的幼儿。

上述案例中通过同伴之间的声音传达，从而能够通过声音分辨熟悉的人，有助于发展幼儿倾听的能力。

2. 发音游戏

清楚、正确的发音是运用口语进行交际的必要条件，发音准确是语音学习的最基本要求，幼儿发音不准主要有两个原因：一是发音系统发育尚未完成或发音系统有缺陷，二是受当地方言的影响。

在听说游戏中，教师尤其要重视为幼儿提供更多的练习发音的机会，以帮助幼儿学习或复习巩固发音。特别是幼儿感到困难的和容易发错的音要让其着重练习。有学者研究发现，幼儿发声母比发韵母困难，错误也较多。幼儿较难掌握的声母是z、c、s、zh、ch、sh、r、n、l，其中zh、ch、sh、r主要是发音困难，zh、ch、sh容易与z、c、s相混，将后鼻音和前鼻音相混。如下文案例所示的"山上有个木头人"就主要是帮助幼儿区别、练习声母s和sh、韵母an和ang的听说游戏。同时，幼儿的语音发展也受当地方言的影响，教师也可以针对方言干扰音进行专门的练习。教师有必要掌握当地语音与普通话语音的区别，再结合幼儿本身的发音特点找出本地区学前儿童普遍感到困难和容易发错的音，确定语音游戏的内容，进行有针对性的练习和指导。例如，湖南地区的方言对幼儿正确发音的干扰主要有n、l不分，f、h不分，平舌音和翘舌音不分，前后鼻音不分以及不会发儿化音。下文案例"山上有个木头人"中，就是通过游戏让幼儿学会正确发出"山""上""三"等字音。

案例

小班发音游戏：山上有个木头人[①]

一、游戏目标

1. 能正确发出"山""上""三"等字音，区别声母 s 和 sh、韵母 an 和 ang。
2. 听清指令，并按照指令做动作。
3. 听懂并理解游戏规则，提高动作和语言的反应速度。

二、游戏准备

拉线木偶或手偶一个。

三、游戏玩法

游戏开始前，教师以木偶创设情景，引发幼儿游戏的愿望和学习儿歌的兴趣（儿歌：山上有个木头人，山，山，山，山上有个木头人。三，三，三，三个好玩的木头人，不准说话不许动）。游戏开始时，幼儿边念儿歌边做动作，儿歌结束，幼儿既不能发出声音也不可做出动作。如果违背规则，就必须将手伸给同伴，同伴拉着他的手说"打打打，打三下"，然后边拍同伴手边说："一、二、三"，游戏结束。再开始新的一轮游戏。

四、游戏规则

必须边念儿歌边做动作。

注意：可以鼓励幼儿在户外活动或者区域活动中玩；教师要鼓励幼儿做出各种有趣的动作，以保持幼儿游戏的积极性。

在该听说游戏中，幼儿不仅能够体会到游戏的快乐，而且也能够在玩中学，在边念儿歌边做游戏的过程中锻炼了发音。

（二）词汇练习的游戏

词汇练习游戏是以丰富学前儿童的词汇和能够让学前儿童正确运用词汇为目的的听说游戏。词汇游戏不仅可以教给幼儿一些新的词语，也可以帮助幼儿进一步理解已学过的词语的含义，学会更加准确地运用词汇。幼儿的词汇是在日常生活经验的积累过程中逐步增长起来的，用听说游戏的方式帮助幼儿学习词汇，是专门考察幼儿对词汇敏感程度的机会，这种集中学习词汇的游戏，着重于引导幼儿练习词汇的运用。

词汇练习游戏又可以细分为同类词组词和不同类词搭配。听说游戏中的同类词组词，实际上也是向幼儿提供某一类词的使用范例，引导幼儿学习在听说游戏过程中按照一定的规则去组织扩展词汇。如"怎样走"的听说游戏，教师要求幼儿用一定的副词描述怎样走的动作，还要边说边做相应的动作，如"快快地走""慢慢地走""蹦蹦跳跳地走"等。我们常见的词汇游戏如"成语接龙"，就是让幼儿学习字头接字尾的组词形式，拓展幼儿的词汇量。

[①] 案例改编自 https://v.youku.com/v_show/id_XMTI3NzI1MzE4OA%3D%3D.html。

 **案例**

大班词汇游戏：词语接龙

一、游戏目标

1. 学习字头接字尾的组词形式,拓展词汇量。
2. 体验说出词汇的快乐心情。

二、游戏玩法

教师说出一词语,幼儿就词语最后一个字为另一词语的起始字。例如,蓝天—天空—空气—气球,以此类推。

三、游戏规则

说出的词汇必须符合词语要求。

此外,词汇练习游戏还可以让幼儿获得不同类词搭配的经验。词汇的搭配通常与语言习惯和经验有关,是一种社会约定俗成的表现,但也有一定的规则。例如大班词汇游戏"根据变化说量词",让幼儿清楚量词有明显的搭配规则,通过观察图片,说出准确的量词。

 **案例**

大班词汇游戏：根据变化说量词

一、游戏目标

1. 正确认识量词。
2. 通过观察图片,用量词说话。

二、游戏玩法

教师出示图片,幼儿用正确的量词表述图画上画了什么。例如:两头牛、五匹马、八辆车、一只小鸟、一群小鸟、一朵鲜花、一束鲜花。

三、游戏规则

按照正确的量词进行搭配。

中大班阶段幼儿对量词开始产生一定的敏感性,在这个时期给他们提供听说游戏的机会,可以很好地帮助他们掌握一般量词的使用方法。

在以丰富词汇为目的的游戏中,针对不同年龄段的幼儿侧重点应有所不同。如3岁以前应以丰富名词、动词为主,小班应重视动词的丰富和运用,中大班在丰富各种词汇的同时,应注重提高词汇的运用能力,如量词和形容词的丰富和运用。

(三) 句子和语法练习的游戏

句子游戏是以训练按照语法规则正确组词成句,并运用各种句式、句型为目的的听说游戏。通过句子游戏,幼儿可以更加明确清晰地表达自己的意愿,更好地发挥语言的交际功能,迅速把握某一种句法的特点和规则。教师在组织幼儿进行句子游戏时,应充分了解幼儿句子发展的现有水平,判断幼儿是处于双词句、简单句还是复杂句阶段,以此为基础提出难度适宜的要求,以便幼儿在游戏中体验到成功和快乐,并获得发展。如下文案例中大班听说游戏"盖楼房"以及中班游戏"我问你答",幼儿就是通过游戏来学习"××越来越××"以及"假如我是××,我喜欢××"的句式句型。

 **案例**

大班句子游戏:盖楼房

一、游戏目标

1. 学习运用"××越来越××"的谈话句型。
2. 能仔细倾听同伴的发言,积极参与集体活动,不重复别人的语句。

二、游戏准备

鼓一面,磁性楼房图片教具两套。

三、游戏玩法

今天我们来玩盖楼房的游戏,不是用砖、水泥那些建筑材料,而是让你们用"××越来越××"的句型说话,回答正确的小朋友就可以给你所在的这一小组盖上一层楼,看哪一组的小朋友盖的楼房高,注意不能重复同伴讲过的内容。

在《盖楼房》这个案例中,幼儿通过学习运用"××越来越××"的谈话句型提高自己的表达意愿和水平,也丰富了自己的词汇量。

中班句子游戏:我问你答

一、游戏目标

1. 学会用"假如××,喜欢××"的句型说出完整的句子。
2. 能够充分发挥想象力,并大胆创新。

二、游戏准备

卡通贴纸若干。

三、游戏玩法

教师将幼儿分为两组,采用从两端依次轮流起立提问和回答的形式,开展我问你答的竞赛活动。一方幼儿必须用"如果你是××,你喜欢什么"的句式提问,对方必须用"如果我是××,我喜欢××"的句式回答。例如,"如果你是小燕子,你喜欢什么?""假如我是小燕子,我喜欢飞翔。"

四、游戏规则

1. 提问者不能重复别人的问题。
2. 回答正确的幼儿可以获得一张卡通贴纸,错误则不能,最后贴纸最多的一组幼儿获胜。

在《我问你答》听说游戏中,幼儿感受到了发挥自己想象力的愉悦,同时也运用了固定的句式,提高了自己的语言表达能力,更好地发挥了语言的交际功能。

(四) 描述练习的游戏

描述练习的游戏主要是训练用简单、生动、形象的语言描述事物的特征,发展连贯性语言的听说游戏。这类游戏一般在学前儿童具有了一定的语音、词汇和语法的基础上进行,要求幼儿的语言完整连贯,有一定的描述能力,是一种比较综合的、较高级的语言训练游戏,适宜在中大班进行,可以有效地提高幼儿的言语表达能力。在下文案例"种莲子"和"照相"中,教师通过让幼儿学习使用比较连贯的语句来描述同伴的发式、衣着等外部特征来发展其语言表达能力。

 案例

中班描述练习游戏:种莲子

一、游戏目标
1. 学习使用比较连贯的语句来描述同伴的发式、衣着等外部特征。
2. 注意倾听同伴的发言,并能根据言语描述迅速做出正确的判断。

二、游戏准备
一个莲蓬。

三、游戏玩法
幼儿围坐成半圆形,眼睛闭上,手背在后面手掌向上。大家一起念游戏儿歌《种莲子》:"种莲子,种莲子,不知莲子种哪家。东一家,西一家,到了明年就开花。"种莲子的人边说儿歌边从每个孩子身后走过,并且会在儿歌结束前将莲子放在一个小朋友的手里,并且用简短的语言来描述这个小朋友的外貌特征,请大家来猜。例如:"我把莲子种在一个短头发的女孩手里,她穿着黄衣服、蓝裤子和黑皮鞋。"假如其他幼儿猜对了,拿到莲子的小朋友就要到前面来说"我就是穿黄衣服、蓝裤子和黑皮鞋的短头发小女孩",然后游戏继续。

四、游戏规则
幼儿之间不能提示。

中班描述练习游戏:照相

一、游戏目标
1. 发展对事物进行描述的能力。
2. 能对同伴进行细致观察、辨别的能力。

二、游戏玩法
幼儿坐成一圆圈或半圆形,请一幼儿当摄影师,由他说出一个幼儿的装束、衣服的颜色、动作、姿态等,但不说出其名字,让大家猜,猜对了,请摄影师给被猜者照个相(假装照相的动作),再请猜对的小朋友当摄影师,继续游戏。

在描述性游戏中,教师可以先让幼儿描述所熟悉的人或物,待掌握了一定的句式或者方法后可以描述其他的事物,进一步拓展幼儿的词汇量,提高其语言表达能力。

四、学前儿童听说游戏的教育价值

游戏本身能推动学前儿童"语言和思维的发展",这一论点已经为国内外的研究所证实。游戏能激发学前儿童的表达欲望,为学前儿童自由表达创造适宜的语言环境;游戏本身就是学前儿童学习语言的一种有效方法;游戏不仅能使学前儿童对语言的理解深刻化,而且能使其语言的交际功能和调节功能获得发展。游戏是在一种轻松愉快的环境中进行的,听说游戏为学前儿童提供了语言实践的机会。所以,可以说学前儿童听说游戏是实现语言教育目标的重要途径。

(一)提高口语表达能力

幼儿期是完整的口头语言发展的关键时期。从听说游戏的分类来看,学前儿童听说游戏确实能对学前儿童的语言发展产生全方位的影响。语音游戏可以发展学前儿童的听音、辨音、发音能力;词汇游戏可以帮助学前儿童正确地理解词汇、运用词汇、丰富词汇量;识字类游戏可以在游戏中不知不觉地引导幼儿识字;学说句子游戏可以帮助学前儿童了解和应用各种句型和句子;描述性游戏可以发展学前儿童在观察的基础上连贯表达思想的能力;故事表演游戏可以发展学前儿童的文学语言和语言的表现能力。所有这些游戏都可以从语音语汇、语法和表达等方面,促进学前儿童语言的倾听和表达水平的提高。如中班游戏"顶锅盖"中,因为游戏规则简单易懂,幼儿参与的积极性很高,不仅为幼儿所熟悉,而且能够较为流畅地说出各种菜名,从而不断提高幼儿的语言表达能力。

案例

中班听说游戏:顶锅盖

一、游戏目标
1. 学习发准"盖""怪""菜"等容易混淆的字音。
2. 探索游戏玩法,能根据自己的生活经验,说出各种菜肴的名称。

二、游戏准备
锅盖一个。

三、游戏玩法
教师扮演锅盖将手掌平放,手心向下做锅盖,请5名幼儿上来分别伸出食指顶着"锅盖"。然后大家一起念游戏儿歌,念到"噗!一口风",可做吹风状,以增加趣味性。儿歌一念完,教师迅速去抓顶锅盖的食指,同时,幼儿的食指赶紧收回。如被抓住,教师问:"烧的是什么菜?"幼儿报菜名,然后交换角色,再进行一次游戏。最后,教师组织幼儿每人用一只手做锅盖,另一只手顶锅盖,采用自问自答的形式,练习游戏中的语言。

四、游戏规则
1. 儿歌念完,教师才能去抓住顶着锅盖的食指,同时食指要赶紧缩回,不让锅盖抓住。

2. 儿歌念完,就要问:"烧的什么菜?"被抓住的幼儿必须说出一道菜的名称,方能与"锅盖"交换角色。

附儿歌:

顶锅盖,炒油菜,辣椒辣了不要怪。噗!一口风,噗!二口风,噗!三口风。

(二) 提高倾听的技能水平

会倾听是人们之间相互交流的良好行为习惯,倾听能力的培养是语言教育的重要任务之一,听说游戏正是幼儿学会倾听的有效途径,为学前儿童提供了一种独特的学习语言的方式。因此,教师在游戏的设计和组织中,要对学前儿童倾听方面进行有意的锻炼,以提高其倾听水平。首先,要能够听懂教师对游戏规则的讲解。游戏中幼儿能否听懂教师对游戏规则的介绍,直接影响着游戏的状态,因此有利于幼儿倾听的锻炼;其次,要听懂游戏的指令,把握游戏的进程。在游戏中,幼儿需要随时把握相关的指令信息,从而做出相应的反应,这非常有利于幼儿自觉主动地倾听捕捉指令信息,否则游戏将无法进行。

 案例

小班听说游戏:我的五官①

一、游戏目标

1. 愿意参与游戏,在游戏中能与同伴进行交往。

2. 注意倾听对方讲话,学习用句子"照镜子、照镜子,我有……"来回答。

3. 初步接触量词(一个、一张、一双、两只等),学习发准"张""双""只"等字音。

二、游戏准备

1. 知识经验准备:幼儿已知道五官的名称。

2. 物质材料准备:镜子人手一面。

三、游戏过程

1. 幼儿照镜子,说出五官的名称及数量

(1) 幼儿集体照镜子,并说说从镜子里看到了脸上有什么。

(2) 引导幼儿正确说出脸上五官的名称及数量,并练习用完整的语句讲述"我有……"

(3) 教师以游戏的方式带领幼儿练习说五官的名称及数量。

2. 教师示范游戏玩法及规则,引导幼儿游戏

(1) 教师示范游戏,引导幼儿观察,讨论游戏规则。提问:"游戏是几个人玩的?老师说了什么?"引导幼儿练习对话内容。

(2) 教师引导幼儿游戏。教师先说,幼儿回答;幼儿先说,教师回答。

---

① 教案出自 https://wenda.so.com/q/1463547443720141。

3. 幼儿相互游戏，教师巡回指导
（1）鼓励幼儿照照身体的其他地方。
（2）请拓展较好的幼儿到前面展示。
4. 游戏结束
带领幼儿边照镜子边继续拓展游戏出活动室，结束活动。
在上述案例中，幼儿首先要能够理解游戏规则，能够注意倾听对方讲话，学习用句子"照镜子、照镜子，我有……"来回答。其次，还要能够理解教师说的话，能够根据教师的相关要求，做出相应的动作，从而在游戏中锻炼了幼儿的倾听能力。

（三）提高学前儿童在语言交往中的机智性和灵活性

语言是思维的工具，学前儿童早期的语言能力是他们智力发展的重要标志。学前儿童听说游戏属于智力游戏的一种，是发展学前儿童智力的重要手段。一个好的听说游戏，可以使幼儿在愉快的情绪伴随下，锻炼思维的敏捷性和灵活性，养成乐于动脑、动手、动口的学习习惯，促进学前儿童注意力、记忆力、观察力、思维能力、想象力、言语表达能力等智力因素的全面发展。下文的听说游戏案例"红绿蓝"带有趣味性，并且很大程度上发挥了幼儿的创造力和想象力。

案例

小班听说游戏：红绿蓝①

一、游戏目标
1. 学习运用颜色形容词"红红的""绿绿的""蓝蓝的"说短句。
2. 认真倾听和积极反应，体验小组竞赛游戏的乐趣。
二、游戏准备
1. 材料投放：红、绿、蓝三种颜色的圆形图片各一张，立式小黑板三块，大白纸三张，勋章印章一枚。
2. 经验准备：幼儿在日常生活中观察过周围红、绿、蓝三种颜色的事物。
三、游戏过程
1. 出示圆形图片，设置游戏情景
（1）出示红、绿、蓝三种颜色的圆形图片，引出游戏内容。
（2）引导语：它们是什么颜色的？今天我们要玩个游戏，名字叫"红绿蓝"。
（3）引导幼儿分成三组，分别为红队、绿队、蓝队，每一个小组代表一种颜色。
2. 播放数字资源"红绿蓝"图片，引导幼儿简单描述事物
（1）引导幼儿观看图片，用"红红的""绿绿的""蓝蓝的"等形容词进行简单的描述。

---

① 教案出自 https://wenku.baidu.com/view/cdaf95fc6aec0975f46527d3240c844768eaa006.html 小班语言活动：红绿蓝（听说游戏）。

(2)启发幼儿展开联想并说出与三种颜色有关的事物。

(3)引导语:我看到红色,就会想到红红的气球、红红的毛衣、红红的帽子、红红的苹果,还有哪些东西也是红红的呢?(用同样的方式引导幼儿说出绿色、蓝色的事物)

3.组织幼儿开展竞赛游戏

(1)幼儿按照红队、绿队、蓝队分三组坐好。教师在每个小组前面放置一块小黑板,在黑板上贴一张白纸,在白纸上分别画上红色、绿色、蓝色的标志。

(2)游戏玩法:三组的幼儿根据本队的颜色,依次轮流使用形容词"红红的""绿绿的""蓝蓝的"说短句。幼儿说对了,教师在每组对应的白纸上印上一枚勋章。

(3)游戏规则:不能重复他人说过的话,说错或重复他人说过的内容,不能印上勋章。

(4)游戏时,提示幼儿认真听并记住别人说过的内容,使内容不重复。游戏结束后,教师总结游戏的情况,组织幼儿点数哪一组的勋章多,为胜利者鼓掌、祝贺。

(5)更换小组的颜色标志,重新开始游戏。

在该游戏中,让幼儿通过使用形容词"红红的""绿绿的""蓝蓝的"说短句,并且进行了竞赛游戏,不仅激发了幼儿参与游戏的兴趣和动力,也促进了幼儿思维能力的发展。

第二节 学前儿童听说游戏的设计与组织

听说游戏可以作为教育活动的一个环节,也可以作为一个完整的教育活动,同时还可以在幼儿掌握游戏的玩法和规则后,在活动区作为延伸活动自发进行。听说游戏的设计、组织和实施有其独特的规律,按照一定的结构或者步骤来设计和实施活动,会产生理想的教育效果。

一、听说游戏的设计思路

听说游戏的设计有其独特的规律和思路,按照以下结构设计活动,可以产生更好的教育效果。

(一)确定游戏的语言教育目标

听说游戏有明确的语言教育目标,每一个听说游戏都包含着对学前儿童语言学习的具体要求。教师通过对听说游戏的设计和实施,将近阶段根据学前儿童语言发展水平和语言学习需要所提出的语言教育目标,渗透于听说游戏的内容和过程中,落实到幼儿能够接受理解和尝试掌握的教育过程中。要设计听说游戏,首先应明确其总目标和年龄阶段目标。

1.总目标

(1)在游戏中按照一定规则进行口语表达练习。其中包括复习巩固发音(难发音、方言干扰音、声调、发声用气等方面)、词汇组合搭配的扩展学习、尝试运用句型的练习。

(2) 提高积极倾听的水平。听懂教师的规则讲解,听懂游戏的指令,准确把握和传递有细微区别的信息,提高倾听的精确程度。

(3) 提高在语言交往中的机智性和灵活性。即锻炼学前儿童迅速领悟语言规则的能力,迅速调动学前儿童已有语言经验编码的能力,以及迅速以符合规则要求方式表达的能力。

2. 各年龄阶段目标

表 2-2　幼儿园听说游戏各年龄阶段目标

年龄段	小班	中班	大班
目标	1. 乐于参加游戏活动,在游戏活动中大胆地说话。 2. 发准某些难发的音,初步掌握方位词及人称代词,学习正确运用动词。 3. 在游戏中尝试按照规则运用简单句说话。 4. 养成在集体活动中倾听他人讲话的习惯,能听懂并理解较为简单的语言游戏规则。	1. 练习巩固发音,正确运用代词、方位词、副词、动词、连词和介词等。 2. 能说出简单而完整的合成句。 3. 能够听懂并理解多重游戏规则。 4. 学习较为迅速地理解游戏中的语言规则,并能及时做出反应。	1. 学习正确运用反义词、量词和连词等,并能说完整的合成句。 2. 养成积极倾听的习惯,迅速掌握和理解游戏中较复杂的多重指令。 3. 不断提高倾听的精确程度,准确掌握和传递有细微差别的信息。 4. 在游戏活动中按照规则迅速调动个人已有语言经验进行语言表达。

(二) 选择合适的游戏内容

听说游戏的内容应该根据本班幼儿语言发展的年龄特征和个体发展需要,选择与设计适宜的听说游戏内容。

(三) 制定适宜的游戏规则

凡是听说游戏,都带有一定的游戏规则。听说游戏中的规则并不是凭空制定的,而是教师在设计听说游戏时,根据具体的语言教育目标,选择适当的语言学习内容,并将本次活动的语言学习重点转化为一定的游戏规则,通过整个听说游戏过程达到听说学习的目的。游戏规则可以是竞赛性质的,也可以是非竞赛性质的,当学前儿童参与听说游戏时,必须遵守一定的游戏规则,从而锻炼其听说能力。

(四) 准备丰富的游戏材料

教师可以根据游戏的内容,使用一些与听说游戏有关的物品、玩具或者日用品等布置游戏的环境,制造游戏的氛围,进而创造出游戏情景。

(五) 设计游戏活动环节

听说游戏的活动环节和游戏活动是一样的,主要有以下几个方面:

1. 创设游戏情景

在游戏的导入阶段,教师通过一些方式方法设置游戏情景,使学前儿童在宽松愉快的氛围中受到感染,调动其参与语言游戏的积极性。一般来说,可以通过语言、动作和实物三种方式相互结合进行导入。

2. 讲解游戏的玩法和规则

在创设游戏之后,教师要向幼儿说明游戏如何进行以及在游戏中要遵守的规则,以保证游戏顺利进行。

3. 教师通过多种方式引导幼儿参与游戏

在交代清楚游戏的玩法和规则后,教师可以开始引导幼儿开展游戏。小班教师主要是边讲解边示范,中大班在讲清楚玩法和规则后可以师幼共同示范,或者请部分能力较强的幼儿先参加游戏,待其他幼儿熟悉后再过渡到全班幼儿参加。

4. 幼儿进行自主游戏

当全体幼儿熟悉游戏的玩法和规则后,教师要逐渐退出,让幼儿自己开展活动,进入自行游戏阶段,教师以间接控制为主要策略。所以,这个环节的时间一定要充分,教师的间接指导的质量一定要保证。

 案例

大班听说游戏:金锁银锁

一、游戏目标

1. 学会用简单的词语形容和描述一件事物,用"××,××,××××"的句型来描述看到的物品。
2. 能仔细倾听同伴的讲话,并能迅速、正确地对话。
3. 能够遵守游戏规则,愉快地进行游戏活动。

二、游戏准备

两把钥匙,一把贴有苹果形状的锁,一个玩具娃娃。

三、游戏过程

1. 示范操作表演

(1) 先出示一把苹果锁和两把钥匙,接着边操作教具边念儿歌:金锁锁,银锁锁,两把钥匙一把锁,咔嚓咔嚓把它锁,小朋友快点来开锁。

(2) 出示玩具娃娃,并以娃娃的口吻问:"这是什么锁?"答:"这是苹果锁。"玩具娃娃又说:"苹果,苹果,红彤彤。"咔嚓一声将锁打开,接着再插入另一把钥匙说:"苹果,苹果,香又甜。"咔嚓又打开了苹果锁。

(3) 带领幼儿念儿歌2~3遍,从而使幼儿对整个游戏活动有一个初步、完整的印象。

2. 讲解游戏规则

教师采用口头讲述的方式,向幼儿交代游戏规则。

(1) 念完儿歌后,开锁人才能问:"这是什么锁?"扮锁的幼儿必须想出一个锁名

来,告诉他:"这是××锁。"

(2) 开锁的两位幼儿分别是两把钥匙,这两位幼儿必须用"××,××,×××"的句型来描述××锁。前面重复说名词两次,后面用3个字描述一下这种事物的特点,如"苹果,苹果,香又甜"。

(3) 开锁人描述的准确就能打开锁,并交换角色,否则不能交换角色。

3. 教师扮演角色,引导幼儿游戏

教师先扮演开锁人的角色,幼儿扮演锁的角色,然后交换角色。通过教师参与角色的形式,可帮助幼儿学习掌握游戏中的对话及描述部分,为幼儿独立开展游戏活动积累经验。

在对话过程中,鼓励幼儿讲出各种不同的锁,学习用各种不同的、简单的词语进行准确的描述。

教师还需要以主角的身份带幼儿玩几次,并不断变换锁的名称,如"小猫锁——喵喵叫""月亮锁——像小船"。

4. 幼儿自主游戏活动"金锁银锁"

幼儿手拉手围成一圈扮锁,请两名幼儿当开锁的人,一个站在圈内,一个站在圈外。

游戏开始时,大家边念儿歌边前后摆动拉着的手,两名开锁人同时随着儿歌的节奏依次在各拉手处做开锁动作。儿歌念完后,开锁人停在某处便可指这里两人问:"这是什么锁?"拉手人回答:"这是××锁。"然后,开锁人说:"××,××,×××。"讲对了,开锁人就能轻轻把两人的手切开,然后交换角色,游戏重新开始。若开锁人讲的不正确,扮锁的幼儿将锁握紧,开锁人就切不开锁,游戏继续进行。

二、听说游戏的指导要点

(一) 创设轻松愉悦的游戏情境

教师在组织学前儿童的听说游戏时,要注意创造轻松愉悦的游戏环境,无论采用哪种创设环境的方式,都应当把握适时适度的原则。首先,教师在创设游戏环境时要注意把握创设游戏情境的时间,由于学前儿童年龄特点的特殊性,其注意力集中的时间较短,也容易分散,如果创设情境的时间太长可能会影响后面进行听说游戏的效果。再次,教师在创设游戏环境时要根据学前儿童的年龄和班级的特点,选用多种方式进行情境创设。例如,小班幼儿应尽量采用肢体动作或者实物直接将幼儿带入游戏场中,让幼儿感觉自己就是游戏情景和游戏活动的一部分,更加沉浸在游戏过程中;对于中大班幼儿可以采用语言介绍或者描述的方式,再加上动作和实物等,让幼儿有更多时间观察和分析教师展示的游戏环境。案例"小动物进城"的情境导入就很有意思,采用了图示和语言的方式引起幼儿的好奇心和兴趣,让幼儿思考如何才能进城,这就涉及了游戏的玩法和规则,为接下来的环节奠定了基础。

 **案例**

中班听说游戏：小动物进城（片段）

一、游戏目标

1. 学习用简单的语言描述动物的主要特征，并会根据动物的主要特征编成谜语。
2. 能听懂并理解简单的游戏规则，激励幼儿积极动脑参与编猜谜活动。
3. 体验听说游戏的乐趣。

二、游戏准备

1. 动物城图片一幅，警察帽两顶，各种动物小图片放在幼儿椅子下。
2. 学会唱"如果感到幸福你就拍拍手"。

三、游戏过程

1. 出示图片，创设游戏情境

指导语：今天老师给你们带来了一幅城堡图，你知道这是一座什么城堡吗？城堡门前有些谁？他们是干什么的？你们想进城和小动物们一起玩游戏吗？怎样才能进城呢？

2. 介绍游戏玩法与规则

教师介绍进城方法：想要进城必须将自己扮成小动物，守城人喜欢猜谜语，他看到别人要进城就会念一首儿歌："城门开开，城门关关，想要进来，让我猜猜。"等他念完后，进城的人必须将自己扮演的小动物编成谜语请他猜，如果你编得好，守城人就能猜出来，那么你就能被请进城，如果编得不好守城人猜不出，你就不能进城。

（二）合理组织听说游戏的过程

在组织听说游戏过程中，教师要注意以下几点：

第一，游戏情节与游戏规则兼顾。幼儿在活动中很容易被游戏的有趣情节所吸引，尤其在进行竞赛性的听说游戏时，中大班的幼儿有时为了游戏的胜利而忽视了规则。听说游戏属于语言教学游戏，其具有明确的语言教育目标，游戏规则也是语言教育目标顺利实现的保证，因此教师在组织游戏中不能因为只顾着游戏的情节性、趣味性而忽视了语言教育的具体要求。应该把重点放在培养幼儿倾听和表达能力的基础上，通过组织听说游戏，不仅要把语言教育目标渗透到游戏中，更要在游戏过程中不断提醒、监督幼儿按照规则要求进行游戏。

第二，引导幼儿从外部动机向内部动机发展。从听说游戏的性质上来看，其具有活动性和游戏性的双重性质；从活动组织的形式上看，往往从活动开始，然后逐渐增加游戏的成分。听说游戏具有明确的学习任务，幼儿起初参加听说游戏时，和其他教育活动一样，是由外部动机所引起的，保证其参与的积极性，随着对听说游戏玩法和规则逐渐熟悉后，内部动机的比重越来越大，而这个转变的过程，取决于听说游戏是否具有游戏的特点，是否能够吸引幼儿的兴趣，让幼儿自主游戏，如果教师在组织游戏的过程中，未能够让幼儿从外部动机转换为内部动机，那就是听说活动，而不是听说游戏了。

（三）创新设计听说游戏的玩法

在组织学前儿童进行听说游戏时，教师既可以根据语言教育的目标和不同年龄段幼儿语言发展的一般特点，选择已有的经典听说游戏作为教学内容，还可以根据本地区和本班幼儿语言发展的实际水平创新听说游戏的内容和玩法。

常见的听说游戏的玩法一般可以分为以下几类：

- 猜拳类：如石头剪刀布；
- 躲藏类：如捉迷藏、蒙眼睛摸人；
- 追逐、抓捕类：如丢手绢、老狼几点钟、网鱼、顶锅盖、老鹰抓小鸡；
- 身体控制类：如木头人、写大字、对望；
- 竞技类：如抢椅子、抱团、击鼓传花；
- 其他娱乐游戏类。

教师在设计听说游戏的玩法时应注意以下几点：

首先，同一个游戏玩法规则下，可以训练不同的语言内容。以"伞儿伞儿撑起来"为例，轰隆隆打雷了，哗啦啦下雨了，伞儿伞儿撑起来，酸酸的朋友请进来。这个游戏可以练习的语言内容有几种：第一次游戏，要求幼儿描述味道如"酸酸的朋友请进来"，幼儿说出柠檬、猕猴桃等酸酸的水果即可进到伞下来；第二次游戏，描述动物"会跳的朋友"；第三次游戏，描述颜色"红色的朋友"；第四次游戏，说形状"圆圆的朋友"。

视频《伞儿撑起来》

其次，以同一个儿歌为游戏内容，可以用幼儿感兴趣的不同玩法来玩游戏。如儿歌"捉蜻蜓"，捉蜻蜓，捉蜻蜓，满天满地捉蜻蜓。捉蜻蜓，捉蜻蜓，捉到一只小蜻蜓。我们可以采用"顶锅盖"的玩法来玩这个游戏，也可以采用"网鱼"的玩法来玩这个游戏，还可以采用"抢椅子""抱团"等玩法来玩游戏。

在设计听说游戏时，我们也会利用一些手指游戏作为辅助提高幼儿的表达能力。手指游戏是一种一边念诵儿歌或者韵律，一边协调双手动作变化的游戏。它主要是让幼儿通过控制自己的手指来玩游戏，大多数时候是幼儿独立操作完成的。手指游戏的主要作用在于锻炼幼儿手指灵活性，体验玩游戏的快乐，在边念儿歌边玩游戏中练习语言。

手指游戏儿歌集

案例

鳄鱼来了

五只猴子荡秋千，嘲笑鳄鱼被水淹，鳄鱼来了鳄鱼来了，嗷嗷嗷！
四只猴子荡秋千，嘲笑鳄鱼被水淹，鳄鱼来了鳄鱼来了，嗷嗷嗷！
三只猴子荡秋千，嘲笑鳄鱼被水淹，鳄鱼来了鳄鱼来了，嗷嗷嗷！
两只猴子荡秋千，嘲笑鳄鱼被水淹，鳄鱼来了鳄鱼来了，嗷嗷嗷！
一只猴子荡秋千，嘲笑鳄鱼被水淹，鳄鱼来了鳄鱼来了，嗷嗷嗷！

手指问好

（先将双手藏在背后）大哥在哪里？大哥在哪里？

我在这！（伸出左手翘翘大拇指）

我在这！（再伸出右手翘翘大拇指）

大哥，今天你好吗？（摆动其中一个拇指）

很好，谢谢你！（再摆动另一个拇指）

我走啦，我走啦！（左手放回背后，然后右手放回背后）

二哥在哪里？二哥在哪里？在这里！在这里！（伸出左手食指摆一摆，再伸出右手食指摆一摆）

二哥，你好啊！很好，谢谢你！我走啦，我走啦！（将手放回背后）

高高的哥哥你在哪？我在这！我在这！

（伸出中指）哥哥，你好啊！很好，谢谢你！我走啦，我走啦！（将手放回背后）

无名的哥哥你在哪？我在这！我在这！

（伸出无名指）哥哥，你好啊！很好，谢谢你！我走啦，我走啦！（将手放回背后）

小弟弟在哪里？在这里！在这里！（伸出小拇指）

弟弟，你好啊！很好，谢谢你！我走啦，我走啦！（将手放回背后）

全家人在哪里？全家人在哪里？我们在这里！我们在这里！（伸出双手）哥哥好！弟弟好！大家感谢你！

（四）客观评价游戏活动的结果

在听说游戏结束后，幼儿往往还沉浸在游戏的快乐中，也会和周围的小伙伴共同谈论玩过的游戏。此时教师应该再次回到主导者的角色，根据对整个活动过程的观察和了解，对游戏过程进行客观公正的评价。教师组织幼儿评价和总结游戏，不仅仅能够让幼儿充分感受游戏带给他们的满足与快乐，同时还可以更好地将游戏发挥最大的作用，提高幼儿的分辨能力，促进游戏水平的提高，同时在评价游戏的过程中也能够促进幼儿语言倾听能力和表达能力的发展。

在游戏评价环节中一般由教师主持，教师和幼儿共同参加，也可以分区域或者分组进行现场评议。对于小班幼儿，教师可以采用游戏的口吻进行评价，对于中大班幼儿，教师可以引导他们以自我评价或者同伴互评的方式开展。对于在听说游戏中表现好的幼儿，教师要给予表扬和鼓励，对于出现问题或者不遵守游戏的幼儿也要提出要求，鼓励他们在下一次游戏中更加积极地参与。及时的评价可以强化听说游戏的正确玩法，让幼儿对游戏的规则有更为清晰的认识和了解，也能够纠正游戏中出现的问题，为今后更好地开展听说游戏提供基础。

此外，还要注意评价工作虽然是游戏指导的重要环节，但是切不可本末倒置，花费太多的时间，更不能因为评价而耽误或者缩短幼儿游戏的时间。

第三节 学前儿童听说游戏案例与评析

案例 1

大班听说游戏：击鼓传花送礼物①

一、游戏目标

1. 积极参与游戏，在集体面前大胆发言。
2. 学习正确使用量词"块""条""本""辆""双"等。
3. 理解并遵守游戏规则，按照规则要求进行语言交往。

评析：该听说游戏的教育目标是让幼儿学习说量词，同时也在学习能力、学习态度方面提出了具体又明确的要求，目标全面、难度适当。

二、游戏准备

蓝猫的卡通玩具一个，小礼物若干：糖、毛巾、书、汽车、鞋子等；一个用来装礼物的盒子。

三、游戏过程

1. 创设游戏情景

教师出示蓝猫的卡通玩具，告诉幼儿："今天是蓝猫的生日。这里有许多礼物，请你们想一想，该怎么样为蓝猫过生日呢？"

教师引导幼儿说出"蓝猫，我送你×××，祝你生日快乐！"与幼儿讨论量词的用法，让幼儿明确，必须使用量词表述自己要送的礼物。

评析：游戏开始时采用语言、实物、动作相结合的方式创设游戏情境，有效地吸引了幼儿的注意力。

2. 交代游戏玩法和规则

教师告诉幼儿，今天要和小朋友来玩个游戏，游戏的名称叫"击鼓传花送礼物"。教师和幼儿共同讨论，制定游戏规则，讨论从以下几方面进行：传花的时候应该怎么传？鼓声停了应该怎么办？拿到礼物你该怎样说？说错了怎么办？讨论后制定如下规则：

（1）大家围成一个圆圈，听到鼓声一个一个传花，不能有间隔。鼓声停止时，传花立即停止，花在谁的手上，谁就选一件礼物。

（2）拿到礼物的人要大声用量词表示出来，如"我要把一个皮球送给蓝猫"。

（3）说对的人可以做擂鼓手，说错的人由教师指定的人纠正后可继续游戏，由纠

---

① 此案例由长沙师范学院学生王敏参考 https://www.docin.com/p-2113308.html 而改编，长沙师范学院马媛老师点评。

正者担任擂鼓手继续游戏。

评析:采用击鼓传花的方式进行游戏,紧张而又充满刺激性,能够极大地激发幼儿游戏的兴趣,使幼儿处于兴奋的状态,能够全身心投入游戏中。游戏规则简单、明确,突出了游戏的语言学习任务,也重视了幼儿原有的生活经验,让幼儿在游戏中互相交流、互相学习。

3. 教师指导幼儿游戏

教师先和幼儿一起游戏,由教师担任擂鼓手。游戏时教师注意提醒幼儿正确使用量词,并且可有意识地让花停在一些幼儿手上,如量词掌握不太好、胆小内向的幼儿等,尽量让幼儿都有机会参与游戏。

4. 幼儿自主游戏

(1) 在幼儿对教师准备的礼物都能正确地用量词表示后,教师引导幼儿脱离实物,结合生活经验来继续游戏。要求幼儿思考:在你过生日的时候收到过什么礼物?现在,你想送给蓝猫什么礼物?

(2) 将幼儿分成几组,当花传到一个人手上的时候,属于这一组的幼儿全部起立,轮流讲述自己送的礼物。全班幼儿给这个集体做出评价。对于幼儿用得较好的词,教师让幼儿集体学说。

评析:教师在活动中充分发挥了指导作用,为幼儿营造了一个轻松、愉悦的游戏环境。通过教师的示范和间接指导,幼儿学会了游戏,其主动性和创造性也在游戏的过程中得到了潜移默化的提高。

案例 2

*小班听说游戏:白鹅下河*①

一、游戏目标

1. 愿意并能愉快地参加游戏活动。

2. 能清晰地回答教师的提问,能听懂并理解简单的游戏规则,提高对指令性语言的倾听水平。

3. 边念儿歌边玩游戏,并发准带 e、g、h 的字音。

评析:该游戏以儿歌为载体,结合儿歌中两个角色间的对立关系,创设追逐和躲避的游戏情境,在情境中自然地发展幼儿的游戏语言,掌握正确的发音,并结合小班幼儿的年龄特点,将活动的重难点落实到在游戏中对规则的倾听和掌握。目标具体、操作性强,符合小班幼儿的年龄特点。

二、游戏准备

1. 教师准备:在教室的中间画好一条横线,作为河界。

2. 狐狸、白鹅头饰若干个,课件《白鹅下河》。

---

① 此案例由长沙师范学院附属第二幼儿园刘敏老师提供,长沙师范学院马媛老师点评。

三、游戏过程

1. 创设游戏情境,激发幼儿的兴趣

教师扮演大白鹅,幼儿扮演小白鹅,练习说"我是小白鹅,我会水里游"的句子。

评析:结合游戏创设的情境,为后面的活动步骤做好准备。

2. 观看课件,引导幼儿学习游戏儿歌

(1) 引导幼儿欣赏游戏课件。

(2) 教师采用提问的方式,引导幼儿学会游戏儿歌。

东边有什么?西边有什么?鹅在干什么?

谁跑过来了?鹅是怎样跳下河的?

(3) 教师再次完整朗诵儿歌。

(4) 教师与幼儿用接念的方式,学念儿歌一遍(着重帮助幼儿发准"鹅"和"歌"等相似音,纠正幼儿的不正确发音)。

(5) 幼儿集体念儿歌一遍。

(6) 幼儿分组念儿歌一遍。

评析:对于小班幼儿来说,掌握游戏的玩法和规则有一个从集体到小组再到个别的过程。

3. 教师向幼儿介绍游戏的玩法和基本的规则

(1) 交代游戏名称。

(2) 教师与协教老师示范并讲述游戏规则:白鹅在河边,边念儿歌边做鹅的动作,当念到"一只狐狸跑过来"时,狐狸出来做准备抓白鹅的动作,这时白鹅跳下河,跳下河的白鹅就安全了,没有及时跳下去被狐狸抓住停止游戏一次。

(3) 教师注意强调游戏规则,培养幼儿的倾听习惯,当念到"鹅儿鹅儿跳下河"时,白鹅才能跳下水,过早和过晚都是违反游戏规则。

评析:规则简洁明了,教师运用示范和讲解结合的方法来讲述游戏玩法和规则,符合小班幼儿的理解和接受的特点。

4. 教师和幼儿一起游戏,帮助幼儿进一步理解游戏规则

(1) 第一轮游戏,教师扮演狐狸,幼儿扮演白鹅,集体边朗诵儿歌,边玩游戏。狐狸出场时要突然,面目狡猾,凶神恶煞的样子,激发幼儿恐惧的情绪,提高参与游戏的兴趣;提示幼儿要念到"白鹅白鹅跳下河"时白鹅就跳进河里,帮助幼儿进一步理解游戏规则。

(2) 第二轮游戏,将幼儿分成两组进行游戏,一组幼儿扮演白鹅,一组幼儿扮演狐狸,初步熟悉游戏玩法及规则。

(3) 第三轮游戏,教师指导游戏。请2~3名幼儿扮演狐狸,10名幼儿扮演白鹅玩游戏。老师每请一只小白鹅,提问"你是谁呀?",幼儿必须回答:"我是小白鹅,我会水里游。"只有能够完整回答出这句话的幼儿才能扮演白鹅,教师及时地指出幼儿游戏中的优点与不足。

(4) 第四轮游戏,教师再次请幼儿扮演角色,进行游戏,个别引导幼儿学说"我是

小白鹅,我会水里游"的语句。

附游戏儿歌:

白鹅下河

东边一条河,

西边一群鹅,

鹅儿,鹅儿,唱着歌,

一只狐狸跑过来,

鹅儿,鹅儿,跳下河。

案例3

小班听说游戏:伞儿伞儿撑起来①

一、游戏目标

1. 积极参与游戏,愿意认真听,大胆说,体验游戏的乐趣。

2. 能大声完整的说出"我是酸酸的(甜甜的、辣辣的××)"的句式。

3. 能根据物体的特征,按游戏要求进行分类、概括,并用语言表达自己的想法。

二、游戏准备

背景草地图一幅,实物伞一把,辣椒、柠檬、糖果图片若干。

三、游戏过程

1. 创设情境,引出话题

(1)教师:"草地上特别热闹,都有谁呢?"(糖果宝宝、柠檬宝宝、辣椒宝宝)

(2)教师引导幼儿用短句分类概括。

教师:"这些宝宝都是什么味道的?糖果宝宝的味道是甜甜的,我们叫他甜甜的朋友。刚才有甜甜的朋友、酸酸的朋友,还有什么朋友呢?"

(3)帮助"朋友们"想办法。

教师:"突然,轰隆隆打雷了,哗啦啦下雨了,朋友们快被淋湿了,怎么办呢?有什么办法既不被雨淋湿,又能在草地上玩?"引导幼儿根据生活经验大胆发表自己的想法。

评析:活动一开始为幼儿创设了一个童话般的情境,通过拟人化的形象迅速激发幼儿参与活动的兴趣和热情,并将活动中的语言学习贯穿于童话的情境中,使幼儿在美好的感受中兴趣盎然地、自然地掌握语句。同时,又能结合幼儿的生活经验,鼓励幼儿用语言表述自己的生活经验。

2. 游戏:伞儿撑起来

(1)教师示范讲解游戏玩法。

教师:"小朋友都有很多的好办法,看一看,谁来帮忙了?伞儿要和他们做游戏

---

① 此案例由江苏省张家港市机关幼儿园龚维老师提供,长沙师范学院郭咏梅老师点评。

呢!听听看,伞儿是怎么说的?(轰隆隆,雷声响。哗啦啦,下雨了。伞儿伞儿撑起来,酸酸的朋友请进来)雨伞请的是什么朋友?谁是酸酸的?"幼儿用完整句式回答:"我是酸酸的朋友。"伞儿说:"请进来。"(以此类推,"香香的朋友"等)。最后一起说:"太阳出来了,伞儿收起来。"

(2) 教师引导幼儿集体游戏。(此处的教具"伞"可以先用实物伞,然后再用大的彩虹伞)

评析:活动最大的特色是,情境创设不仅仅在活动开始,而是贯穿于活动的始终,将整个活动串联了起来,给幼儿一个宽松、丰富的语言环境。开始运用实物伞当教具,引导幼儿熟悉游戏的玩法和规则,再过渡到用大的彩虹伞,层层递进,让幼儿在想象表达的同时,体验到躲在伞下的乐趣。

3. 用"手"做小伞自主游戏

教师:"我们可以用身体的哪个地方做小伞?"教师提醒幼儿游戏前商量好谁做雨伞,谁做朋友。

评析:通过用"手"做小伞,简化游戏的玩法,为幼儿的自主游戏创设了条件。并鼓励幼儿自由结伴,相互协商角色的分配,体现了中班幼儿不同于小班幼儿的能力发展,帮助幼儿进一步体验合作游戏的快乐。

4. 迁移经验,扩散幼儿思维

教师:"看,现在又有一个新朋友。听一听是什么朋友?"教师念儿歌:"轰隆隆,雷声响,哗啦啦,下雨了。伞儿伞儿撑起来,圆圆的朋友请进来。""我请的是什么朋友?什么东西是圆的?"(随幼儿的回答进行游戏)

评析:改变游戏的内容,从而达到拓展幼儿游戏经验的目的,有助于发展幼儿的发散思维,非常符合这个游戏的特点,是一步巧妙的教学过程设计。

5. 结束活动

教师:"小朋友想想看,除了圆圆的朋友,还有什么朋友?其实我们生活中还有很多很多的朋友,我们去找一找,说一说,商量好谁做雨伞,谁做朋友。"

案例 4

中班听说游戏:炒青菜①

一、游戏目标

1. 正确发出炒(chǎo)、青(qīnɡ)、菜(cài)、捏(niē)等发音易混淆的字音,能边念儿歌边表演动作。

2. 在熟悉游戏的基础上,尝试仿编儿歌,并玩仿编的游戏。

3. 愿意和同伴一起游戏,体验游戏时的快乐情绪。

---

① 此案例由 https://wenku.baidu.com/view/98d559c605087632 网站提供,长沙师范学院马媛老师点评。

评析：该游戏设计的目标符合中班幼儿的年龄特点，重点在于让幼儿练习容易混淆的发音，同时在掌握游戏规则的基础上进一步仿编儿歌。

二、游戏准备

青菜一棵，面皮一张。

三、游戏过程

1. 观看教师表演儿歌，引起幼儿对儿歌的兴趣

（1）教师："儿歌里说了些什么？你想不想也来玩游戏？"

（2）教师边念儿歌边做相应的动作。

2. 教师边示范边讲解游戏规则

游戏时必须一个小朋友的手心朝上摆好，另一个小朋友边念儿歌边在他的手心上翻动作，念到"切"时，将手变成刀的样子网手臂上切三次。捏包子的动作和炒青菜是一样的，念到"捏"时，用手在他的手臂上捏三次。汽车来了嘟嘟嘟，用手握成拳当作汽车，从手臂一直开到脖子上，然后开汽车的人就挠他的痒痒，谁忍不住笑了就可以交换游戏。

3. 引导幼儿开展游戏

（1）教师与一位幼儿玩这个游戏，帮助幼儿进一步熟悉游戏的玩法。

（2）请幼儿与同伴两两结对玩游戏，教师观察幼儿游戏情况。

（3）请两位幼儿到前面来表演游戏，其余幼儿与游戏的幼儿一起念儿歌。教师在一旁指导幼儿游戏。

4. 引导幼儿仿编儿歌

（1）教师："我们除了炒青菜，还可以炒什么菜？"启发幼儿讲述各种蔬菜的名称，如菠菜、白菜、萝卜，等等。

（2）教师："我们除了捏包子还可以捏哪些点心？"启发幼儿讲述各种点心的名称。

（3）教师："除了汽车来了还可以乘什么车回家？"启发想象乘车、轮船、飞机等交通工具。

（4）创编新儿歌做游戏：炒萝卜，炒萝卜，切，切，切；捏饺子，捏饺子，捏，捏，捏；轮船来了，嘟，嘟，嘟到家了。

（5）幼儿两两结对自主游戏。

评析：整个游戏活动的趣味性较强，先从教师进行表演儿歌示范开始，吸引幼儿进行游戏的兴趣，接着讲解游戏的玩法和规则，教师可以在讲解玩法这部分之前做经验铺垫，为进一步理解学前儿童做基础。最后一个仿编环节也设计得较好，能够提升幼儿的语言表达能力和积累语言经验。

附游戏儿歌：

炒青菜

洗青菜，洗青菜，洗，洗，洗。切青菜，切青菜，切，切，切，
炒青菜，炒青菜，炒，炒，炒。捏包子，捏包子，捏，捏、捏。
包饺子，包饺子，包、包、包。汽车来了，嘟，嘟，嘟到家啦！

技能训练

训练一：学前儿童听说游戏观摩与评析

【实训目的】

通过现场或视频观摩优秀的学前儿童听说游戏案例,进一步熟悉如何设计与组织学前儿童听说游戏,并尝试评价学前儿童听说游戏。

【实训要求】

1. 观察记录一个学前儿童听说游戏的全部过程,包括活动材料的准备与运用、游戏活动的组织过程与方式、教学方法的运用等。

2. 以研究学习小组为单位对听说游戏活动进行评析。

3. 各研究学习小组派代表发言,师生集中研讨。

训练二：学前儿童听说游戏设计创编

【实训目的】

根据听说游戏的设计要点,学会自行创编学前儿童听说游戏,并进行集体评议。

【实训要求】

1. 以小组为单位,进行学前儿童听说游戏创编,并在全班进行听说游戏的说课展示。

2. 师生围绕教研问题开展研讨

（1）学生以研究学习小组为单位,任选一个核心问题进行研讨。

（2）每组派代表发言。

（3）师生围绕问题进行深入研讨。

3. 教师进行教研总结与提升。

训练三：学前儿童听说游戏试教

【实训目的】

运用本章学习内容,根据创编的听说游戏,学会组织学前儿童听说游戏,并尝试进行游戏活动的反思与评价。

【实训要求】

1. 全班推选一名学生进行学前儿童游戏活动的集中试教。

2. 师生围绕以下三个问题研讨试教课例：

（1）学前儿童听说游戏中教师如何创设游戏情景？

（2）学前儿童听说游戏中教师采用什么方法介绍游戏的玩法和规则？

（3）学前儿童听说游戏中如何更好地引导幼儿参与游戏？

3. 分小组进行个别试教,每名学生展示自己设计的学前儿童听说游戏,要求提交教案,制作教具或课件材料,完整进行模拟试教,试教后进行说课反思,组内进行活动评析。

4. 教师进行总结与提升。

国考真题

1. 题目:手指游戏《一个电话耳边响》(2018年幼儿园教师资格证面试试讲真题)

内容:

(1) 回答问题。

(2) 模拟组织幼儿玩手指游戏。

一个电话耳边响,
一个电话耳边响,
电话相连变大象,
大象相顶变秋千,
秋千相扣变桌子,
桌子打开变高楼,
高楼一转变太空,
太空一收变火箭,
嗖的一声飞上天。

基本要求:

(1) 回答问题:

手指游戏的教育价值有哪些?

这个手指游戏适合哪个年龄班,为什么?

(2) 模拟向幼儿组织介绍手指游戏的玩法。

(3) 请在10分钟以内完成。

2. 题目:手指游戏《黑鹅和白鹅》(2018年幼儿园教师资格证面试试讲真题)

内容:

(1) 表演手指游戏。

(2) 模拟向幼儿讲解和示范。

东边一只鹅,黑鹅和白鹅,一同去过河。
白鹅去拾草,黑鹅来搭窝。
冬天北风吹,草窝真暖和。
住在草窝里,鹅鹅唱新歌。

基本要求:

(1) 完整有节奏地表演。

(2) 请模拟向幼儿进行难点部分讲解和示范。

(3) 请在10分钟以内完成。

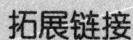

听说游戏中提高语言表达能力的实践探索[①]

黄有芳

《3—6岁学前儿童学习与发展指南》在"语言"部分开宗明义地指出,"语言是交流和思维的工具。幼儿期是语言发展,特别是口语发展的重要时期","幼儿的语言能力是在交流和运用的过程中发展起来的"。听说游戏是采用游戏的方式而开展的语言学习活动。它有明确具体的语言学习指向与目标,有明确的语义内容,将语言教育内容转化为一定的游戏规则,带有明显的练习性,具有寓学于乐、学玩结合的特点,能最大限度地激发幼儿说话的积极性和主动性,提高幼儿的倾听和表述能力,促进幼儿语言的学习与发展。

一、创设自由、宽松的环境,营造游戏气氛,激发幼儿听与说的愿望

《幼儿园教育指导纲要(试行)》中明确指出,要"创造一个自由、宽松的语言交往环境,支持、鼓励、吸引幼儿与教师、同伴或其他人交谈,体验语言交流的乐趣"。创设能激发幼儿参与兴趣、贴近幼儿生活的游戏情境及场景等,选择幼儿生活中常见的物品、玩具、教具来布置游戏环境,营造游戏气氛,会迅速激发幼儿参与游戏的强烈兴趣。例如,小班开展听说游戏"照镜子"时,教师选择各种各样的镜子布置环境,幼儿很快被丰富有趣的环境吸引,兴高采烈地玩照镜子游戏,边玩边说自己看到的样子,还会和同伴交流,互照互说,玩得不亦乐乎。中班听说游戏"谁来了",教师用幼儿熟悉的小动物的布偶布置成大森林的环境,让幼儿玩"大森林做客"游戏,到大森林与小动物问好、扮演小动物、与小动物游戏等,引发了幼儿参与的兴趣。大班玩听说游戏"说相反",师幼共同收集材料(大小球、长短绳子、厚薄书等),创设"相反王国"的游戏场景,而后教师引导幼儿在玩中观察、触摸、对比,感知并表达两个同种实物之间的不同,以引起幼儿参与活动的兴趣。

幼儿的语言能力是在运用过程中发展起来的,而宽松有趣、生动活泼的环境,有效地激发幼儿说的愿望,促使每个幼儿想说、爱说,也有话可说,自然而然地运用语言进行表达,在运用中学习与发展。

二、选择贴近生活的听说内容,明确听说游戏的玩法与规则,培养幼儿玩中有话说的信心

听说游戏内容的选择,是让幼儿有话可说、有话能说的重要前提。教师要根据幼儿的年龄特征,选择贴近幼儿生活实际的、幼儿较熟悉且能够理解和表达的活动内容,这样幼儿才能有话可说,做到边玩边说。例如,"打电话""照镜子""有趣的表情""谁来了""说相反""接龙"等游戏都是贴近幼儿生活的活动,因而备受幼儿欢迎。

[①] 黄有芳.听说游戏中提高幼儿语言表达能力的实践探索[J].幼儿教育研究,2018(01):21-22.

为了有序地开展听说游戏,必须要让幼儿明确游戏的玩法与规则。听说游戏中的规则并不是随意制定的,而是教师在设计听说游戏时,根据具体的语言教育目标,选择适当的语言学习内容,再将活动的学习重点转化为一定的游戏规则。为了让幼儿更好地参与、投入听说游戏,教师针对不同年龄段的幼儿采用不同的策略,让幼儿明确游戏的规则,体验游戏的乐趣。小班幼儿的观察能力相对较弱,因此要通过展示具体图示加上教师语言说明、动作示范等,让小班幼儿能够明确游戏的玩法与规则。例如小班听说游戏"打电话",教师用图示结合生动的语言讲解,帮助幼儿了解打电话的方法与规则:想好打给谁→拨打电话→问好→大胆、大声地介绍自己或说自己想说的事情→道别(说"再见")→挂电话。通过语言、图示等进行示范,可以让幼儿明确游戏的玩法与规则。

对于中班幼儿,可在谈话中布置任务、讲解要求,再结合图示观察等方式,引导幼儿理解游戏的玩法,明确游戏开展的顺序。例如中班听说游戏"我来问,你来答",游戏前幼儿先欣赏视频,初步了解游戏玩法,再观察图示梳理,理解游戏的规则,一个提问题,一个回答问题,并注意要跟上节奏。这样幼儿就清楚游戏开展的顺序及游戏开展的重点。

对于大班幼儿,可将活动内容、目标物化在环境创设与材料投放之中,引导幼儿共同讨论游戏的玩法,再用图谱等形式,与幼儿共同梳理游戏规则,让每个幼儿对游戏的每个部分、每个细节都有更加清晰的感受,帮助幼儿直观地理解游戏规则,从而顺利开展游戏。例如大班听说游戏"接着说",师幼集体开展图片接龙游戏,把内容、目标物化在图片中,让幼儿对游戏的玩法有更加清晰的认识。

三、精心设计游戏情节,创造说的机会,让幼儿体验大胆听说的乐趣

为游戏而游戏是不能持久的,有了游戏的话题,还要有可持续拓展的游戏情节,才能让每个幼儿有更多的说的机会,从中锻炼幼儿的听说能力。例如小班听说游戏"捉迷藏",先创设去森林做客的情节,以开汽车去森林做客导入,激发幼儿参与活动的兴趣;再创设欣赏森林美丽景色的情节,说说大森林里有什么,激发幼儿说的愿望;最后设计找小动物交朋友的情节,引导幼儿学习正确使用人称代词说简单短句。在这样成系列的情节游戏中,幼儿能不断地感受到游戏的乐趣,幼儿说的机会多,情绪高涨,能获得成功的体验。

此外,教师还应注重综合各种手段,如语言、实物或动作等来推进游戏的开展。生动活泼的语言,加上形象直观的实物,再配合惟妙惟肖的动作,能使幼儿的注意力处于高度集中的最佳状态,有利于调动幼儿各种感官积极参与,再精心设计"看一看""说一说""猜一猜"等不断推进的游戏情节,为幼儿创设多种形式的说的机会,从而体验到听与说的乐趣。例如大班听说游戏"说相反",师幼共同创设"相反王国",先以此引导幼儿看一看,观察发现相反物;再引导幼儿根据观察到的物品,说出一组反义词,初步理解反义词的含义;最后玩分组游戏"猜一猜",引导幼儿通过动作、表情、体态等方式表达意义相反的词。这样给足幼儿说的机会,幼儿在游戏中与环境、同伴不断地互动,体验了听与说的乐趣,提升了听与说的能力。

四、细心观察悉心指导,适时评价、适宜建议,开发幼儿"会说、能说"的潜能

教师是幼儿游戏的组织者与指导者,但不是主宰者。游戏中教师的主要任务是仔细观察幼儿的游戏状态,启发幼儿遵守游戏规则,及时介入评价、激励或指导。教师应针对不同幼儿的能力水平和个性特点,采用相应的指导方式,使每个幼儿都能通过游戏活动在原有水平上得到发展。例如小班听说游戏"打电话"中,教师指导能力强的幼儿扮演打电话的人:能主动与同伴问好、介绍自己的姓名等;指导能力差的幼儿扮演接电话的人,在同伴的引领下进行对话。这样每个幼儿都能通过听说游戏获得相应的发展。

活动中,教师应及时对幼儿在游戏中的表现给予评价,可以以游戏者身份用游戏口吻进行讲评,也可以以旁观者身份提出建议,还可引导幼儿进行自评与互评。例如:小班用贴小星星的方法鼓励幼儿与同伴交流;大班开展竞赛性的游戏活动,教师参与其中,与幼儿共同讨论,激发幼儿学习的兴趣、竞争意识和集体荣誉感,从而促使幼儿更主动地参与游戏,发展幼儿的听说能力。

总之,听说游戏能为幼儿提供更多听说的机会,积累更多听说的经验,有效地促进幼儿语言表达能力的发展。因此,教师可以在幼儿园一日活动中,要创设自由宽松的游戏环境,营造生动活泼的游戏气氛,选择贴近生活的听说内容,设计丰富有趣的游戏情节,多形式开展听说游戏,激发幼儿认真倾听、大胆表达的愿望,培养幼儿敢说的信心。这样幼儿从想说、喜欢说,慢慢地学会说,久而久之提升了听与说的能力,就表现出"能说",幼儿的语言运用能力一定会得到提高。

第三章 学前儿童文学活动

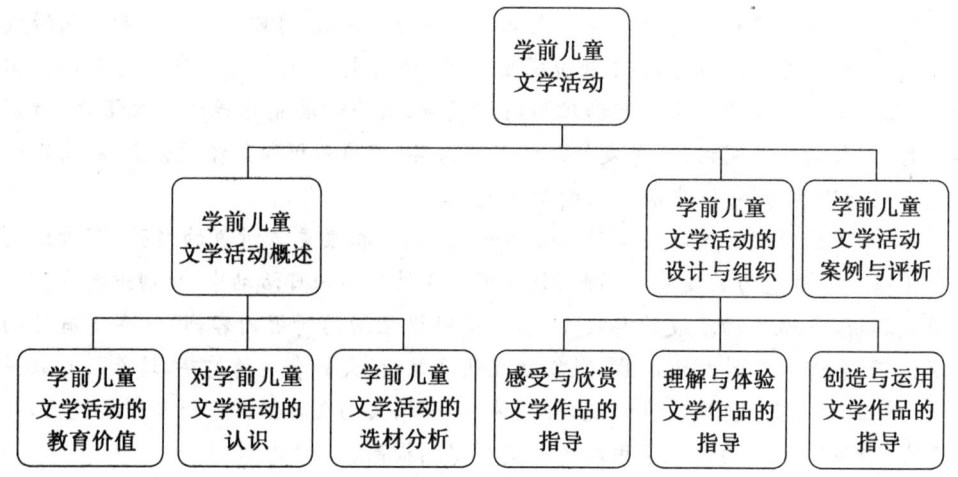

第一节 学前儿童文学活动概述

情境导入

某幼儿园班级教师组织文学活动就是每天让幼儿诵读古诗文,反复机械地朗读、记忆甚至背诵。这样的文学活动是符合学前儿童发展需要与学习特点的吗?学前儿童文学语言学习的核心经验是什么?学前儿童文学活动对学前儿童发展具有哪些价值?到底什么是学前儿童文学活动?这些都是幼儿教师设计与组织学前儿童文学活动需要明确的几个关键问题。

一、学前儿童文学活动的教育价值

喜欢文学作品是学前儿童的天性,幼儿文学作品是幼儿成长的"精神摇篮"。幼儿文学作品因其蕴含丰富的信息,对学前儿童语言、认知、情感及社会性等方面的发展具有多元教育价值。

(一) 语言发展的教育价值

1. 促进文学语言核心经验的发展

文学作品的语言具有丰富性和多样性的特点。学前儿童通过接触优秀的幼儿文学作品，充分感受文学作品中丰富与优美的文学语言，培养学前儿童对文学语言的敏感性，获得文学语言核心经验。

一方面，感知各种文学语言语汇。幼儿文学作品中文学语言语汇丰富多样。学前儿童在欣赏不同的幼儿文学作品时，感知了丰富的词汇与句式，积累了文学语言语汇。比如通过学习诗歌《声音》，感知了"沙沙""啾啾""叮咚""哗啦"等拟声词的运用；学习诗歌《春天》，理解了"春天是一本彩色的书"这一类比喻句的表达方式；学习故事《你好》，感受与体验了简单的文明用语的表达。学前儿童在日积月累的学习过程中，从简单到复杂、由少变多，逐步丰富与获得文学语言语汇。

另一方面，感受不同文学形式的特色。文学形式是指文学体裁、表现手段等。文学形式核心经验的学习主要是指引导学前儿童获得有关诗歌、故事、散文等文学体裁的特点和表现手段的经验。其一，感受诗歌中儿歌与儿童诗的节奏韵律与句式结构。《3—6岁儿童学习与发展指南》中也指出，"有意识地引导幼儿欣赏或模仿文学作品的语言节奏和韵律"，即反映了这一经验的要点。其二，理解故事的人物特征与情节结构，比如知道故事的开头、发展、高潮、结尾等。其三，感受儿童诗与散文描绘的文学意境。如儿童诗《假如我有翅膀》中描绘了四个画面：蓝天中和白云拥抱、森林里和小鸟游戏、花园里和花朵亲亲、高楼上看美丽的祖国，这四幅画面就构成了幼儿能感知的、具体形象的文学意境。文学形式核心经验的获得，有助于幼儿感知不同文学体裁在表现内容时的语言风格和独特优势，形成不同的"图式"，即对文学作品结构的表征。它既有助于幼儿对文学作品内容的理解，也有助于幼儿对文学作品进行创编。

2. 提高积极的倾听能力

培养学前儿童倾听能力，是学前儿童语言教育的重要目标之一。《3—6岁儿童学习与发展指南》中，"倾听"也是学前儿童语言学习与发展的重要内容之一。而学前儿童文学活动为了帮助学前儿童获得文学语言核心经验，也与学前儿童的"倾听"密不可分，它给学前儿童提供了有意识、分析性、欣赏性倾听文学语言的机会，并在实践中培养学前儿童的倾听能力。其中，有意识的倾听能力指的是专注地和有目的地听，这是培养学前儿童倾听能力的基本要求。分析性倾听能力是指学前儿童对倾听的文学作品内容进行分析和评价的能力。欣赏性倾听能力是指学前儿童喜欢倾听文学作品，且在听的过程中油然而生一种愉悦感，能领悟文学语言的美。

3. 提高创造性运用文学语言的能力

学前儿童的语言是在与人和环境的交互作用中创造性习得的。学前儿童在欣赏与理解文学作品的基础上，结合文学作品提供的语言信息，进行文学想象，学习用自己的语言表达经验和认识，提高学前儿童创造性运用文学语言的能力。例如，听完故事之后让学前儿童想象表达故事结尾，根据一个题材创编故事，学习诗歌散文后仿编新的作品,在欣赏作品时创造性地运用文学语言或者是动作、绘画等非语言方式表达自己的想法和感受等,这些都是在创造性地运用文学语言。比如中班故事活动"猜猜我有多爱你"中,幼儿在欣赏故事之后,感受到小兔子与兔妈妈之间的无限深情,也产生了表达爱的强烈愿望。有的孩子说:"巧克力有多甜,我就有多爱妈妈";有的说:"我爱妈妈,就像围巾一样温暖";有的说:"天上有多少颗星星,我就有多爱妈妈"……只有这样,才能切实提高学前儿童的语言运用能力。

(二) 认知发展的教育价值

幼儿文学的题材内容包涵世界的万事万物,如花鸟虫鱼、日月星辰、风土人情、江河湖海、飞禽走兽等,因此幼儿文学作品蕴涵丰富的知识内容,可以帮学前儿童认识世界,丰富与拓展学前儿童的认知经验。同时,学前儿童在参与文学活动的过程中,需要专注倾听文学作品,理解与记忆作品的文学语言与情节内容,还会对作品内容进行推理与反思,甚至产生有趣的想象,从而促进学前儿童注意、记忆、想象及思维等认知能力的发展。例如以下案例儿歌《尾巴歌》可以帮助学前儿童关注并了解多种动物尾巴的主要特征,甚至想象表达其他动物尾巴像什么;童话故事《春天的电话》可以引导幼儿探索与发现春天的季节特征。

 **案例**

尾巴歌

谁的尾巴长?谁的尾巴短?
谁的尾巴好像一把伞?
猴子的尾巴长,兔子的尾巴短,
松鼠的尾巴好像一把伞。
谁的尾巴弯?谁的尾巴扁?
谁的尾巴最好看?
公鸡的尾巴弯,鸭子的尾巴扁,
孔雀的尾巴最好看。

春天的电话

"轰隆隆!"打雷了,睡了一个冬天的小黑熊被惊醒了,揉揉眼睛,打开窗户,往外一看:"啊,原来是春天来了!"

他连忙拿起电话,得儿得儿拨电话号码 12345:"喂,小松鼠吗?春天来了,树上的雪融化了,快出来玩吧!"小松鼠听了电话,得儿得儿拨电话号码 23451:"喂,小白兔吗?春天来了,山坡上的草绿了,快出来吃草吧!"小白兔听了电话,得儿得儿拨电话号码 34512:"喂,小花蛇吗?春天来了,河里的冰融化了,快出来游泳吧!"小花蛇听了电话,得儿得儿拨电话号码 45123:"喂,小狐狸吗?春天来了,地上的虫子出来了,快出来吃虫子吧!"小狐狸听了电话,得儿得儿拨电话号码 51234:"喂,小黑熊吗?

春天来了,山上的花开了,快出来采花吧!"

小黑熊听了电话,高高兴兴地来到外边,看见大伙全出来了。他对小狐狸说:"谢谢你给我打电话,告诉我春天来了。"小狐狸指指小花蛇,小花蛇指指小白兔,小白兔指指小松鼠,大家都说:"是他先打电话给我的。"小松鼠指着小黑熊说:"我们应该谢谢小黑熊,是他第一个打电话给我的!"小黑熊听了连忙用两只大手捂着脸,连声说:"不用谢,不用谢!"

(三)情感与社会性发展的教育价值

俗语说"无情则难以成文"。幼儿文学具有强烈的情感性,是震撼学前儿童心灵的文学,是学前儿童成长的"精神摇篮",这也正是幼儿文学的魅力所在。因此,学前儿童文学活动可以让学前儿童获得不同的情感体验,有助于学前儿童身心的愉悦和情操的陶冶,具有德育与哲学启蒙教育,以及社会性教育的功能。学前儿童文学活动中,教师可以引导学前儿童感受、体验与表达作品中的真善美,以满足学前儿童的精神需求,促进学前儿童的情感与社会性的发展。例如以下童话故事作品《三只蝴蝶》表达了好朋友要有难同当不分离,团结友爱就能战胜困难的中心主题。活动中,教师可以引导幼儿扮演故事角色,体验好朋友相亲相爱、团结友爱的情感。

 案例

三只蝴蝶

花园里有三只美丽的蝴蝶,一只是红的,一只是黄的,还有一只是白的。它们天天在花园里一块儿跳舞、游戏,非常快乐。

有一天,它们正在草地上玩,突然下起大雨来。它们一同飞到红花那里,齐声向红花请求说:"红花姐姐,红花姐姐,大雨把我们的翅膀淋湿了,大雨把我们淋得发冷了,让我们到你的叶子下避避雨吧!"红花说:"红蝴蝶的颜色像我,请进来!黄蝴蝶、白蝴蝶,别进来!"三只蝴蝶齐声说:"我们三个好朋友,相亲相爱不分手,要来一块儿来,要走一块儿走。"

雨下得更大了。三只蝴蝶一同飞到黄花那里,齐声向黄花请求说:"黄花姐姐,黄花姐姐,大雨把我们的翅膀淋湿了,大雨把我们淋得发冷了,让我们到你的叶子下避避雨吧!"黄花说:"黄蝴蝶的颜色像我,请进来!红蝴蝶、白蝴蝶,别进来!"三只蝴蝶齐声说:"我们三个好朋友,相亲相爱不分手,要来一块儿来,要走一块儿走。"

三只蝴蝶一同飞到白花那里,齐声向白花请求说:"白花姐姐,白花姐姐,大雨把我们的翅膀淋湿了,大雨把我们淋得发冷了,让我们到你的叶子下避避雨吧!"白花说:"白蝴蝶的颜色像我,请进来!黄蝴蝶、红蝴蝶,别进来!"三只蝴蝶齐声说:"我们三个好朋友,相亲相爱不分手,要来一块儿来,要走一块儿走。"

三只蝴蝶在大雨里飞来飞去,找不着避雨的地方,真着急呀!可是它们谁也不愿离开自己的朋友。

这时候,太阳公公从云缝里看见了,连忙把空中的黑云赶走,叫雨别再下了。三

只蝴蝶迎着太阳,又一块儿在花园里快乐地跳舞、游戏了。

二、对学前儿童文学活动的认识

学前儿童文学活动,是以幼儿文学作品为基本教育内容的一系列活动的统称,是幼儿园非常重要的幼儿语言教育活动类型。此类活动围绕一个具体的文学作品开展,是一个欣赏美、理解美、表现美以及表达对文学作品理解和想象的多层次活动。然而,当前学前儿童文学教育存在"工具化"的误区,即把幼儿文学当作学习知识与道德教育的工具。在这样的教育观念指导下的学前儿童文学活动,过分注重学前儿童记忆与背诵作品内容,以及道德品质的学习,而忽视了幼儿文学的"艺术性"。因此,学前儿童文学活动应回归"艺术",回归"幼儿",注重通过多种途径引导学前儿童直接感知、实际操作和亲身体验,让学前儿童与文学作品产生积极的交互作用。

(一) 是感受与欣赏、理解与体验、创造与运用的审美过程

学前儿童文学活动的本质是文学欣赏,是以文学作品为审美对象,进行感受与欣赏、理解与体验、创造与运用文学作品的一种审美认识活动。因此,一个完整的学前儿童文学活动应包括幼儿感受与欣赏、理解与体验、创造与运用的审美过程。

 案例

小班故事活动:打电话

一、活动目标
1. 体验分享好消息的快乐,感受一起收获的喜悦。
2. 能模仿故事中的对话,有礼貌地与同伴进行交流。
3. 通过倾听故事、角色扮演,熟悉故事内容。

二、活动准备
1. 经验准备:谈论关于动物的话题。
2. 物质准备:自制果树;小松鼠、小白兔、小花熊胸饰各若干;课件《打电话》;地垫布置成小松鼠、小白兔、小花熊的家。

三、活动过程
1. 扮演动物玩游戏"打电话",引导幼儿初步感受故事情节
指导语:秋天来了,树上的果子成熟了,我们一起去摘果子吧!
2. 播放课件欣赏故事,引导幼儿理解故事内容
(1) 观看课件,教师讲述故事。
(2) 教师提问,引导幼儿讨论故事内容。
提问:故事里有哪些小动物?太阳公公在电话中告诉了小松鼠什么好消息?小松鼠是怎么说的?小松鼠把好消息告诉了谁?小白兔是怎么说的?小白兔又把好消息告诉了谁?小花熊是怎么说的?
3. 再次欣赏故事,想象与表达故事内容

提问:猜猜小松鼠、小白兔、小花熊还会打电话把好消息告诉谁?它们会怎么打电话?

4. 玩游戏:摘果子

附故事:

打电话

秋天来了,太阳公公想把秋天的好消息告诉它的朋友们,它打电话给小松鼠,说:"秋天来了,树上的果子成熟了,赶快去摘果子吧。""谢谢你!太阳公公。"

小松鼠也想把秋天的好消息告诉给它的朋友们,它打电话给小白兔,说:"秋天来了,树上的果子成熟了,我们一起去摘果子吧。""谢谢你!小松鼠。"

小白兔也想把秋天的好消息告诉给它的朋友们,它打电话给小花熊,说:"秋天来了,树上的果子成熟了,我们一起去摘果子吧。"

小松鼠、小白兔、小花熊、长颈鹿、小刺猬,许多小动物都接到了朋友们的电话,都来到了树林里,大家一起摘果子,真呀真快乐!

上述案例中,教师通过游戏情境的创设,引导幼儿在生动有趣的游戏中对故事进行感受与欣赏、理解与体验、创造与运用。通过此活动设计,我们发现文学活动不再是让幼儿被动地欣赏作品,而是充分发挥幼儿审美主体的地位,让幼儿在喜爱的活动方式中主动地感受与欣赏文学作品的童趣与美,理解与体验文学作品的内容与情感,并创造性想象与运用文学语言进行表达。

(二)具有统整性

幼儿文学作品包罗万象,蕴含着丰富的社会知识、认知知识和语言知识的内容。而由于学前儿童生活经验和知识经验有限,任何一个文学作品的学习,都对学前儿童这三方面的知识提出了一定的挑战。因此,学前儿童文学活动常常需要整合科学、社会、健康等其他领域的知识内容,让学前儿童通过多种途径感知文学作品中表现的社会生活,以便学前儿童更深刻地理解文学作品的内容,有助于学前儿童获得文学语言核心经验以及提升其他能力。

案例

大班文学活动:春天

活动一 户外观察认识春天

活动二 诗歌学习活动"春天"

活动三 结合绘画、粘贴等方式表现春天,仿编诗歌《春天》

附诗歌:

春 天

春天是一本彩色的书,
黄的迎春花,红的桃花,
绿的柳叶,白的梨花……

春天是一本会笑的书,
小池塘笑了,酒窝圆又大;
小朋友笑了,咧开小嘴巴……
春天是一本会唱的书,
春雷轰隆隆,春雨嘀嘀嗒,
燕子唧唧唧,青蛙呱呱呱……

以上案例中,教师围绕诗歌《春天》,巧妙地将科学与艺术领域整合到文学活动中,设计了三个有层次的子活动。让幼儿通过多领域的整合学习,充分感受诗歌中描述的春天的美丽意境,欣赏理解诗歌中文学语言的特色,并且给予幼儿想象与创造的空间,从而促进幼儿语言能力的全面发展,真正体现文学作品的教育价值。

(三)应渗透到游戏和日常生活中

学前儿童文学活动并非仅指幼儿园的集体教学活动,而应渗透到游戏活动、一日生活活动以及区域活动中。教师应通过多种途径设计与实施形式多样的文学活动,充分实现文学作品对学前儿童的发展价值。例如,餐前、午睡前欣赏文学作品的音频或朗读儿歌;盥洗时学习有关洗手的儿歌;离园前欣赏故事的动画视频;表演区投放胸卡、手偶等表演材料用于表演文学作品;餐前边玩手指游戏边念儿歌;利用幼儿园一日生活的过渡环节讲述自己喜欢的故事和儿歌等。

三、学前儿童文学活动的选材分析

(一)学前儿童文学活动的选材要求

选择一个好的文学作品,是设计与实施学前儿童文学活动的前提。一般来说,学前儿童文学活动常见的作品体裁包括童话、生活故事、儿歌、儿童诗、散文等。不管哪种体裁的作品,都要选择学前儿童喜爱的,适合学前儿童发展需求的。

1. 题材贴近学前儿童生活

学前儿童学习文学作品绝不是为了接受一个教训或明白某个道理,而是在作品中看到自己的影子与世界,看到快乐的游戏与奇妙的幻想。因此,学前儿童文学活动的选材应立足学前儿童的年龄特点和经验水平,题材贴近学前儿童生活,符合学前儿童的审美情趣,满足学前儿童的兴趣和发展需要。以下案例为儿歌《小猪爱睡觉》的题材分析。

 案例

小猪爱睡觉

小小猪,胖乎乎,爱睡觉,爱打呼。
小猪小猪,该起床了。不行不行,我要睡觉。
小猪小猪,该穿衣服了。不行不行,我想睡觉。

小猪小猪,该洗脸了。不行不行,我爱睡觉。

小猪小猪,该上幼儿园了。噢,起来了。

儿歌《小猪爱睡觉》的题材内容源于幼儿的生活经验,充满童趣,特别适合新入园的小班幼儿学习,深受幼儿喜爱。

2. 结构简单,情节有趣

学前儿童的认知能力水平决定了学前儿童对事物之间关系的理解往往比较简单,因此学前儿童文学活动选择的作品结构不能太复杂。一般而言,选材要求主题单一,人物关系不能太复杂,便于学前儿童理解。此外,作品情节应生动有趣,能让学前儿童体会作品带来的快乐。以下案例为童话《会动的房子》情节结构分析。

 案例

会动的房子

冰 波

小松鼠在树上住腻了,于是决定在地面上重新建造一座房子。

在大树底下,他发现了一块大石头。大石头由七块小石头拼成,很硬,也很光滑。小松鼠说:"嘿!就在这上面造一座房子!"

房子终于造好了,忙了一天的小松鼠也累了,在新家睡着了。

"呼呼呼!"什么声音?小松鼠被吵醒了。推开窗一看,呀!自己是在美丽的山脚下,风儿奏起了动听的山歌。真奇怪,昨天还在大树下,今天却来到了山脚下。可小松鼠又一想:没关系,山脚下挺好的,有动听的山歌做伴。

第二天,又传来了"哗哗哗"的声音。小松鼠推开窗一看,呀!又来到了大海边,浪花唱起了欢乐的歌声。小松鼠这下可乐了:"我的房子会动,我的房子会动!"现在,小松鼠又有浪花做伴。

第三天,小松鼠想,今天我来到哪啦?推开窗一看,呀!眼前是一片大草原,马儿在"哒哒哒"地奔跑,小松鼠禁不住地在房子里手舞足蹈。突然,传来一个声音:"小松鼠呀,快别乱动。""咦,是谁呢?是这块硬硬的石头?""小松鼠,你真粗心,把房子盖在我的背上,我驮你走过许多地方。"小松鼠低头一看,原来是乌龟,那硬硬的大石头竟然是乌龟的背。小松鼠惭愧得脸都红了,赶紧说:"你,你累坏了吧?"乌龟说:"不,这下我们俩可以做伴了。"

童话《会动的房子》是幼儿非常喜爱的一个童话。作品紧紧围绕松鼠的房子会动这一情节线索展开,结构简单且重复,并且情节引人入胜,充满童趣。孩子们总是好奇"松鼠的房子又会去哪里?为什么它的房子会动?"

3. 形象鲜明生动

学前儿童以具体形象思维为主,因此形象生动的幼儿文学作品,往往更容易让学前儿童喜爱与接受。例如儿歌《小猪爱睡觉》中胖乎乎、爱睡觉、憨态可掬的小猪,故

事《猜猜我有多爱你》中娇憨、稚气的小兔子,故事《微笑》中友好、懂得分享的小蜗牛等,这些幼儿喜闻乐见的角色形象,大大增强了作品的艺术感染力与表现力。以下案例为儿歌《矮矮的鸭子》形象分析。

 案例

矮矮的鸭子

一排鸭子,个子矮矮。
走起路来,屁股歪歪。
翅膀拍拍,太阳晒晒。
伸长脖子,吃吃青菜。
一排鸭子,个子矮矮,
走起路来,屁股歪歪。

儿歌《矮矮的鸭子》四字一句,鲜明生动地描述了一排鸭子的外形、动作特征,富有极强的动感。儿歌将一群矮矮、可爱的鸭子形象活灵活现地展现在幼儿面前,深受幼儿的喜爱,激发了幼儿学习与模仿的欲望。

4. 语言生动形象

幼儿文学作品的语言为了便于学前儿童理解与接受,多用简单句、主动句、短句,少见复杂句、被动句和长句。语言要求生动形象,多运用比喻、夸张、拟人等修辞手法,且有较丰富的文学语汇,能体现幼儿文学作品中文学语言的丰富优美以及生动形象,让学前儿童感受文学语言的艺术魅力。以下案例为儿童诗《落叶》语言分析。

 案例

落 叶

秋风起了,天气凉了,一片片的树叶从树枝上飘落下来。
树叶落在地上,小虫爬过来,躺在里面,把它当作小屋。
树叶落在沟里,蚂蚁爬进来,坐在上面,把它当作小船。
树叶落在河里,小鱼游过来,躺在下面,把它当作小伞。
树叶落在院子里,小燕子看见了,说:"来信了,催我们快到南方去。"

《落叶》的文学语言浅显易懂,非常生动形象。作品中呈现了一连串的动作"起、飘、落、爬、躺、坐、游"等,生动地描绘了落叶与小动物之间的有趣画面,充满了动感与活力。中间部分语言句式重复却不单一,符合幼儿的审美情趣。

(二)学前儿童文学活动的选材分析

任何一个教学活动的选材分析都是非常重要的,会影响教学活动目标的确定,乃至整个活动的设计。因此,教师在选择了一个适宜的文学作品后,还必须注重对文学作品的分析。然而,目前大多数幼儿教师不重视对文学作品的分析,更不懂得如何去

分析作品。尝试分析作品的,又仅仅只是分析作品本身,没有考虑幼儿的需求。因此,学前儿童文学活动中,教师应学会以学前儿童学习与发展的需求为出发点,具体深入地分析幼儿文学作品。

1. 分析作品的文学语言核心经验

教师应紧扣每一个文学作品包含的文学语言核心经验,从文学语汇、文学形式、文学想象三方面分析作品,这样有利于教师抓住作品的语言教育价值,帮助学前儿童获得文学语言核心经验。

第一,分析作品的文学语汇。学前儿童能欣赏与理解故事、诗歌与散文等文学作品,并且能够在语言表达中,用词相对丰富,语句优美且基本正确,这是一个具有文学素养的学前儿童应表现出的特征,而支撑这种能力发展的重要因素就是文学语汇学习核心经验的获得。因此,教师应注重分析文学作品的文学语汇,可以从词汇、句式、修辞手法三个方面具体分析。以下案例为儿童诗《家》文学语汇分析。

 案例

家

蓝蓝的天空是白云的家,
密密的树林是小鸟的家,
清清的小河是鱼儿的家,
红红的花朵是蝴蝶的家,
快乐的幼儿园是我们的家。

诗歌《家》中含有丰富的 AA 式形容词,如"蓝蓝""绿绿""清清""红红",作品中"××的××是××的家"的重复句式有利于幼儿仿编,且运用比喻的修辞手法,增添了作品的童趣。

第二,分析作品的文学形式。其一,分析儿歌与儿童诗的节奏韵律,帮助教师更好地表现作品的韵律美,同时也能指导幼儿模仿文学作品的节奏与韵律,增强对文学语言的审美体验。其二,分析故事的人物特征和情节结构,包括故事的开头、发展、高潮、结尾等。其三,分析儿童诗与散文的文学意境。例如散文《池塘音乐会》包含三个画面的内容:风娃娃唱歌,柳条伴舞;青蛙唱歌,池塘水伴舞;蟋蟀唱歌,小鱼儿伴舞。只有把握散文中这三幅画面的意境,才能帮助幼儿更好地理解作品内容,表达文学想象。

第三,分析作品的文学想象。幼儿文学具有丰富的想象,学前儿童借助作品的想象可以在他们的梦幻世界中自由翱翔。教师应分析作品中哪些内容可以引发学前儿童想象,可以从情节、人物关系、人物特征、蕴含情感、主题意境等方面进行具体分析,从而为学前儿童插上想象的翅膀。例如童话《送给蛤蟆的礼物》中,教师可以随着故事情节的进展,引导幼儿不断猜想"青蛙会做什么礼物送给蛤蟆";诗歌《家》可以引发幼儿想象"大自然还有哪些家?他们是谁的家?"等。

2. 分析作品的主题

对幼儿文学作品主题进行深入分析，有利于教师把握作品的情感内涵，从而引导学前儿童深刻体验作品的情感。例如很多教师在分析童话《梨子小提琴》的主题时，往往抓住的是动物之间的友爱。其实，这个童话还表达了音乐的美妙。作品中描述的梨子小提琴流淌出的动听音乐，诱发了动物之间的友爱，他们忘记了追逐捕杀，而是相依相伴，一起欣赏美妙音乐。作品最后写道："森林里到处可以听到音乐，到处都有快乐……"教师只有把握作品中表达的音乐的美好，在教学中通过播放悠扬的小提琴乐曲，营造快乐而美好的意境，才能帮助幼儿更深刻地体验作品中的美好与感动。

3. 分析作品的情节

幼儿文学作品的主题都是通过一定的情节来讲述的。一个作品主题的表达，一般通过情节的发生、发展、高潮以及结束的线索来展现。教师在分析情节的基础上，围绕情节引导学前儿童感知理解作品，有利于学前儿童理解作品的主要内容。

首先，分析哪些情节需要学前儿童重点理解。一般来说，作品的主要情节线索需要引导学前儿童重点感知理解。如故事《三只蝴蝶》是典型的三段式故事情节，教师帮助幼儿感知三次蝴蝶向不同颜色的花请求帮助的情节，以及三次重复的角色对话，就能使幼儿比较容易感知与理解故事的主要内容。

其次，分析哪些作品情节适合学前儿童表演。一般来说，情节生动有趣、对话丰富的作品比较适合学前儿童表演。此外，教师还应注意有的作品适合完整表演，有的作品只有部分情节适合表演。这就需要教师依据学前儿童的兴趣分析作品情节，找出适合学前儿童表演的情节内容。例如故事《一起睡着了》，整个作品情节生动有趣，适合幼儿扮演角色完整表演；而故事《聪明的乌龟》情节引人入胜，特别是乌龟与狐狸智斗的片段情节有趣，对话语言生动，非常适合幼儿进行片段表演。

第二节 学前儿童文学活动的设计与组织

学前儿童文学活动是围绕幼儿文学作品展开的一系列相关活动。一般而言，学前儿童文学活动包括以下三个模块学习活动：感受与欣赏、理解与体验、创造与运用。在学前儿童文学活动的设计与组织过程中，教师可以根据文学作品的特点、学前儿童的发展需求以及学习特点灵活设计文学活动。也就是说，一个学前儿童文学活动不一定按照三个模块的顺序来设计活动过程的三个环节，而是可以依据这三个模块的学习活动灵活选择与构建，比如可以分别设计三模块的集体教学活动；可以先在集体教学活动中完成对文学作品的感受与欣赏、理解与体验，在区域活动或亲子活动中引导学前儿童创造与运用；也可以利用日常生活环节引导学前儿童欣赏、理解、体验作品，再以集体教学活动的方式完成对作品的创造与运用。

一、感受与欣赏文学作品的指导

将文学作品传递给学前儿童,引导他们感受与欣赏作品,这是学前儿童文学活动不可缺少的过程。此模块活动的主要目的是激发学前儿童学习文学作品的兴趣,初步感知文学作品的内容,感受文学作品的童趣与语言美。教师应依据学前儿童的心理特征和作品的难易程度,选择学前儿童感兴趣、生动的方式呈现作品,可以借助图片、多媒体课件、配乐,也可以利用棍偶、手偶等材料边表演边讲述作品。不管采用什么方式呈现作品,此模块活动需注意以下两点。

(一)注重文学欣赏情境的创设

教师在引导学前儿童欣赏与感受文学作品的过程中,可以根据文学作品的内容和学前儿童的年龄特点,创设与作品内容相关的、直观形象的情境,以营造文学欣赏的氛围,激发学前儿童欣赏文学作品的兴趣,并注重在情境中引导学前儿童充分感受文学作品。

1. 灵活运用多种方式创设文学欣赏情境

创设文学欣赏情境的方式主要有如下三种:

其一,图片、多媒体课件展现情境。教师展示跟文学作品相关的图片或多媒体课件,引导学前儿童观察、感知或猜想作品内容,激发学前儿童欣赏作品的兴趣,帮助学前儿童直观感受作品内容。例如大班诗歌活动"假如我有翅膀"中,教师依据作品内容,呈现蓝天、森林、花园、高楼四张图片,引导幼儿观察与想象"我"飞到了哪些地方,在做什么。

 案例

假如我有翅膀

假如我有翅膀,我要飞上蓝天,和白云拥抱。
假如我有翅膀,我要飞到森林,和小鸟游戏。
假如我有翅膀,我要飞进花园,和花朵亲亲。
假如我有翅膀,我要飞到高楼,看看美丽的祖国。

其二,真实场景呈现情境。有的幼儿文学作品题材来源幼儿亲身经历的生活经验,教师就可以创设真实的场景,引导学前儿童亲自体验作品的内容。例如小班儿歌活动"吹泡泡",教师可以在欣赏儿歌之前,带领幼儿到户外玩吹泡泡、抓泡泡,真实体验吹泡泡的过程,感知泡泡的特性,帮助幼儿理解作品内容,感受作品的童趣。

 案例

吹泡泡

吹泡泡,吹泡泡,

吹出一个大泡泡,
吹出一个小泡泡,
五颜六色真漂亮。
泡泡飞呀飞,飞到手心上。
咦? 泡泡不见了!

其三,音乐渲染情境。音乐的语言容易深入人的内心,引起人们的情感共鸣。文学欣赏中,经常会借助音乐来营造文学氛围,渲染文学欣赏的情境,帮助学前儿童更深刻地感受作品的意境。选择的音乐应契合作品的主题与意境,切忌弄巧成拙。例如诗歌《摇篮》这类温馨优美的文学作品,适合配上优美舒缓的轻音乐营造文学作品的意境,这样能帮助幼儿身临其境般感受作品的优美意境。

《摇篮》配乐

2. 采用生动有趣的方式引导学前儿童在情境中充分感受与体验

《3—6岁儿童学习与发展指南》中指出,"最大限度地支持和满足幼儿通过直接感知、实际操作和亲身体验获取经验的需要。"因此,教师在引导学前儿童感受与欣赏文学作品的过程中,可以在创设的情境中引导学前儿童玩游戏或动手操作,充分感受与主动获取有关作品内容的经验,帮助学前儿童初步感知作品内容,体验作品童趣。

案例

中班诗歌活动"家"教学片段设计分析

活动过程:

一、创设"家"的情境,引导幼儿给"宝宝"找家

1. 教师出示背景图,引导幼儿观察

提问:图片上面有些什么? 你觉得还有谁会喜欢这个地方?

2. 教师出示操作图片,引导幼儿初步感知诗歌内容

(1) 教师有序地出示白云、小鸟、小鱼、蝴蝶的图片,引导幼儿猜想。

提问:这是谁? 它们找不到自己的家了,猜猜它们的家在哪儿?

(2) 引导幼儿给白云、小鸟、小鱼、蝴蝶在背景图上找家。

指导语:请小朋友把图片上的小宝宝送回家。

指导重点:鼓励幼儿说出找家的理由,大胆表达自己的想法。

(3) 教师引导幼儿说出简单的语句,如"天空是白云的家"等。

上述案例中,教师先展示家的背景图,然后提供诗歌中各种宝宝的图片,让幼儿给图片宝宝配对找家。教师通过图片创设情境,并引导幼儿观察、操作图片,在这样的直接感知与实际操作中,注重幼儿的主动学习,能激发幼儿学习作品的兴趣,有利于幼儿对作品的理解。而且,此活动打破了先欣赏作品的传统设计方式,而是在欣赏作品之前,引导幼儿在情境中

"打电话"教学
片段视频

感知、探索、体验,在充分感受的基础上,再欣赏文学作品。上文提到的小班故事活动"打电话"也是在欣赏作品之前,引导幼儿扮演角色,在游戏情境中初步感知与体验作品内容。这种设计注重活动中幼儿的主体性,符合幼儿的学习特点,值得借鉴与推广。

(二)注重学前儿童对文学语言的欣赏

在教师引导学前儿童欣赏与感受文学作品的过程中,我们发现有的教师在幼儿欣赏作品时,特别注重呈现形式的丰富性,却忽视了幼儿对作品文学语言的欣赏与感受。如诗歌散文活动中,教师利用课件呈现作品的画面,试图引导幼儿感受作品意境,可教师的朗诵却语言苍白、没有感染力;故事活动中,教师比画着美观形象的故事图片,根据自己对作品内容的理解随意地编构故事……在这样的学习活动中,幼儿或许可以感知诗歌散文的意象,了解故事的情节内容,可幼儿却无法感受文学语言的魅力。因此,学前儿童文学活动组织中,教师可以运用图片、音乐、课件、表演等方式表现作品,但这些仅仅只是辅助手段,教师应特别注重活动中自己对作品的语言讲述,让幼儿在教师充满感情的、富有感染力的讲述中,感受文学语言的魅力。

此外,教师还应注意不要过多重复讲述文学作品,以免学前儿童失去对作品的兴趣。一般来说,故事作品讲述两遍为宜,诗歌散文类作品可以根据幼儿的兴趣和接受情况灵活安排。此外,欣赏作品一般都应完整欣赏,但有的作品可以分段欣赏,比如有些内容分段比较明显的,有比较性的或比较长的诗歌和散文也应该先分段欣赏,再完整欣赏;有的故事可以在情节发展的关键点让幼儿先想象与讨论,再继续讲述故事。

 **案例**

白天和晚上

太阳出来了,一只小兔蹦蹦跳,
两只小狗汪汪叫,三只小鸟喳喳叫,白天真热闹。
月亮出来了,一只小兔睡着了,
两只小狗睡着了,三只小鸟睡着了,夜晚静悄悄。

城市老鼠和乡村老鼠

有只乡村老鼠住在靠近谷仓的地方,日子过得十分安逸。

这天,乡村老鼠忽然想起了自己的老朋友——城市老鼠,就写信请他来乡下玩。城市老鼠接到信后,高兴得不得了,立刻动身前往乡村。

城市老鼠受到了乡村老鼠的热情接待。乡村老鼠领着城市老鼠来到野外,得意地说:"老兄,你看这儿的风景多好,空气也很新鲜,多住几日吧!"回到家,乡村老鼠又拿出很多大麦和小麦请城市老鼠吃。城市老鼠坐在坚硬的板凳上,很不当回事地说:"老兄,这儿尽管吃东西不愁,可也太乏味了!"城市老鼠说:"你还是到我家去玩吧!我请你吃从没吃过的好东西!让你看看我过的是怎样的生活!"听了这番话,乡村老鼠突然非常向往都市生活了,他欣然接受了城市老鼠的邀请。于是,他们立刻上路了。

来到城市,看见城市繁华的景色,看到来来往往的车辆,乡村老鼠吓得全身颤抖,过马路时紧紧拽着城市老鼠的手臂吓得哇哇乱叫,他们来到城市老鼠的家,看到整洁的房间、漂亮的家具和各种好吃的东西,不由惊呆了,"你天天都这样过吗?"乡村老鼠问。"是啊!来客人时吃得更好呢!"城市老鼠神气活现地回答。乳酪、蜂蜜、苹果、无花果、奶油蛋糕、面包……乡村老鼠以前连见也没见过。"你真幸福啊!吃得好,过得好。而我一年四季只在农田里干活!"乡村老鼠感到很悲哀。

他们聊了一会,就爬上餐桌吃起来。乡村老鼠正要把苹果放进嘴里,"砰"的一声,一位仆人走了进来。城市老鼠见了,飞快地躲进墙角的洞里,乡村老鼠吓了一大跳,也躲了进去。仆人把一些食品放在餐桌上,又出去了。"好了,这下安全了。"城市老鼠得意地坐在餐桌上,继续吃东西。乡村老鼠四下张望了一下,才跟着吃那可口的肉。它们才咬了一口,"砰"的一声,门又打开了。一个女佣走了进来。两只老鼠吓了一大跳,又急急忙忙躲进墙角的洞里。

"老兄,你觉得那肉的味道怎么样?"城市老鼠得意地问。可乡村老鼠却吓得什么都忘了。乡村老鼠静静地想了一会儿后,把帽子戴起来,说:"老兄,我要回家了。"城市老鼠不知道是怎么回事:"哎,这儿不是很好吗?"乡村老鼠说:"乡村平静的生活很适合我。这儿虽好,但随时都得担心被人伤害。我还不如回去。"说完,乡村老鼠头也不回地走了。

以上两个作品都适合先分段欣赏,再完整欣赏。儿歌《白天和晚上》分段欣赏白天与晚上的两个节段,既可以降低小班幼儿理解作品的难度,充分感知理解每一段的内容,同时又能让幼儿猜想"晚上小动物会干什么?猜猜儿歌中会怎么说?"大班故事《城市老鼠与乡村老鼠》,教师可以先讲述前三自然段,让幼儿欣赏理解城市老鼠在乡村的情节内容,然后让幼儿猜想与讨论"乡村老鼠到城市之后可能会发生什么?它会不会喜欢城市生活?"待幼儿充分讨论之后,教师再讲述故事后半部分。但需注意的是,分段欣赏后,一定要引导幼儿再次完整欣赏作品,以保证对文学作品的完整欣赏与感知。

二、理解与体验文学作品的指导

理解与体验文学作品,主要是帮助学前儿童理解文学作品的内容,体验作品所表达的情绪情感。教师可以根据作品内容,运用多种活动方式帮助学前儿童理解与体验文学作品。比如通过提问理解文学作品的语言、情节、情感;通过表演、朗诵、游戏进一步理解和体验作品的内容和情感;通过绘画、音乐、舞蹈等方式表达对文学作品的理解等。

(一)通过提问引导学前儿童表达对作品的理解

提问是学前儿童文学活动中帮助学前儿童理解作品内容的主要教学策略。但文学活动中的提问,绝不是千篇一律地问"故事叫什么名字?""故事里有谁?"教师应基于对作品的选材分析,把握学前儿童的年龄特点、兴趣点,依据活动目标精心设计提问。以下以中班故事活动"青蛙卖泥塘"为例,具体分析提问设计的注意要点。

案例

中班故事活动"青蛙卖泥塘"提问设计①

1. 介绍故事名称,激发幼儿欣赏故事的兴趣
   提问:你们知道什么是泥塘吗?
2. 教师讲述故事,通过提问引导幼儿初步了解故事
   提问:青蛙想干什么?它为什么要卖泥塘?哪些小动物来看了泥塘?为什么没买?
3. 演示课件再次讲述故事,引导幼儿进一步理解故事内容
   提问:小动物都没有买泥塘,小青蛙会怎么办?如果是你,你会买吗?为什么?
4. 引导幼儿续编故事
   提问:泥塘到底卖没卖掉?如果卖掉了,有可能会卖给谁?会发生什么事?如果没有卖掉,又会发生什么事情呢?结果会怎样?

附故事:

青蛙卖泥塘

青蛙住在烂泥塘里。他觉得这儿不怎么样,就想把泥塘卖掉,换几个钱,搬到城里去住。

于是青蛙在泥塘边竖起了一块牌子,写上:卖泥塘!"卖泥塘嘞,卖泥塘!"青蛙站在牌子下大声吆喝起来。

一头老牛走过来,他看见了泥塘说:"嗯,是这个水坑坑吗,在里面打打滚倒是挺舒服。不过,要是周围有些草就好了。"老牛不想买泥塘,走了。青蛙想,要是在泥塘周围种些草,就能卖出去了。于是他就去采集草籽,播撒在泥塘周围的地上。到了春天,泥塘周围长出了绿茵茵的小草。青蛙又站在牌子下面,大声吆喝起来:"卖泥塘嘞,卖泥塘!"

一只野鸭飞来了。他看了看泥塘说:"嗯,这地方好是挺好,就是塘里的水太少了。"野鸭没有买泥塘,飞走了。青蛙想,要是往泥塘里引进些水,就能卖出去了。于是他跑到周围的山里找到泉水,又砍倒了竹子,把竹子破开,一根一根地接成水槽,用它们把水引到自己的泥塘里来。等泥塘里灌足水以后,青蛙又站在牌子下大声吆喝起来:"卖泥塘嘞,卖泥塘!"可是他的泥塘还是没有卖出去。

小鸟飞来说,这里缺点儿树;蝴蝶飞来说,这里缺点花儿;小兔跑来说,这里还缺条路;小猴跑来说,这儿应该盖所房子;小狐狸说……

---

① 周兢.幼儿语言教育与活动指导[M].北京:高等教育出版社,2015:135-137,有修改。

每次听了小动物们的话,青蛙都想:对!对!要是那样的话,泥塘准能卖出去。于是他就照着他们的话去做,栽了树,种了花,修了路,还在泥塘旁边盖了房子。

"卖泥塘嘞,卖泥塘!"有一天,青蛙又站在牌子下吆喝起来,"多好的地方!有树、有花、有草、有水塘。你可以看蝴蝶在花丛中飞舞,听小鸟在树上歌唱。还可以在水里尽情游泳,躺在草地上晒太阳。这儿还有道路通向城里……"说到这里,青蛙突然愣住了,他想,这么好的地方,自己住挺好的,为什么要卖掉呢?于是青蛙不再卖泥塘。

1. 提问应抓住学前儿童对作品的兴趣点

有的教师在文学活动中的提问设计过分追求功利性,忽略了学前儿童的兴趣,导致学前儿童不乐意思考与表达。因此,教师应充分考虑学前儿童的需求,抓住学前儿童对作品的兴趣点设计提问。

这些兴趣点往往集中体现在这样几个方面:一是角色生动有趣的对话语言,如小班故事活动"一起睡着了"中,教师可以就动物之间的对话语言提问:"小兔子看到小老鼠蹲在路边,它对小老鼠说了什么?小老鼠是怎么回答的?"二是幼儿感到好奇的情节内容,比如中班散文活动"神奇的树"中,幼儿特别想知道这棵神奇的树到底是什么树,教师就可以在讲述作品结尾之前提问:"猜猜这棵神奇的树到底是什么?"三是某些词句的表达,如中班故事《聪明的乌龟》中,幼儿对于乌龟"把头一缩""又把四条腿一缩""再把小尾巴一缩"中"缩"这个动词很感兴趣,教师就可以抓住此兴趣点提问:"狐狸想咬乌龟的头,乌龟是怎么做的?"还可以鼓励幼儿模仿乌龟的动作。

2. 提问应抓住需要学前儿童重点理解的文学语言和情节内容

学前儿童文学活动中,如果教师设计太多提问,势必会让活动变成单调的问答式课堂,幼儿也会疲于应答而觉得乏味。因此,教师应抓住重点设计提问。

一方面,抓住需要学前儿童重点理解的情节内容。这些情节往往有利于学前儿童抓住情节线索,进一步理解作品内容和主题。比如中班故事活动"青蛙卖泥塘"中,教师抓住故事的情节线索,提问:"青蛙想干什么?它为什么要卖泥塘?"帮助幼儿理解故事内容。

另一方面,抓住需要学前儿童重点理解的文学语言。学前儿童文学活动中教师的提问还应基于对作品中文学语言核心经验的分析,注重学前儿童文学语言核心经验的获得。比如大班散文活动"变色的房子"中,ABB式形容词的理解与运用是此活动中幼儿需要重点学习的文学语言核心经验。教师在活动中可以提问:"春天,小种子发芽了,房子变成了什么样子?散文里是怎么说的?"引导幼儿关注并理解ABB式形容词的运用。教师也可以让幼儿把作品中自己喜欢的词句找出来,说出喜欢的原因或读一读喜欢的词句,帮助幼儿积累文学语言核心经验。

3. 提问应能启发学前儿童思维与想象

学前儿童文学活动中的提问应能帮助学前儿童以自己的经验为基础理解作品内容。因此,提问应能启发幼儿的思维,通过开放式提问,引导幼儿大胆推测和想象,在学习幼儿文学作品的过程中产生灵活变通的思维活动,畅所欲言。例如故事活动"青蛙卖泥塘"中,教师提问:"小动物都没有买泥塘,小青蛙会怎么办?如果是你,你会买吗?为什么?"就能引导幼儿积极思考与想象。再如中班故事活动"聪明的乌龟"中,狐狸问:"哎哟,哎哟,谁咬我的尾巴?"教师可以在此处提问:"你们猜猜乌龟会回答吗?为什么?"后来当狐狸说:"乌龟,乌龟,我把你扔到池塘里去,扑通一下淹死你。"教师又可以引导幼儿推测:"猜猜这一次乌龟会怎么办?它会说什么呢?"教师可以让幼儿针对不同的看法进行讨论,甚至开展辩论。教师还可以引发幼儿想象:"如果你是乌龟,你会想什么办法?"

4. 可以尝试让学前儿童提出问题

学前儿童文学活动中,教师还可以鼓励幼儿就感兴趣的或不懂的地方进行提问,让其他幼儿或教师进行回答。比如中班故事活动"青蛙上月球"中,教师让幼儿在欣赏完故事之后提出问题,有的幼儿问:"青蛙上月球之后发生了什么事?"这样既可以充分发挥幼儿的主动性,让幼儿尝试自主理解体验作品,又给幼儿提供了更多语言表达和交流的机会。

(二)采用有趣的方式引导学前儿童朗读与复述文学作品

《3—6岁儿童学习与发展指南》中语言领域年龄阶段目标中指出:3—4岁"能口齿清楚地说儿歌、童谣或复述简短的故事";4—5岁"能大体讲出所听故事的主要内容,能大致说出故事的情节";5—6岁"能说出所阅读的幼儿文学作品的主要内容"。这些都体现了《指南》对学前儿童朗读与复述文学作品的目标要求,也足见朗读与复述文学作品在学前儿童学习文学作品中的重要性。然而,现实中有的教师过分追求幼儿朗读与复述的效果,机械、反复地让幼儿用单一的形式进行练习,这显然是不可取的。因此,学前儿童文学活动中,教师应注重采用有趣的方式引导学前儿童对文学作品进行朗读与复述。

1. 运用有趣的材料

引导幼儿朗诵或复述文学作品时,可以运用幼儿感兴趣的材料,如棍偶、手偶、多媒体课件、图片、图谱等。例如小班儿歌活动"虫虫飞"可以让幼儿边操作棍偶或指偶,边朗读儿歌。以下案例为中班诗歌活动《摇篮》图谱运用。

 案例

摇 篮

蓝天是摇篮,摇着星宝宝,
白云轻轻飘,星宝宝睡着了。
大海是摇篮,摇着鱼宝宝,
浪花轻轻翻,鱼宝宝睡着了。
花园是摇篮,摇着花宝宝,
风儿轻轻吹,花宝宝睡着了。

妈妈的手是摇篮,摇着小宝宝,
歌儿轻轻唱,小宝宝睡着了。

图 3-1 《摇篮》教学图谱

图谱案例

以上中班诗歌活动"摇篮"中的图谱,能帮助幼儿理解与记忆作品内容,并初步感知作品的句式结构特征,而这些都为幼儿朗读诗歌扫清了障碍。可见,图谱能有效支持幼儿朗读诗歌。教师在设计绘制图谱时应注意将诗歌的内容按词、词组或简单的句段为单位进行分解,形成若干张直观形象、简洁有趣、完整有序的"图谱",图谱应突出诗歌中词与相关事物的关系,强调图谱与内容的一一对应。只有这样,才能促使幼儿产生口语与图示的联系,帮助幼儿理解与记忆作品内容,降低幼儿朗读作品的记忆负荷。教师还可以设计一些操作图谱的活动,比如让幼儿边指图谱边朗读,可以边排列图谱的顺序边朗读,也可以通过翻图谱的游戏验证朗读的内容。

2. 采用生动有趣的方式

教师还可以采用表演、游戏等生动有趣的方式,增强朗读与复述文学作品的趣味性。例如小班儿歌活动"小猪爱睡觉",可以让幼儿分角色表演猪妈妈和小猪,在表演游戏中朗读儿歌。问答式儿歌《尾巴歌》,可以让幼儿分组,一组问一组答,或者两个幼儿结伴,一个问一个答,在有趣的问答游戏中朗读儿歌。故事复述也可以结合故事表演进行,幼儿分工合作,有的扮演角色,有的讲故事。

《3—6 岁儿童学习与发展指南》中指出,"有意识引导幼儿欣赏或模仿文学作品的语言节奏和韵律"。因此,教师应注重在诗歌作品的朗读中,引导幼儿感受与表现作品的节奏与韵律,特别是节奏鲜明的儿歌,教师可以配上节奏进行朗读,如拍手、打击乐器、节奏乐等,这样读来更加朗朗上口、生动有趣。比如小班儿歌活动"虫虫飞",

就可以让部分幼儿操作沙锤、单响筒等乐器击打节奏,其他幼儿跟随节奏边做动作边朗读儿歌,然后再进行交换。

(三)引导学前儿童创造性表演作品

表演是学前儿童文学活动中学前儿童非常喜欢的一种活动方式。文学作品表演一般是在幼儿欣赏理解作品的基础上,引导幼儿通过语言、动作、表情再现作品,帮助幼儿深入地理解与体验作品,文学作品表演不仅仅只有故事表演,有的诗歌、散文也适合表演。文学作品表演可以是作品的完整表演,也可以只选择适合表演的情节片段让幼儿表演。教师在设计与指导幼儿的表演活动时,要特别注意以下几个问题:

1. 创设表演的场景,提供表演材料

场景与材料的提供能创设直观形象的表演情境,激发幼儿表演的兴趣,也能引导幼儿身临其境地感受与表现扮演角色的行为和心理。一方面,教师需要创设表演的场景。可以利用现有资源,如用椅子表示小动物的家,桌子表示大山等,贴上简单的图片提示场景即可,并不需要像舞台剧那样创设非常美观、逼真的场景;也可以由幼儿借助材料自主创设表演场景。另一方面,教师还要提供便于幼儿表演的材料,如胸卡、面具、棍偶等,也可以提供纸、布、绳子、毛线等原材料或废旧材料。故事活动"姜饼人"中,教师就是给幼儿提供了一些废旧材料,让幼儿在活动中自己动手装扮,激发幼儿表演的兴趣,便于幼儿操作,并充分利用材料进行有趣的表演活动。

案例

故事活动"姜饼人"的材料准备①

幼儿倾听完故事后,我提供给幼儿老奶奶、姜饼人、小猪、母牛、大马、狐狸头饰,让孩子们自选角色分角色表演故事。孩子们戴上头饰表演故事总出现忘记自己扮演角色,参与活动兴趣也不浓厚。为什么在故事学习、理解过程中孩子们都能积极倾听、大胆讨论,究竟是什么原因?

活动后,我一直思考这个问题:怎样通过操作教具理解、巩固故事内容,调动孩子们表演的积极性?是否可将头饰改成孩子们拿在手上的棍偶,这样孩子可更直观、灵活操作。于是,我结合美术活动引导幼儿自己制作了棍偶。其后,我在家园栏中指导家长利用废旧的礼品盒、彩色纸、网络下载背景图等自制故事背景盒。在语言活动中,提供了孩子们自制的棍偶、故事背景盒,让孩子们结伴分角色边讲故事边表演。达达拿着棍偶对翔翔说:"我们一起来表演故事吧,翔翔你想演什么?""我想演大马。"孩子们你一句我一句地讨论起来。经过一番讨论后,孩子们开始有声有色地讲起了故事。

2. 表演中注重引导学前儿童进行语言表达

文学活动中的表演需要教师鼓励学前儿童通过生动的语言、动作、表情进行表

---

① 郭咏梅.幼儿语言教育与活动指导[M].北京:高等教育出版社,2017.

演。而且,应特别注重引导学前儿童在表演中积极进行语言表达。首先,教师可以在表演前提出语言表达的要求,例如教师引导幼儿表演儿歌《小猪爱睡觉》,在幼儿表演前教师可以提示幼儿:"当猪妈妈叫小猪起床的时候,你们要说什么呀?"其次,也可以在幼儿表演过程中以角色口吻进行提示。表演过程中,如果幼儿没有积极进行语言表达,教师可以说:"猪妈妈没听清楚你的回答,小猪宝宝再大声清楚地告诉猪妈妈吧。"

3. 支持并引导学前儿童进行创造性表演

文学作品的表演并不仅仅只是让学前儿童简单地再现作品,应该允许并鼓励学前儿童幼儿对作品的再创造,用自己喜欢的方式表演作品。幼儿在表演过程中,往往会根据自己的生活经验与自己对作品的理解,对作品中的某些对话或是情节进行改动。这种再创造恰恰就是幼儿将自己真正融入作品中的体现,是幼儿表演文学作品的一种升华。比如小班幼儿表演故事《一起睡着了》,作品中小动物是"蹲下来"看大象睡觉,有的幼儿在表演中则"坐着""趴着""躺着"看大象睡觉。幼儿的这种行为,其实就是他们自主体验角色行为的过程,就是幼儿的再创造,教师应该支持并引导幼儿进行创造性表演。

三、创造与运用文学作品的指导

在创造中学习语言,是学前儿童语言学习活动的基本特征之一。在对文学作品进行欣赏与感受、理解与体验的基础上,教师应运用一些创造性活动引发学前儿童拓展想象,并引导学前儿童创造性地运用语言表达自己的认识与想象,以促进文学语言核心经验的学习,切实提高学前儿童的文学语言运用能力。例如中班故事活动"猜猜我有多爱你"中,幼儿在欣赏与理解故事之后,感受到小兔子与大兔子之间的无限深情,产生了表达爱的强烈愿望。教师就可以引导幼儿围绕"你爱谁?你想怎样表达对他们的爱?"展开讨论与讲述。每位幼儿充分展开想象,大胆表达,想出了很多有创意的、充满童趣的表达爱的方式。有的孩子说:"巧克力有多甜,我就有多爱妈妈";有的说:"我爱妈妈,就像围巾一样温暖";有的说:"天上有多少颗星星,我就有多爱妈妈。"此外,幼儿文学活动中还可以通过仿编诗歌散文、创编故事引导幼儿创造与运用文学作品。

(一) 诗歌、散文仿编活动的指导

诗歌散文仿编活动是学前儿童在欣赏与理解诗歌、散文内容的基础上,仿照作品的结构,调动个人经验进行扩展想象,编出新的诗歌或散文段落,是一种创造性语言学习活动。

1. 选择适合仿编的文学作品

诗歌散文仿编活动要选择内容生动、结构重复、符合学前儿童年龄特点的,且又是学前儿童熟悉和理解的诗歌散文作品。例如儿歌《水果宝宝去旅行》《虫虫飞》,儿童诗《家》《春天》,散文《落叶》等,都适合幼儿进行仿编。

2. 通过开放性提问启发学前儿童创造想象与仿编

仿编需要学前儿童仿照原作品的结构创造新的内容,因而对学前儿童来说是有一定挑战的。教师可以在幼儿正式仿编前,通过提问激发幼儿创造想象,帮助幼儿了解仿编的句式结构以及构思。因此,提问应该具有开放性,且依据作品句式结构设计提问。比如仿编诗歌《假如我有翅膀》,教师可以提问:"假如你有翅膀,你想飞去哪里?去那里干什么?"可以由教师或个别幼儿进行示范仿编,通过示范进一步启发幼儿的想象,同时又能帮助幼儿将自己的想象纳入作品的语言结构中。

3. 提供材料支持学前儿童仿编

学前儿童仿编作品通常需要借助一定的直观材料,例如实物、图片或课件等,让学前儿童依据材料进行仿编。比如中班幼儿仿编《小雨点》,教师提供一些下雨的图片,让幼儿观察"雨点落到哪里?那里发生了什么变化?"引导幼儿看图仿编。仿编中提供的这些材料就好似支架教学理论中提到的"支架"或"桥梁",它能帮助幼儿初步尝试仿编,降低了仿编的难度。

但应注意的是,仿编活动中不能过分依赖材料仿编,以免局限幼儿的想象空间。因此,应在幼儿掌握仿编的思路后,适时"撤离支架",引导幼儿从依据材料仿编发展为创造性仿编。例如中班诗歌仿编活动"梳子"中,教师先提供两张动态多媒体课件画面,让幼儿尝试仿编,然后教师通过提问启发幼儿创造想象仿编:"我们身边还有哪些东西像梳子,它在梳着谁的头发呢?"幼儿根据自己的生活经验大胆想象,编出了"牙刷是牙齿的梳子,梳着牙齿的头发""音符是乐谱的梳子,梳着乐谱的头发"等富有想象力和童趣的作品。

4. 运用有趣的方式串联仿编内容

幼儿仿编新的诗句或段落后,教师需要引导幼儿将仿编的内容进行串联,这样有利于幼儿感知完整的文学作品结构,获得参与创造性活动的愉悦感与成就感,同时也能提升幼儿的合作学习能力。教师可以采用游戏的方式引导幼儿串联作品,比如接龙游戏,幼儿围成一个圆圈,按顺序一人编一句,将自己仿编的内容在玩游戏的过程中串联朗读。也可以引导幼儿将仿编的内容画下来,在每张图画下面写上幼儿仿编的文字内容,并将幼儿的作品装订成册,再制作一个封面,写上诗歌或散文的作品名字,幼儿就有了自己创作的图画书(见图3-2),教师还可以鼓励幼儿跟家人和同伴分享。

图 3-2 中班幼儿仿编的诗歌《小雨点》

(二) 故事创编活动的指导

故事创编是学前儿童在理解故事内容、积累相关知识经验的基础上,运用语言编出符合故事结构规则的故事,也是一种创造性语言学习活动。故事创编对学前儿童的语言能力及思维水平有较高要求,不同年龄班故事创编的要求也不同。一般来说,小、中班适合创编故事情节片段,如创编故事结局或中间的情节片段;大班重点创编完整的故事,要求具有完整的故事情节、人物、语言和主题等。

1. 选择适宜的故事作品进行创编

并不是所有的故事作品都适合学前儿童进行创编,因此教师要对故事作品进行选择。一般来说,适合创编的故事作品题材内容贴近学前儿童生活,具有丰富的想象,充满童趣,故事情节结构比较简单。例如故事《青蛙卖泥塘》,情节有趣,富有想象力,适宜中班幼儿续编结局。

2. 通过提问帮助学前儿童构思故事的构成要素

创编故事应提高学前儿童对故事构成要素的敏感度,教师可以通过提问帮助学前儿童构思创编故事的人物、情节、语言、主题这四个基本要素,提出创编故事的要求,并逐步提高创编故事的难度。比如中班故事创编活动"青蛙卖泥塘"中,教师提问:"泥塘到底卖没卖掉?如果卖掉了,有可能会卖给谁?会发生什么事?如果没有卖掉,又会发生什么事情呢?结果会怎样?"引导幼儿依据问题想象构思,帮助幼儿编构故事。

3. 鼓励学前儿童创编故事中文学语言的运用

教师应鼓励并引导学前儿童运用丰富生动的文学语言创编故事,比如运用好听的词汇形容一件事物,或运用某一句式进行生动的表述等。只有这样,创编故事活动才能真正有利于学前儿童文学语言的创造与运用,有利于学前儿童文学语言核心经验的学习。

4. 提供创编故事的材料

创编故事活动中,教师还可以提供一些学前儿童感兴趣的、有利于创编故事的材料,如图片、棍偶、手偶、绘画或手工材料等,让学前儿童在操作这些材料的过程中,发挥丰富的想象,轻松愉悦地进行创编。例如大班故事创编活动"小猴出租车"中,教师可以给幼儿提供一些动物的棍偶或贴图材料,让幼儿操作棍偶或贴图创编故事,甚至可以让幼儿操作棍偶表演自己创编的故事。

第三节　学前儿童文学活动案例与评析

案例1

小班儿歌活动：水果宝宝去旅行①

一、选材分析

火车是幼儿感兴趣的事物,水果宝宝坐火车去旅行是一件充满童趣的事情。儿歌《水果宝宝去旅行》句式整齐,朗朗上口,将水果形象拟人化,再加上拟声词的运用,让儿歌充满童趣,贴近小班幼儿现实生活,适合小班幼儿学习。

二、活动目标

1. 乐意参与开火车的游戏,体验学习儿歌的乐趣。
2. 学习有节奏地朗诵儿歌,尝试仿编儿歌。
3. 理解儿歌内容,能根据水果特征猜出水果名称。

三、活动重点及难点

重点：学习有节奏地朗诵儿歌。

难点：尝试仿编儿歌。

评析：活动目标依据学前儿童语言学习核心经验,注重幼儿对文学语言的欣赏理解与创造运用,从情感态度、能力、认知三个方面进行表述,目标指向具体,可行性强,符合小班幼儿的已有经验和发展需求,且活动重点与难点设计准确。

四、活动准备

1. 经验准备

幼儿熟悉西瓜、苹果、香蕉、葡萄、草莓、橘子、梨等多种水果,认识火车。

2. 材料准备

(1) 音乐：《开火车》。

(2) 乐器：单响筒一个。

(3) 图片：西瓜、苹果、香蕉、葡萄、草莓、橘子、梨图片若干,火车挂图一幅。

3. 环境创设

(1) 将火车挂图贴在黑板上,创设"开火车"的游戏情境。

---

① 此案例由湘西自治州龙山县第一幼儿园刘文敏老师提供,长沙师范学院宋苗境老师点评。

(2)将草莓、橘子、梨的图片分散贴在活动室内,创设仿编的游戏情境。

评析:活动中教师给幼儿提供了丰富的材料,创设了一个自由、宽松、有趣的语言交往环境。其中,《开火车》的音乐、火车挂图与水果图片给幼儿创设了一个生动逼真的游戏情境;单响筒的运用增加了儿歌的韵律感与活动的趣味性,同时还能帮助幼儿学习有节奏地朗诵儿歌。并且,活动中材料的投放,幼儿对材料的操作,教师也是别具匠心,充分发挥了材料的有效性。

五、活动过程

1. 播放音乐,创设"开火车"的游戏情境

指导语:今天我们要开火车去旅行,这辆火车是什么样子的? 旅行是干什么?

2. 操作图片,引导幼儿逐句学习儿歌

(1)出示西瓜图片,引导幼儿学习"西瓜爷爷开火车,咔嚓咔嚓去旅行"。

指导语:西瓜爷爷是火车司机,那司机要做什么? 引导幼儿完整学说诗句。

(2)出示苹果图片,引导幼儿学习"苹果苹果上火车,咔嚓咔嚓去旅行"。

指导语:这位乘客红红的,像小姑娘的脸蛋,猜猜它是谁? 引导幼儿说出苹果名称,并完整学说诗句。

(3)出示香蕉图片,引导幼儿学习"香蕉香蕉上火车,咔嚓咔嚓去旅行"。

指导语:这位乘客黄黄的,身体弯弯像小船,猜猜它是谁? 引导幼儿说出香蕉名称,并完整学说诗句。

(4)出示葡萄图片,引导幼儿学习"葡萄葡萄上火车,咔嚓咔嚓去旅行"。

指导语:这位乘客是紫色的,一串一串,味道酸又甜,猜猜它是谁? 引导幼儿说出葡萄名称,并完整学说诗句。

评析:这个我说你猜的环节,用有趣的描述性语言引导幼儿猜测说出水果名称,增加了活动的趣味性,有利于发展幼儿说明描述的语言能力。

3. 引导幼儿完整欣赏与朗诵儿歌

(1)教师有节奏地完整朗诵儿歌。

(2)教师击打乐器,引导幼儿做动作,并有节奏地朗诵儿歌。

(3)幼儿扮演水果角色,玩游戏"水果宝宝去旅行"。

指导语:我是西瓜爷爷,我会邀请水果宝宝排队上火车。当我说:"苹果苹果上火车",苹果宝宝就要说"咔嚓咔嚓去旅行",说对了我才开门。其他的水果宝宝听到西瓜爷爷邀请你上火车时,也要说出"咔嚓咔嚓去旅行",才能上车去旅行。

4. 引导幼儿在游戏情境中仿编儿歌

指导语:这是什么水果? 邀请他们上车应该说什么? 引导幼儿仿编诗句"××××上火车,咔嚓咔嚓去旅行"。

5. 游戏结束,开火车带幼儿离开活动室

指导语:我们的火车要出去旅行了,跟大家说再见吧。

评析:此活动过程真正体现了让幼儿"在游戏中学习语言"。无论是欣赏与理解儿歌,还是朗诵与仿编儿歌,都让幼儿在有趣的"开火车"游戏情境中进行,非常符合

小班幼儿的学习特点。

六、延伸活动

1. 可以在一日生活环节,如餐前引导幼儿创造运用其他水果名称,丰富仿编儿歌的内容。

2. 将活动中所用图片投放到语言区角中,鼓励幼儿操作图片朗诵儿歌。

附儿歌:

水果宝宝去旅行

西瓜爷爷开火车,咔嚓咔嚓去旅行。

苹果苹果上火车,咔嚓咔嚓去旅行。

香蕉香蕉上火车,咔嚓咔嚓去旅行。

葡萄葡萄上火车,咔嚓咔嚓去旅行。

咔嚓咔嚓咔嚓咔嚓,水果宝宝去旅行。

中班故事活动:胡萝卜先生的长胡子①

一、选材分析

故事改编自绘本《胡萝卜先生的胡子》,故事的主角胡萝卜先生有着一把神奇的长胡子,并且用他的胡子帮助了各种各样的人。故事的情节夸张有趣,且情节结构有着鲜明的特点。而中班的孩子语言能力水平较小班已经有了很大的提高,想象更富有创新性,这样的故事能够吸引孩子的兴趣,激发他们的想象力。

二、活动目标

1. 感受帮助别人和得到别人帮助的快乐,体会文学作品的语言美。

2. 理解故事内容,掌握"谁—遇见什么困难—怎样得到解决"的故事情节结构特点。

3. 能够用连贯的语言讲述故事内容并创编故事情节。

三、活动重点及难点

重点:在理解故事内容的基础上掌握故事的情节结构。

难点:自主创编故事情节,体会帮助带来的快乐。

评析:活动目标依据学前儿童语言学习核心经验,重点关注幼儿语言表达能力的提升和创造力的发展。目标从情感态度、能力、认知三个方面进行表述,指向具体,可行性强,符合中班幼儿的已有经验和发展需求,且活动重点与难点设计准确。

四、活动准备

1. 物质准备

图片教具,PPT 课件,操作卡。

2. 经验准备

《胡萝卜先生的长胡子》
教学课件

---

① 此案例由长沙师范学院学生李宛真提供,长沙师范学院宋苗境老师点评。

幼儿已经对绳子的用途已经有了一定的了解。

评析：活动中教师准备了多种教具帮助幼儿进行理解学习，并给幼儿提供了丰富的可操作材料，创设了一个自由、宽松的语言交往环境。首先，教师讲故事的过程中出示了故事插图，有效帮助幼儿更好地理解故事内容。其次，通过精致的图谱引导幼儿梳理故事情节结构，直观清晰地呈现了故事的结构重点，可以看出教师的别具匠心。另外，投放若干幼儿可自主操作的故事卡片，鼓励幼儿大胆创编，满足了幼儿自主性的发展，且为活动增添了不少趣味。

五、活动过程

1. 出示PPT，导入故事，激发幼儿兴趣

指导语：今天老师要给你们讲一个有趣的故事，故事里有一个好心肠的先生。瞧！就是这位胡萝卜先生。我们一起和胡萝卜先生打个招呼吧。胡萝卜先生你好。

2. 引导幼儿倾听理解故事内容，掌握故事情节结构

(1) 出示PPT，完整讲述故事，引导幼儿感知和欣赏故事内容。

指导语：最近胡萝卜先生身上发生了一件有意思的事情，我们一起来听一听到底发生了什么事情吧。

(2) 教师提问，结合出示图谱引导幼儿理解故事内容，初步了解故事情节结构特点。

提问：胡萝卜先生的胡子为什么会变长？遇见了谁呀？他们碰上什么难题了？胡萝卜先生怎样帮他们解决的？

教师小结，带领幼儿归纳故事内容，梳理故事情节结构特点。

3. 指导幼儿用连贯的语言讲述故事

(1) 指导幼儿根据图谱讲述故事重点情节。

指导语：现在老师要请你们来讲一讲这个故事了。请你们选择一个自己最喜欢的内容，按照图片的顺序，用好听的声音把它讲出来。

(2) 指导幼儿与同伴讲述故事。

指导语：请你们和身边的小伙伴互相讲一讲这个故事吧。

4. 引导幼儿迁移经验，大胆想象，自主创编故事情节

(1) 引导幼儿迁移经验，大胆想象。

提问：你们觉得胡萝卜先生的胡子还有什么神奇的作用？

(2) 引导幼儿分小组操作材料，自主创编故事情节。

指导语：今天老师这里还请来了一些需要帮助的小动物，请你们按照黑板上的方式，和好伙伴把喜欢的故事贴出来，然后把贴出来的故事讲给朋友听。

(3) 请幼儿上台分享创编的故事。

指导语：谁想来和我们大家分享一下你的故事？

5. 活动总结

指导语：今天我们知道了胡萝卜先生长胡子的神奇故事，请小朋友们回家之后把这个有趣的故事也分享给爸爸妈妈，然后和爸爸妈妈一起想一想，还有哪些动物和植

物能够用自己独特的地方帮助到别人。

评析:首先,活动以欣赏故事、个人讲述故事、结伴讲述故事、小组创编故事等多种形式展开,形式丰富多样。其次,通过有层次、启发性、开放性地提问,引导幼儿理解故事内容,掌握故事的情节结构特点,能够连贯的讲述故事。提高幼儿的表达能力,帮助幼儿掌握讲述故事的方法。再次,幼儿分组创编故事的活动中,通过之前的铺垫,幼儿已经能够自主按照故事结构去创编故事,也可以大胆地与同伴分享自己创编的内容。进一步巩固了幼儿有条理讲述故事的能力,发展了幼儿的想象和创编能力,培养了幼儿分享合作的意识,符合中班幼儿的发展需求。

六、延伸活动

1. 区域活动:在阅读区角投放《胡萝卜先生的胡子》绘本,引导幼儿自由阅读。
2. 家园联系:建议家长与孩子一起交流不同动植物的身体特点和作用。

附故事:

胡萝卜先生的长胡子

有一天,胡萝卜先生匆匆忙忙刮了胡子,一边吃着果酱面包一边上街去了。胡萝卜先生吃果酱面包的时候,胡子蘸到了甜甜的果酱,对一根胡子来说,果酱是多么好的营养啊!于是胡萝卜先生一步一步走的时候,这根胡子就在一点一点地变长,越长越长,都停不下来了。

在很远的街口,有一个正在放风筝的女孩,风筝的线实在太短了,她的风筝怎么也飞不过屋顶。胡萝卜先生的胡子刚好在风里飘动着。胡萝卜先生说:"也许,我的胡子能帮上忙。"女孩剪了一段胡萝卜先生的胡子连在风筝线上,风筝一下就飞过了屋顶,女孩说:"谢谢胡萝卜先生!"

胡萝卜先生继续往前走,当他走过鸟太太家的树底下时,鸟太太正发愁没地方晾鸟宝宝的尿布。胡萝卜先生的胡子刚好在风里飘动着。胡萝卜先生说:"也许,我的胡子能帮上忙。"于是,鸟太太剪了长长的一段胡子,系在两根树枝的中间,晾起了一长串鸟宝宝的尿布,鸟太太说:"谢谢胡萝卜先生!"

胡萝卜先生走到了马路上,鼹鼠老师带着学生过马路。可是小鼹鼠们太淘气了,总是不排好队,这可不安全。胡萝卜先生的胡子刚好在风里飘动着。胡萝卜先生说:"也许,我的胡子能帮上忙。"鼹鼠老师剪下一段胡萝卜先生的长胡子,让每个小鼹鼠都拉住这段胡子,自己牵着胡子走在最前面。这样,小鼹鼠顺利地过了马路。鼹鼠老师说:"谢谢胡萝卜先生。"

胡萝卜先生走回了家,他摸了摸自己的胡子说:"我的胡子真是太棒啦!"是的,胡萝卜先生的胡子确实是太棒了,大家都这么说。

案例 3

大班散文诗活动：我被亲了好几下[①]

一、选材分析

尽管在生活中，人们经常会遇到不如意或者倒霉的事情，有的人闷闷不乐，有的人却会换一个角度思考，保持快乐的心情。这就是散文诗《我被亲了好几下》能带给孩子们的生活哲理。散文中优美的句子和有趣的情境都描写了孩子熟悉的生活，会让孩子们不自觉地开心大笑。此外，作品重复的句式易于幼儿仿编。

二、活动目标

1. 领会散文诗的幽默感，感受和体验"亲"和"被亲"的快乐，并愿意与他人分享爱的情感。

2. 理解散文诗内容，大胆表达自己的意见，学会朗读散文诗。

3. 熟悉散文诗的结构形式，尝试用"××亲××一下，××亲××好几下"的句式仿编散文诗。

三、活动重点及难点

重点：理解散文诗的内容，大胆表达自己的意见，学会朗读散文诗。

难点：熟悉散文诗的结构形式，尝试用"××亲××一下，××亲××好几下"的句式仿编散文诗。

评析：活动目标关注幼儿文学语言核心经验的学习，结合大班幼儿语言学习与发展的现有水平和发展要求，从情感态度、能力、认知三个方面确立目标，指向具体，可行性强，且活动重点与难点设计准确。

四、活动准备

1. 物质准备

自制 PPT 课件《我被亲了好几下》，诗歌中的内容小图片 4 套，教学图谱一套，背景音乐 2 首。

2. 经验准备

对"亲"有初步的理解，能够说出被家人亲亲的感受。

评析：活动中教师给幼儿提供了丰富的材料，图片操作材料有效帮助幼儿理解作品内容，教学图谱支持幼儿学习朗读作品，课件材料帮助幼儿感受与体验作品情感。总之，这些材料都是幼儿感兴趣的、便于幼儿操作的、支持幼儿学习的。特别是图谱的设计具有新意，是幼儿诗歌学习中非常有效一种材料。

五、活动过程

1. 音乐律动导入

引导幼儿互动玩"亲一亲"的游戏，感受"亲一亲"的乐趣。

---

① 此案例由长沙师范学院附属第一幼儿园吴冰老师提供，长沙师范学院宋苗境老师点评。

指导语:你被亲过吗?你被谁亲过?你被亲亲的时候有什么样的感觉呢?

2. 教师朗读散文诗,引导幼儿理解作品内容

(1)教师朗读散文诗,引导幼儿初步了解作品内容。

指导语:请你听听诗歌中有谁亲了谁呢?

(2)幼儿再次倾听散文诗,分组操作图片,尝试用"××亲了××"的句子完整表达。

指导语:请你说一说诗歌中谁亲了谁?他们亲了几下呢?

指导重点:引导幼儿感知散文诗中前三句是亲一下,后一句是亲了几下的规律。

3. 播放PPT课件,进一步理解感受诗歌内容与情感

指导语:他们到底是怎样亲的呢?我们一起来看一看。遇到这些事情,你觉得这是怎样的一天?如果你遇到这些事,你会是什么样的心情呢?

4. 出示教学图谱,引导幼儿集体整理并朗读散文诗

评析:图谱教学法能够帮助幼儿直观了解作品内容和结构特征,而且幼儿边看图谱边朗读散文诗,能降低幼儿记忆作品内容的负担,帮助幼儿学习朗读作品。

5. 引导幼儿迁移生活经验,仿编诗句

提问:还有谁会亲谁?是一下还是几下?试着用散文诗中一样好玩的话来说一说吧!

评析:仿编时,教师注重引导幼儿迁移生活经验,观察与想象事物之间的联系,将文学语言的创造运用与日常语言表达结合起来,有利于幼儿的语言学习。此环节中,教师也可以提供一些图片材料,引导幼儿边操作图片边进行仿编。

六、延伸活动

1. 绘画活动:引导幼儿分组,用图文的形式将仿编的诗句画下来。

2. 家园合作:家长引导幼儿根据诗歌的句式仿编,并把幼儿仿编的散文诗记录下来,带到幼儿园和同伴一起交流。

3. 区域活动:将幼儿仿编的散文诗整理成图画书《我被亲了好几下》投放至阅读区,引导幼儿自由阅读和朗读诗歌。

附散文诗:

我被亲了好几下

鞋尖亲石头一下,
屁股亲地上一下,
鸟大便亲头一下,
声音亲我的耳朵好几下。

车子亲墙壁一下,
篮球亲天花板一下,
遥控器亲电视一下。
闪光灯亲我的脸好几下。

阳光亲日历一下,
白云亲大山一下,
水滴亲衣服一下,
风亲我的身体好几下。

技能训练

训练一：学前儿童文学活动观摩与评析

【实训目的】

通过现场或视频观摩优秀的学前儿童文学活动案例,进一步熟悉如何设计与组织学前儿童文学活动,并尝试评价学前儿童文学活动。

【实训要求】

1. 观察记录一个学前儿童文学活动的全部过程,包括活动材料的准备与运用、活动的组织过程与方式、教学方法的运用等。

2. 以研究学习小组为单位对活动进行评析。

3. 各研究学习小组派代表发言,师生集中研讨。

训练二：幼儿文学作品示范讲述

【实训目的】

练习更生动地讲述故事、朗读诗歌或散文,提高示范讲述幼儿文学作品的能力。

【实训要求】

1. 每名学生选择一个幼儿文学作品,体裁不限。要求运用生动的语言、肢体动作、道具材料等练习示范讲述。

2. 以研究学习小组为单位,每名学生在组内进行示范展示,并集中进行评议。

训练三：学前儿童文学活动试教

【实训目的】

运用本章学习内容,学会设计与组织学前儿童文学活动,并尝试进行活动反思与评价。

【实训要求】

1. 全班推选一名学生进行学前儿童文学活动集中试教与说课反思。

2. 师生围绕以下三个问题研讨试教课例：

(1) 学前儿童文学活动中如何引导幼儿感受与欣赏文学作品？

(2) 学前儿童文学活动中如何引导幼儿理解与体验文学作品？

(3) 学前儿童文学活动中如何引导幼儿创造与运用文学作品？

3. 分小组进行个别试教,每名学生展示自己设计的学前儿童文学活动,要求提交教案,制作教具或课件材料,完整进行模拟试教,试教后进行说课反思,组内进行活动评析。

4. 教师进行总结与提升。

训练四:学前儿童文学活动教研

【实训目的】

针对学生文学活动设计与组织中的几个突出关键问题,模拟幼儿园语言活动教研的形式,组织专题教研,有针对性地解决学生在学前儿童文学活动实践中的问题,进一步提高学生设计、组织与评价学前儿童文学活动的能力。

【实训要求】

1. 教师根据学生实践中的具体情况即存在的突出问题,介绍学前儿童文学活动教研的任务与目的,抛出教研的核心问题。

2. 师生围绕教研问题开展研讨

(1)学生以研究学习小组为单位,任选一个核心问题进行研讨。

(2)每组派代表发言。

(3)师生围绕问题进行深入研讨。

3. 教师进行教研总结与提升。

国考真题

1. 题目:儿歌《藏猫猫》(2018年幼儿园教师资格证面试试讲真题)

内容:

(1)模拟为幼儿表演儿歌。

(2)模拟组织幼儿学儿歌活动。

小月亮,飘呀飘。

找块云朵藏猫猫。

藏着头,藏着脚。

逗得星星眨眼笑。

基本要求:

(1)表演儿歌。普通话标准,语言流畅,语调、动作表情符合儿歌内容,有感染力。

(2)模拟组织小班幼儿学儿歌的活动,方法适当,能吸引幼儿参与。

(3)请在10分钟以内完成。

2. 题目:故事《雪花》(2018年幼儿园教师资格证面试试讲真题)

一片、两片、三片……一片片的白花花从天上飘下来。

白花花飘呀飘呀,不一会功夫,大树枝上、屋顶上,大地上都盖上了一层白色。

小黄狗从屋子里跑出来,点点头说:"汪汪汪,下糖啦,下糖啦,大家快来看呀!"

小猫从屋子里跑出来,摇摇尾巴说:"喵喵喵,下盐啦,下盐啦,大家快来看呀!"

小黄狗说:"汪汪汪,不是盐是糖。"

小花猫说:"喵喵喵,不是糖是盐。"说着说着,小花猫和小黄狗就喵喵喵、汪汪汪地争吵了起来,小狗说是糖,小猫说是盐。

老母鸡听见了,就一步一步地走过来,拍拍翅膀说:"咕咕咕,你说是盐他说是糖,让我来尝一尝,老母鸡说着就用嘴一啄一啄,从地上啄了些白花花尝一尝,睁圆了眼睛,伸了伸脖子说:"咕咕咕,不是糖,不是盐,不甜也不咸,吃在嘴里冰冰凉!"

这时候,一个小男孩和一个小女孩从屋里走了出来,他们都穿着棉衣,带着绒帽,穿着棉鞋,他们手拉手地跑到院子里,乐呵呵地对小黄狗、小花猫和老母鸡说:"嗨,雪下得这么厚了,我们大家来堆雪人吧!"

内容:

(1) 模拟向幼儿讲故事。

(2) 模拟向幼儿提问。

基本要求:

(1) 模拟向幼儿讲故事。要求有幼儿意识,普通话流畅,语速适中,有感染力。

(2) 讲故事的过程中,向中班幼儿提2个问题。问题有助于幼儿理解故事内容或吸引幼儿注意力。

(3) 请在10分钟以内完成。

3. 题目:诗歌《晚上》(2018年幼儿园教师资格证面试试讲真题)

晚上,是太阳回家休息的时候。

晚上,月亮和星星出来捉迷藏的时候。

晚上,是萤火虫开灯青蛙练习合唱的时候。

晚上,是霓虹灯赛跑的时候。

晚上,开了灯看得见东西的时候。

晚上,是爸爸下班全家一起吃晚饭的时候。

晚上,是把电视机声音关小一点的时候。

晚上,是爸爸说"该睡觉了"的时候。

晚上,是睡觉前不要忘记了上厕所的时候。

晚上,是上床前跟爸爸妈妈说晚安的时候。

内容:

(1) 模拟为幼儿朗诵诗歌。

(2) 模拟组织幼儿仿编诗歌。

基本要求:

(1) 朗诵诗歌,普通话标准、流畅,语调、动作、表情符合诗歌内容,有感染力。

(2) 模拟组织一个大班幼儿仿编诗歌的活动,教学语言有助于幼儿理解仿编要求,启发幼儿思考,并能吸引幼儿参与。

(3) 请在10分钟以内完成。

拓展链接

"玩"的文学：幼儿文学的游戏性[①]

方卫平

一、幼儿文学文本的游戏性特征

一般说来，我们对于一本幼儿图书的期待通常是，它首先必须是"好玩"的，因为只有这样，它才能够吸引幼儿读者的注意，也才有可能被幼儿所顺利接受。这里所说的"好玩"，就包含了对于幼儿文学游戏性特征的一种朴素的认识。对幼儿来说，幼儿文学作品提供给他们的，首先也是一个游戏。这个游戏是由语言作为最基本的承载物的，其游戏内容主要也在语言的层面上展开。在此基础上，它同样可以被转化为普通的幼儿游戏。幼儿文学的游戏性表现在幼儿文学文本的各个层面上。

二、形式的游戏性

幼儿文学所格外重视的语音上的韵律感，本身就指向着某种游戏的特性。对幼儿来说，他们总是在理解一首儿歌的意义之前，先爱上它所带来的声音游戏的。这些结构工整、排列有序、高低顿挫、抑扬谐和的歌谣，在形式上包含了很大的语言游戏的成分。幼儿文学作品在形式上的游戏特征，还表现在它所具有的多种文本呈现形式上。比如幼儿所喜欢的立体书，是在书页翻开时利用事先设计好的折纸效果，将故事场景立体地呈现在幼儿面前。这样的设计使平面的书页中容纳了立体的景象，从而能够给阅读过程带来一种变魔术般的游戏效果。另有一些幼儿文学图书会在书中设计特殊的视觉游戏，比如通过画面的设计剪裁，使得前一页上出现过的一种事物，透过后一页的布景来看，又变成了另外的事物。此外还有揭开每一页画面上的小纸片就能发现一些小秘密的图书、会发出不同动物叫声的动物知识图画书，等等。这些图书都将游戏的元素添加到了传统的图画和文字故事中，从而进一步增添了阅读的游戏性。

三、内容的游戏性

幼儿文学离不开故事的编织，而故事在某种程度上就意味着游戏。即便是在短小的童谣中，除了音韵上的语言游戏之外，也往往包含了一个含有游戏内容的小情节。比如下面的这首儿歌：

捉迷藏

[中国台湾]林芳萍

捉迷藏，哪里藏？

绿草丛里藏一藏。

伸出头，望一望，

头上一只绿螳螂。

---

① 方卫平."玩"的文学：幼儿文学的游戏性[J].学前教育研究,2012(6).

这首儿歌所吟唱的内容,本身就是一个有趣的幼儿捉迷藏游戏。

与此同时,幼儿文学作品也常常通过一种离奇、夸张的想象来刻意制造情节的游戏性。比如苏斯博士的韵文体童话《戴帽子的猫》,在语言游戏之外,也包含了一个富于游戏趣味的故事。故事中,在一只戴帽子的猫的帽子下,我们看到了另一只戴帽子的猫;就在这只猫的帽子里,又有另一只戴帽子的猫……这样一次次下去,几乎没完没了。随着帽子变得越来越小,从里面出来的猫也一只比一只小。这个故事并不传达什么特别的生活知识或内涵,而就是一个滑稽、好笑的游戏,但这个游戏给一代又一代的孩子带来了难忘的快乐。

日本儿童文学作家、插画家宫西达也的图画书《好饿的小蛇》提供了另一种夸张的故事游戏。好饿的小蛇吃下什么,它的身体就会变成那个形状。于是我们看到了小蛇的身体先后呈现出圆圆的苹果、弯弯的香蕉、三角形的饭团、串状的葡萄、带刺的菠萝等形状,当小蛇最后吞下一棵结满红苹果的树时,它的身体也完全变成了苹果树的形状。图画书的整个故事就是一次奇想的游戏,尽管在现实生活中,小蛇并不真的把这些东西当作食物,但这并不妨碍游戏过程的展开。在阅读实践中,幼儿们对这样的故事游戏表现出了超乎寻常的兴趣和热情。正如意大利儿童文学作家姜尼·罗大里所说:"故事其实就是玩具的延伸,也是发展与愉快的种子。"

四、操作的游戏性

最早的幼儿文学是伴随着游戏而诞生的,它本身就是游戏的一个部分。在传统歌谣中,至今仍然保存着大量幼儿游戏歌谣。这些歌谣是各个游戏活动中不可或缺的"唱词"。比如"又会哭,又会笑/三只黄狗来抬轿/一抬抬到城隍庙/城隍菩萨看见哈哈笑",是大人与婴儿之间做逗笑游戏时念诵的歌谣;"扯扯拉拉/抱个娃娃/抱抱喂喂/上床睡睡"是幼儿过家家游戏的歌谣;"炒蚕豆/炒豌豆/骨碌骨碌翻跟头"则是配合一种手拉手的动作游戏所唱的歌谣。此外还有配合跳绳、踢毽子等游戏所吟唱的歌谣。比如下面的这首游戏儿歌:

一个毽踢八踢,马兰开花二十一。
二五六,二五七,二八,二九,三十一,
三五六,三五七,三八,三九,四十一,
四五六,四五七,四八,四九,五十一,
五五六,五五七,五八,五九,六十一,
六五六,六五七,六八,六九,七十一,
七五六,七五七,七八,七九,八十一,
八五六,八五七,八八,八九,九十一,
九五六,九五七,九八,九九,一百一。

这是一首配合踢毽子游戏时吟唱的数数歌,它具有双重功能,一是作为一个完整的游戏环节从开始到结束的标志,二是增加游戏的趣味性。

除了口头吟唱的童谣之外,书籍形式的幼儿文学作品也可以成为孩子游戏的对象。比如专为幼儿设计的一些洗澡书,其题材往往与水有关,甚至在外形上也被设计成某种游水动物的形象。同时,书的材质是防水的,可以漂浮在澡盆里。这样,幼儿便可以一边洗澡,一边在水里操演书中的故事。

此外,许多幼儿故事都可以很容易地改编成幼儿游戏的脚本,从而为幼儿提供更多的游戏素材。

第四章 学前儿童早期阅读活动

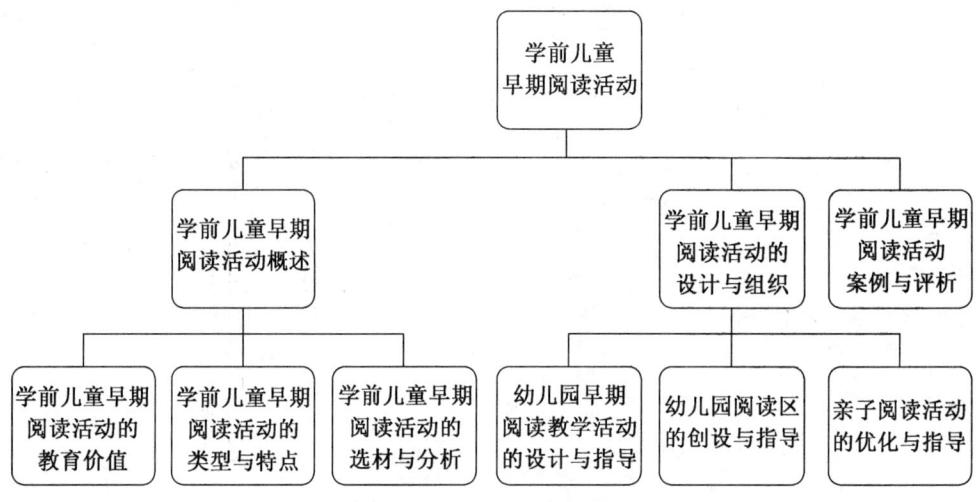

第一节 学前儿童早期阅读活动概述

情境导入

某一幼儿园教师在组织早期阅读活动时,老师拿着一本小书正带领不到4岁的孩子们高声诵读,认识贴在黑板上的汉字。班级阅读区角里凌乱摆放几本《描红》《看图识字》图书,阅读区成了无人问津的区角。这样的早期阅读活动存在哪些问题呢?学前儿童早期阅读活动有哪些形式?早期阅读活动对学前儿童发展具有哪些价值?学前儿童早期阅读学习核心经验是什么?这些都值得我们好好思考、关注。

一、学前儿童早期阅读活动的教育价值

早期阅读是指婴幼儿凭借色彩、图像和成人的语言文字来理解以图画书为主的婴幼儿读物的所有活动。对于学前儿童而言,只要是与阅读活动相关的活动都可看作是阅读。近年来,早期阅读受到大家的重视,大多数幼儿园早期阅读活动也开展得如火如荼,但在热闹的表象之下潜存许多认识、观念、价值定位的误区。那么,早期阅

读活动对于学前儿童来说有哪些方面的教育价值呢?

(一) 拓展儿童视野和经验

彭懿先生曾这样形容图画书:"每一本图画书的封面就是一扇门,当孩子翻开图画书的时候,他也就走进了一个独特的世界"。不同类型的图画书反映了社会生活或超越时空的想象时空,传递经历、感情和想法,蕴含了丰富的生活、科学和自然知识,能引发儿童思维想象、情感共鸣、生活经验,扩展他们想象与创造的内容和范围,帮助儿童感知无法在现实中感知的信息。

2001年颁发的《幼儿园教育指导纲要(试行)》提出要"利用图书、绘画和其他多种方式,引发幼儿对书籍、阅读和书写的兴趣,培养前阅读和前书写技能"。2012年颁布的《3—6岁儿童学习与发展指南》进而指出要促使幼儿"具有书面表达的愿望和初步技能"。我们认为,早期阅读活动作为学前儿童语言教育的形式之一,早期阅读的主要目的是为学前儿童从口头语言向书面语言的过渡提供前期阅读准备,在围绕图画书开展活动时,前阅读和前书写的有机结合,能很好地帮助幼儿形成早期读写的经验。

(二) 提升儿童审美情趣

阅读好的图画书为学前儿童审美艺术经验奠定基础。好的图画书,富有趣味性的图画、恰当的色彩运用、合理的节奏展开和细节描写等,符合学前儿童心理发展特点,能促使学前儿童通过图画书获得审美感受和情感上的满足。

学前儿童在阅读图画书时,书中的构图、线条及对色彩的运用,无形中成为了学前儿童艺术欣赏的素材,如具有民俗风情的剪纸画《小木匠学手艺》其中变换的花格框、生动夸张的人物造型、色彩浓烈的喜庆背景给孩子以新鲜、兴奋的视觉冲击力和甜美的视觉感受。绘本大师艾瑞·卡尔在作品《棕熊,棕熊,你在看什么》中,故意采用了不符合实际的彩色搭配,描绘了棕色的熊、紫色的猫、黑色的绵羊、蓝色的马等动物,使整个绘本看起来色彩明亮、富有生机,给幼儿留下了极其深刻的印象。无论是绘本中柔和的线条,还是五彩的构图,都能够让幼儿在绘本所创设的意境中感受美,促进幼儿审美认知能力的发展。

除此,图画书中艺术语言也会潜移默化地滋润学前儿童的心灵,丰富他们的艺术感觉。一方面,儿童在早期阅读活动中通过成人抑扬顿挫的声音,感受书中所传达的情绪情感,在跌宕起伏的故事情节和丰富夸张的语言表达中感受语言独特的美,并学习在生活中迁移运用表达。另一方面,图画书中简单的语言描写会对幼儿的语言表达起到示范作用。《3—6岁儿童学习与发展指南》建议成人要有意识地引导幼儿欣赏或模仿文学作品的语言。如图画书《爷爷一定有办法》通过使用重复而富有节奏的文字将故事重述,描绘了随着约瑟年龄的增长,爷爷将舒服又保暖的旧毯子依次改成外套、背心、领带、手帕和纽扣,生动地表达了成长经历和家庭生活中的爱。这些情绪情感都是图画书所传递出来的独特的意蕴美。

可见,图画书阅读活动过程是培养学前儿童敏锐的审美感知能力、丰富审美情感与审美创造的过程。

(三) 享受阅读的快乐

阅读不是成人对儿童的恩赐，也不是儿童生活中可有可无的一件事，它是儿童内在的需要和权利，也是儿童成长中的一种方式。儿童阅读于他们自身而言，绝不是以获取知识技能为目的，更多的还是发现阅读的快乐，建立对阅读的兴趣。在阅读过程中，图画书生动的画面、有趣的故事能给儿童带来想象和快乐。如图画书《鼠小弟的小背心》中机灵可爱的鼠小弟形象深受孩子们的喜爱。图画书生动而清楚地讲述了一个天真烂漫而又不失活泼幽默的故事，图书最后一页鼠小弟拖着长长的小背心伤心难过的画面，不免带给幼儿心灵的感伤，然而图画书结尾以奇思妙想的创意将作品推向另一个高潮，封底上只见一幅小图中鼠小弟正在大象的鼻子上荡秋千，而秋千正是鼠小弟那件被拉得长长的小背心。出人意料的精彩结局，不仅让孩子们感受到热闹、夸张、幽默，所演绎的欢乐、友好的主题更增添了一份温情色彩，让孩子们从中感悟到坏事情也可变成好事情，与同伴共处的快乐。

幼儿可在集体环境中与老师、同伴一起快乐地分享交流、学习阅读的发现、体会和想法，从而提高他们参与阅读的积极性；亦可和父母一起共享阅读，在温暖互动、情感交流中，感受亲子时光的美好和快乐；亦可独自沉浸在阅读的世界，将阅读当作与视觉符号游戏的过程，体验阅读带给他们的快乐。

(四) 奠基儿童学业和终生发展

早期阅读被社会普遍认为是最有价值并最为便宜的早期教育投入方式。近年来，美国的两项国家级长期追踪的教育研究项目结果发现，阅读能力是学业成就的主要表现，也是一个人未来成功从事各项工作的基本条件。哈佛大学的一项针对3—8岁儿童语言和阅读能力追踪研究结论告诉我们，儿童早期阅读行为的建立、动机、兴趣、习惯、方法等，是预测儿童未来阅读能力的重要指标。可见，早期阅读不仅是儿童成功阅读的基础，也是他们终身学习与发展的开端。值得一提的是，科学类图画书既能满足儿童诸多"为什么""怎么样"的需求，又能实现词汇类型的多样化。学前儿童通过阅读习得科学类词汇对其未来语言及学业发展的重要作用已得到国际学前教育界的广泛认可。更重要的是，早期阅读能为幼儿提供阅读和成为阅读者的动力和可能，培养其浓厚的阅读兴趣和良好的阅读习惯，有利于幼儿观察力、想象力、思维力等多方面的发展，使之更容易在学业上取得成功。

二、学前儿童早期阅读活动的类型与特点

(一) 学前儿童早期阅读活动常见的类型

早期阅读活动的目标除了在有计划开展的集体阅读教学活动中达成外，还应在日常活动、家庭中完成。学前儿童早期阅读活动类型主要有集体阅读教育活动、阅读区活动、亲子阅读活动。

集体阅读教育活动是由教师主动发起、组织，有目的、有计划地组织全班幼儿按

照统一要求共同参与,旨在培养幼儿阅读核心经验,提升幼儿前阅读能力的一种教学活动。此类阅读活动中,教师大多可发挥主导作用,引领幼儿与同伴、教师对作品进行交流讨论、体验与感受,从而实现对作品进行深层次的理解。此类活动比较适用于新的或需要教师引领、点拨的内容的学习。

阅读区活动是区域活动中的一个类别。成人根据幼儿年龄特点创设相应的区角并投放适宜的图书,幼儿根据自己的兴趣和爱好自由选择图书阅读,并通过各种方式表达阅读中的想法和感悟。在活动中,教师通过观察,分析了解幼儿阅读兴趣、阅读行为表现及阅读水平,鼓励幼儿发现阅读的内容、思路并与同伴分享阅读中获取的信息,教师的指导方式多以间接指导为主。此类活动最大的优点在于可以照顾个性需求,培养幼儿阅读的兴趣,提高幼儿阅读水平。

亲子阅读活动是家长与幼儿一起阅读图书,通过朗读、提问、讨论、猜测、游戏、角色扮演等方法,引导幼儿观察、认知、理解图画及文字,使其体验到阅读的乐趣,逐步养成良好的阅读习惯,形成自主阅读能力。它是幼儿园早期阅读活动的一种重要延展形式,其阅读发起主体皆可为家长或幼儿。此类活动中,家长多以平等的阅读者身份,采取合作式亲子互动方式,支持帮助孩子理解图画书内容,发展亲子之间口语交往表达能力,促进孩子口头语言和书面语言的发展。

(二) 学前儿童早期阅读活动的特点

学前儿童早期阅读活动有效地将阅读和活动两个方面的特性结合起来,其特点表现在以下几点。

第一,早期阅读活动是幼儿与图画书互动的过程。幼儿作为读者,是图画书阅读的核心。早期阅读实则是作为阅读主体的幼儿与图画、文本互动的过程。在阅读中,图画书中的图画、文本会带给幼儿不同的视觉冲击,吸引着幼儿。她们通过自身独特的方式、文化立场和兴趣爱好理解、解释图画、文本,从而实现图画书意义的理解,"缔造"图画书的意义。可以说没有幼儿读者对图画书的理解,图画书的意义就只存在于作者的世界当中,无法实现向儿童传递意义和信息的目的。

第二,具有多元整合性。幼儿早期阅读活动绝对不是一种纯粹的书面语言学习的活动,它需和其他方面的学习有机结合起来,在组织学前儿童早期阅读活动时可从三个方面考虑整合:(1) 书面语言和口头语言整合,在阅读活动中不仅让孩子了解书面语言的特点,渗透学习一些文字,获得有关书面语言的知识,还要充分地引导幼儿用语言表达。(2) 阅读和其他形式内容有机整合,在早期阅读活动中不仅运用阅读形式,还可灵活整合运用讲述、谈话等其他语言活动形式,引导幼儿充分地理解图书内容。不同类型的图画书中除了蕴含丰富的语言内容外,还有其他领域内容,在开展学前儿童早期阅读时要善于挖掘、开发图画书中所蕴含的其他领域内容价值,与其他领域教育活动紧密结合起来。如阅读活动与美术活动相结合,幼儿阅读完《我爸爸》图书后,可引导幼儿画一画自己的爸爸或模仿图书的基本结构自己制作图书,这样参加早期阅读活动的兴趣和积极性就会大大提高;《今天穿什么》阅读教学后,让幼儿穿上不同的服装,表现不同场合的礼仪服装文化,让幼儿感受到不同的服饰文化的多元;《它们是用什么做成的》图画书教学后,引导幼儿开展科学实践探索活动,让幼儿通过动手操作亲身实践认识玻璃、金属、塑料等各种材料等,培养科学探索精神。(3)静态阅读和动态操作整合,《3—6岁儿童学习与发展指南》中指出"幼儿的学习是以直接经验为基础,在游戏和日常生活中进行",早期阅读活动中成人的示范朗读、幼儿自主阅读自然很重要,也可借助操作活动如绘画、游戏操作、音乐舞蹈等形式引导幼儿参与体验,感受阅读的快乐。

三、学前儿童早期阅读活动的选材与分析

(一)学前儿童早期阅读活动的选材

阅读材料是学前儿童早期阅读活动开展的载体,选好阅读材料是开展早期阅读的基础条件。低质量的阅读材料不仅不利于幼儿阅读能力的发展,还可能会导致幼儿认知、审美情趣、情绪情感等方面的缺失,直接影响早期阅读活动的质量,消磨幼儿阅读的兴趣。那么,高质量的图画书和材料应具有哪些标准呢?

1. 阅读材料应该是主题健康且内容富有童趣的

成人为幼儿选择阅读材料时,其主题的健康性不容忽视。应为幼儿挑选以真善美的基本价值观为依托,弘扬积极的价值观的阅读材料,避免暴力、不正确价值观等不良倾向的读物。

幼儿的认知特点、行为特征、思维方式与成人不同。因此,学前儿童阅读材料内容要能看到幼儿的影子,映射幼儿的认知特点、行为特征、奇思妙想,反映儿童的生活事件,符合幼儿认知想象的特点,这样才能使幼儿产生共鸣并有兴趣去阅读。比如获得凯迪克奖的《大卫,不可以》,图画书中的主角"大卫"仿佛是现实生活中活脱脱的调皮孩子的形象,书中所描述的内容全是孩子熟悉的生活场景:当大卫蹬着椅子、踮着脚尖伸手去够放在高处的饼干时,当大卫头戴铁锅并敲得叮当乱响时,当大卫不穿衣服就跑到大街上去时……妈妈都说:"大卫,不可以。"可是当他在屋里打棒球而打碎了花瓶,因此受罚流泪时,妈妈却对他说:"宝贝,来这里",并给了他一个温暖的拥抱,说:"大卫乖,我爱你。""一个童年恶作剧的故事就收场于这样一个爱的动作。"孩子们通过阅读了解这样一个有趣而富有温情的故事,透过故事感受人性。

 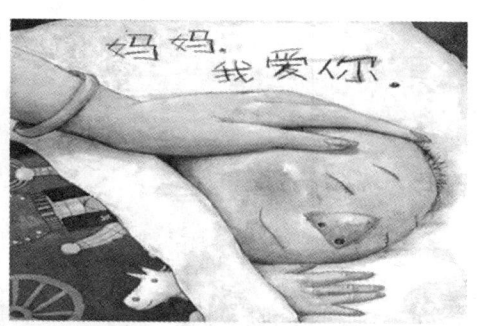

图 4-1 《大卫不可以》

2. 阅读材料应该是有优秀的语言、图画且图文合奏的

好的阅读材料不仅具有文学的美感,同时还要有优秀的语言。我们不难发现一些好的图画书常会出现一些典型、重复的语句,在形式上对格式、结构也很有讲究,力求通过段落结构体现情节递进,让幼儿更好地理解图书内容。另外,图画书语言中有大量的生活化的词汇和对话语言,就如作者娓娓道来和孩子们讲故事一般,帮助幼儿更好地理解图画书。图画书中的图画也是很重要的要素,优秀的图画书每一个画面宛如一幅艺术品,带给孩子美的视觉冲击和审美感受。而图画最关键的是要能达意,幼儿根据图画所叙述的情节能接近故事的原来含义,同时也能传递故事中人物的情绪和作者的态度,幼儿从中获取图画书的相关信息。以图解说的表达方式,符合儿童形象思维的特点和直观学习的需要。但值得我们注意的是,有图有文的图画书不一定就是好的图画书,松居直认为"文+图"的书只是有插图的书,"图×文"的书才是图画书。由此可见,图画书中的图和文必须是相辅相成,和谐统一的。儿童文学家彭懿认为:图画书是用图画与文字共同叙述一个完整的故事,是图文合奏。它是透过图画与文字这两种媒介在两个不同的层面上交织、互动来讲述故事的一门艺术。如图画书《鳄鱼怕怕 牙医怕怕》中,文字这样写道:"我真的不想看到他,但非看不可",若只关注到文字不观察画面细节是无法理解鳄鱼见牙医前的复杂心理的。文字带给幼儿更多的想象空间,而画面细节给了幼儿思考的线索,它们各司其职,交融讲述故事,引人入胜。

图画书
《鳄鱼怕怕 牙医怕怕》

图 4-2 《鳄鱼怕怕 牙医怕怕》

3. 阅读材料应该是种类多样且符合学前儿童年龄特点的

为幼儿选择阅读材料时,我们应该摒弃唯绘本的思想,除了选择图画书,与儿童生活紧密联系的许多事物都可作为阅读材料。如日常生活中标识、图文结合广告招牌、物品说明书等。这些材料有利于儿童体会文字和符号的意义,建立文字意识,理解文字的用途。另外,图画书的种类也可丰富多样。一方面,可考虑到不同类型的图画书,如科普知识类的图画书、散文类图画书、故事类图画书,不同类别的图画书都有其特点,所提供的的经验也是有差别,对幼儿的发展起着不同的作用。另一方面,当前儿童图画书大多数是引进版图画书,它有利于儿童理解文化多样性,建立对多元文化的理解和包容,同时我们也需考虑到对于中国儿童来说,最适宜其阅读和接受的是本民族的优秀作品。如传统题材《年》《京剧猫》《兔儿爷》,知识类图画书《方脸公公和圆脸婆婆》《新房子》《盘中餐》,还有以中国文字为题材的《好玩的汉字》《三十六个字》等。因此,成人更应提供不同类别的国内外优秀图画书,通过阅读材料激发儿童的阅读兴趣,满足幼儿阅读需要。诚然,缺乏对幼儿身心发展规律、认知特点及兴趣需求考虑的选择,都是低效或无效的。在选择图画书时,考虑到小班幼儿无意注意明显占优势,注意的稳定性和自我控制能力较差,思维仍带有直觉行动性,主要从直观知识与经验出发,对图画中突出且熟悉或者感兴趣的个别形象十分关注,只注意图画表面的、明显的、面积较大的部分,宜选择贴近儿童生活主题故事书或认知读物,情节简单重复、节奏明快、语言凝练、韵律优美、形象逼真、图案醒目、色彩鲜艳、单页单幅,运用夸张、拟人等手法,画面大而文字少,甚至没有文字。在书的材质上可选择布书、口袋书、有轮子或动物轮廓等不同形状的绘本,诱发幼儿的阅读兴趣。中班幼儿仍以具体形象思维为主,有意注意和思维分析推理能力有了很大的发展,开始关注图画内容细节和整幅图复杂结构,对图画情节开始有自己独特的见解,所选择题材可适当拓展,加入一些科学类图画书以满足幼儿强烈的求知欲和好奇心。以图文并茂、有两个以上人物、情节内容存在情感矛盾、富有想象力、有更多观察细节的单页多幅图画书为宜。大班幼儿抽象概括推理、语言、独立思考能力都有很大的发展,阅读技能已初步掌握,观察图画的有序性、目的性较明确,对阅读材料的分析、判断、推理能力有所提高,对文字符号的兴趣、关注明显高于小、中班幼儿。在图画书的题材、类型及主题上,要力求多样化,可以涵盖认知、情感、交往、探索等多种主题。画面信息较丰富的图画书,画面中文字的比重有所增加,句型可由单句过渡到简单的复句,增加幼儿的文字意识和语法意识。值得注意的是,这一时期幼儿的个性已初具雏形,在图画书的选择上应尊重性别差异和性格差异。

(二) 学前儿童早期阅读活动素材分析

早期阅读活动中在保证提供优质图画书的前提下,成人的视角及对图画书的分析程度直接影响活动的质量和效果。要让孩子读得懂,教师自己要先读好。作为教师应尽可能地站在幼儿的角度,获得深层次理解和体验的基础上,才能更好地帮助幼儿获得有意义阅读的学习机会。那么,我们应从哪些方面进行分析呢?

1. 分析图、文的"奥秘",寻找与幼儿经验的"链接点"

首先,我们需分析相关阅读符号,如富有童趣的装帧设计、图画书的形式和结构,及封面、环衬、内页及封底等图书结构的巧妙设计。在世界著名插画大师莫妮克·弗利克斯的代表作《颜色》中,我们感受到其装帧特色与作品风格绝妙的融合。

其次是形象直观的美术符号。图画书借助形象直观的美术符号,通过图像、色彩和构图表现生动的情境,传递丰富的思想,讲述精彩的故事。如《小蓝和小黄》通过简洁明了的蓝色、黄色、橙色、绿色等色块,生动有趣地描述小蓝和小黄的亲密友情,直观地传递人际关系和色彩变化,让儿童回味无穷。因此,我们需对画面背景、画面色彩、画面内容及细节、画面人物、画面间关系等进行细致分析。

再次是文字内容的表达方式和特点,图画书巧妙地运用简洁精练的文字说明内容和强化主题,成人需通过反复赏析,感悟图画书的丰富想象力和文字表达的魅力,走进童话世界,感受童言稚语的美妙。许多早期阅读读本中的文字表达有一定的格式特点。比如,在《逃家小兔》中描述小兔子和妈妈对话是以这样的方式进行的:

案例

《逃家小兔》作品内容节选

从前有一只小兔子,他很想要离家出走。有一天,他对妈妈说:我要跑走啦!
如果你跑走了,妈妈说,我就去追你,因为你是我的小宝贝呀!
如果你来追我,小兔说,我就要变成溪里的小鳟鱼,游得远远的。
如果你变成溪里的小鳟鱼,妈妈说,我就变成捕鱼的人去抓你。
如果你变成捕鱼的人,小兔说,我就变成高山上的大石头,让你抓不到我。
如果你变成高山上的大石头,妈妈说,我就变成爬山的人,爬到高山上去找你。
如果你变成爬山的人,小兔说,我就变成小花,躲在花园里。
如果你变成小花,妈妈说,我就变成园丁,我还是会找到你。
……

图画书中采用"如果……就……"句式讲述了兔子妈妈和小兔子之间富于韵味的

奇妙对话,如一只想要离家出走的小兔和妈妈之间玩语言捉迷藏,构成了一个诗意盎然的小故事。我们可以引导帮助幼儿理解、运用"如果……就……"句式进行有效表达,可围绕此目标展开设计:

3. 进一步熟悉故事情节,巩固运用"如果……就……"句型模仿角色语言表达

(1) 教师引导幼儿自由选择"兔子""兔妈妈"角色,两两合作表演。根据故事中的配对关系(如小鲤鱼和捕鱼人),引导幼儿用"如果……就……"的句式讲述。

(2) 以同样的形式,说出故事中的配对关系中的内容,教师出示对应图画书页面,引导幼儿完整欣赏。

4. 启发幼儿大胆想象,积极运用"如果……就……"句型进行表达

(1) 指导语:孩子们,小兔和小兔妈妈想了那么多的办法,如果你是小兔或小兔妈妈,你会变成什么呢?幼儿自由表达。

(2) 指导语:你们还能变出故事中不一样的吗?也能用好听的话来说。"教师出示生活中的配对物图谱,引导幼儿以同样形式表达。

再如《慢吞吞的小狗》这本非常经典的作品,该书中语言非常流畅,充满了浓浓的诗意和极强的韵律感,不断重复的结构深受幼儿的喜爱。书中的开头部分是这样的:

 **案例**

《慢吞吞的小狗》作品内容节选(开头部分)

五只小狗在篱笆下挖了个洞,想去大大、大大的世界里散散步。

他们排成一队,穿过牧场,沿着小路,走过大桥,跨过草地,登上山坡。

他们爬到山顶,开始报数:一、二、三、四。有只小狗不见了。

"那只世界上最慢的小狗在哪儿呢?"他们问。

肯定不在山顶上。

他也不在山的那一边。那一边,只有要下山的毛毛虫。

他也不在山的这一边。这一边,只有爬上山的绿蜥蜴。

再看看,山脚下有一片青草地。

他在那儿,跑呀跑,鼻子贴地。

图画书中"穿过牧场,沿着小路,走过大桥,跨过草地,登上山坡",这些极其具有画面动感的生动语言,浅显易懂。适可引导幼儿学习运用不同的动词描述运动形态,并引导幼儿学习"他也不在山的那一边。那一边,只有要下山的毛毛虫。他也不在山的这一边。这一边,只有爬上山的绿蜥蜴。再看看,山脚下有一片青草地"其中的指代词"这"和"那",感受文学的生动和美妙。

在此基础上,教师还要分析图画书对儿童阅读能力提出的要求,以及阅读材料内容与儿童经验之间的关系,思考儿童理解图画、文字内容需要哪些经验、能力,图画书与儿童哪些生活经验产生联系。

2. 体验图画书的童趣，了解幼儿阅读的"兴趣点"

纪伯伦曾说："孩子虽是借你而来，却不属于你；你可以给他爱，却不可给他想法，因为他有自己的想法。如果你执意把孩子引上成人的轨道，当你这样做的时候，你正是在粗暴地抢走他的童年。"成人在阅读图画书时，应摒弃成人固有的视角看作品，不妨和幼儿一起聊一聊图画书，了解幼儿的兴趣点。以下是5岁的达达和妈妈一起阅读图画书《蚯蚓的日记》，让我们一起走进他们的对话：

妈妈提出和孩子一起读读这本图画书，孩子很是高兴，"妈妈，这本书可有趣了。"

妈妈：我们一起来看看吧，你觉得什么地方很有趣？

达达：蚯蚓是不是有点犯傻，见到那么多只蚂蚁，不停地问"早安、早安"。哈哈，真傻！（达捂嘴笑），还不如叫一声"大家早安"。

妈妈：达达，这个主意真不错！

达达：妈妈，书里说蚯蚓的屁股长得和它的脸一样，太搞笑了。你看它的样子，（达达边说边将书翻到对应页面，手指画面）可是她的妈妈还是觉得她是最美的。

妈妈：是呀，妈妈爱自己的宝贝，在妈妈的眼中宝贝永远是最美的。

早期阅读中我们不要将自己的想法、理解以游戏的名义强加给幼儿，同时，我们还应摒弃道德说教，过分追求教育性，而忽视了作为阅读主体的幼儿的感受和想法。如果我们能像个孩子一样体验到读本中的童趣和那些天真烂漫的想象，多站在孩子的视角去观察理解读本，研读读本时多追问这些问题：孩子喜欢图画书吗？图画书中孩子觉得很有趣吗？孩子对图画书中的什么感兴趣？早期阅读就是一个有趣的过程了。

3. 把握不同类型图画书特点，深思幼儿学习与发展的"价值点"

不同类型的图画书有其自身的特点，满足幼儿的不同爱好和需求。如不少女孩子青睐童话、故事类图画书，喜欢充满幻想的童话世界。更多的男孩子喜欢知识科普类的图画书，书里有他们喜欢探索、好奇的各种现象和新奇事物。我们知道，不同类型的图画书所蕴含的教育价值不同，对幼儿的学习与发展也有其差异。因此，我们需把握好不同类型图画书的特点，思考对幼儿学习与发展的"价值点"，以便科学设计、组织活动。

（1）故事类图画书

故事类图画书大多是一个完整的故事，具有较明显的故事要素，有比较明显的开头、情节发展和结尾部分。书中图画的信息相比文字来说更加丰富，文字则仅是主要内容的简单概括与表达。但值得一提的是，故事类图画书的图画除支持文字表达之外，还可补充有关细节和线索，扩展仅限于文字之外的内容，进一步丰富幼儿对文本的理解。同时，图画书中的文字表达也能引发人们关注图画中隐藏的各种细节和信息。如经典绘本《鳄鱼怕怕 牙医怕怕》：

 **案例**

《鳄鱼怕怕 牙医怕怕》图画书分析

经典图画书《鳄鱼怕怕牙医怕怕》通过图文相互映衬,营造一个幽默而睿智的故事。既有故事发生和发展的主线,也有非常多地对故事起着补充和支持作用的细节,比如牙科诊所标识,牙医在为鳄鱼治疗牙齿时双方都吓得满头大汗等。书中讲到鳄鱼想去请牙医拔牙,但心里非常害怕,牙医想到自己要为鳄鱼拔牙,当然也非常害怕。两个角色说着同样的台词,有着同样的表情和动作,彼此害怕。看似同样的表情、动作、台词内容,需要幼儿在阅读过程中不停地转化角色,体会角色的内心世界,主动捕捉画面中的细节,并依据画面细节和线索等关键信息,大胆猜测人物心理,推测故事情节的发展。

(2) 科普知识类图画书

科普知识类图画书所包含的信息量非常大,内容往往是围绕着某一主题按一定逻辑组织展开,如某类植物、动物等。蕴含了许多新词汇和需要学习的知识点。对幼儿来说,能系统、有序地进行某类知识的学习,同时书中所涉及的知识点特别适合用来扩充幼儿的知识经验,启发幼儿进行探索学习,从而帮助幼儿形成一定的知识网络。如绘本《好吃的草莓》:

 **案例**

《好吃的草莓》图画书分析

《好吃的草莓》这本图画书的主题是草莓,作者以品尝者的口吻,用照片的形式,呈现了草莓的外形特征,介绍了草莓种子发芽、开花、结果的过程。书中红色透亮的草莓令人垂涎欲滴,能引发幼儿阅读的兴趣。透过书中的图片和文字,幼儿可获得关于草莓的外形、内部构造以及草莓生长变化的过程等相关经验,如草莓种子长在表皮上,草莓种子发芽后会长出锯齿状的叶子,草莓表皮的颜色从绿色变成白色再逐渐变成红色等。

作品内容如下:

又红又亮,还有好多突起的小点点,这是什么呢?是草莓,一种又小又红又好吃的水果。哦,是咬到小小的种子发出的声音呀!一颗草莓大约有200粒这样的种子。但是,草莓里面一粒种子都没有。所有的种子都长在表皮上。我们把草莓的种子放大了看看——哇,好漂亮的草莓种子。我们试着把草莓的种子种进土里。啪!长出锯齿状的叶子了。小小的突起的点点,真的是草莓的种子。啪!白色的花,好可爱的花,这是草莓开出的花呀!白色的小花——接下来,花会枯萎吗?不会,不会!仔细瞧瞧,花瓣凋谢后,绿色的小点点紧紧地聚集到一块儿了。现在,让我们仔细瞧瞧那些小点点……白色的表皮上有好多一颗一颗的小点点,变成白色的草莓了!为什么不是红色的呢?还早呢,现在才刚刚变色,你仔细看喔,红色的草莓果实,表皮上有着

黄色的小点点,看起来就很好吃!春天的田园里有许多草莓。又红又甜的草莓,连种子都很好吃呢。草莓,草莓,多长一些吧!

(3) 散文类图画书

这类图画书表现的主题和文字具有很强的感染力,往往能引起大家情感上的共鸣,文字中文学词句具有其独特的组合特点,往往具有抒情、浪漫的文学基调,对幼儿早期阅读中的言语发展同样具有非常重要的意义。这类图书的教学目标应该定位在赏析和体验上,通过多种方式来让幼儿体会文字和图画的美、书中所包含的意境和氛围,并体验蕴含其中的感情。如绘本《晚上》:

 案例

《晚上》图画书分析

《晚上》图画书的文本中择取了采用了统一的句型"晚上是……的时候",如"晚上是月亮和星星捉迷藏的时候,晚上是霓虹灯赛跑的时候……"这种整齐的句式串联在一起,形成不断重复的效果。图书画面也是幼儿生活中常见的画面,描述了生动的晚上意境。有利于引发幼儿对晚上的事物开展想象,感受散文中词汇、语言语句、修辞方法传递出的抒情的语言特点,理解其内容,培养文学形式核心经验,培养幼儿欣赏散文的情趣。

作品内容如下:

晚上是太阳回家休息的时候;

晚上是月亮和星星捉迷藏的时候;

晚上是青蛙一起唱歌的时候;

晚上是霓虹灯赛跑的时候;

晚上是开灯才能看清楚东西的时候;

晚上是妈妈说"快来洗澡"的时候;

晚上是爸爸下班回家、全家一起吃饭的时候;

晚上是电视机声音关小的时候;

晚上是睡觉前别忘了上厕所的时候;

晚上是上床前对爸爸妈妈说"晚安"的时候……

由此可见,在早期阅读中的教材分析应侧重于教材中包含的阅读符号和对儿童阅读能力的要求。

第二节 学前儿童早期阅读活动的设计与组织

一、幼儿园早期阅读教学活动的设计与指导

幼儿园早期阅读教学活动是围绕图画书展开的一系列相关活动,通常我们把这类活动称为"前阅读教育活动"。教师如何把自己阅读的一本图画书,通过前阅读教育活动,让幼儿得到阅读核心经验的提升,获得阅读的快乐。我们通常分为以下四个部分展开。

(一)引入图画书,激发兴趣

教师可选择幼儿接触过的图画书,也可选择初次接触的图画书开展早期阅读教学活动。要知道,儿童理解一本图书不是单靠一次活动就完成,因此,引入图画书可以放在活动前,也可在教学活动中。但不管选用哪种方式,其目的在于激发幼儿兴趣,让幼儿亲近图画书,喜欢阅读。教师可通过多种策略方法引入图画书,大体归纳有以下几种:

(1)类比呈现。教师可利用以往阅读过的同类图画书导入。如开展《我妈妈》阅读活动时,教师可引导幼儿回忆《我爸爸》图书,进而引出图画书。

(2)生活经验链接。教师选择与图画书主题内容相关的生活场景、事件导入,如在阅读图画书《好消息,坏消息》时,教师出示封面,引导幼儿围绕主题展开讨论。

 **案例**

图画书《好消息,坏消息》导入环节师幼讨论记录

师:平时,你有好消息和坏消息吗?

幼1:我拿到压岁钱是好消息。妈妈打我是坏消息。

幼2:奶奶给我看电视是好消息,不让吃冰淇淋是坏消息。

幼3:妈妈打我是坏消息,好朋友要来我们家做客是好消息。

……

师:对于每个人来说,好消息和坏消息都不一样。这本书里的好消息和坏消息会是什么呢?

(3)典型画面观察。教师可呈现图画书中的封面或扉页或代表性的画面,引导幼儿观察讨论图画书内容。如图画书《好饿的小蛇》教学活动中,教师出示封面,引导幼儿观察。

案例

图画书《好饿的小蛇》教学片段实录

师：这上面有什么？

幼（齐）：小蛇

师：这本书的名字叫《好饿的小蛇》，为什么说它好饿呢？它会吃些什么？

（幼儿思考片刻，自由回答）

幼1：它的身体瘦瘦的，可能饿瘦了。

幼2：小蛇住的地方没有东西吃，它要出去找东西吃。

幼3：小蛇会去找好多好多的苹果吃。

……

（二）幼儿自主阅读，进行个别指导

自主阅读即幼儿可以根据自己阅读的节奏和喜好翻阅、理解甚至和同伴交流图画书，但并不意味着教师可以放手让幼儿盲目去阅读。恰恰相反，自主阅读正是教师进行阅读的个别教育的最佳时期。教师可设计一些开放性问题引导幼儿带着阅读目的或解决问题边思考边阅读。通常，我们可将自主阅读放在活动的第一个环节，教师把阅读小书发放给每个幼儿，给他们创设轻松愉悦的阅读环境，幼儿可以自由的阅读、交流，以便大概了解图画的内容。教师巡回观察、指导，重点需要关注以下几个问题：第一，幼儿对图画书中最感兴趣的点在哪里？第二，大部分幼儿对图画书中不明白的点在哪里？第三，幼儿是如何理解图画书的内容？第四，个别幼儿的阅读习惯和阅读表现。可在阅读结束后提问："读完这本书，你有什么样的感受？""你最喜欢书中的哪个部分？为什么？"以此来了解他们对这本图画书最朴素的想法与感受。当然，自主阅读也可以放在活动的第二遍或第三遍阅读时，在幼儿对图画书有了初步的认识之后，带着问题去阅读，在阅读中边思考边寻找答案。值得注意的是，这种阅读方式更加适合于中大班已经具备一定阅读技能和阅读习惯的幼儿。如在图画书《我家是动物园》阅读教学中，教师在引导幼儿自主阅读，提示阅读重点，提出："祥太的家里怎么有这些动物？"幼儿自主阅读，教师巡回与幼儿交流。针对个别快速阅读的幼儿，鼓励其仔细观察画面细节部分，推测故事情节。其后，教师再次提出思考问题："你觉得哪里最有趣？你家有谁像什么动物吗？"鼓励幼儿交流，大胆、连贯地讲述自己对内容的理解。再如大班阅读活动"鸭子骑车记"中，教师将自由阅读环节安排在第二环节中，详见以下部分案例设计：

案例

大班阅读活动：鸭子骑车记（片段）

活动过程：

1. 师幼共同观看图书封面，引发幼儿阅读兴趣

(1) 观察图画书封面主要角色形象。
(2) 了解故事名称,并讨论:鸭子可能学会骑车吗?
2. 幼儿自主阅读图书了解故事大意,寻找答案
(1) 带着问题边逐页翻阅图画书边思考:鸭子究竟有没有学会骑车?
引导幼儿自由交流从书中找到的答案。

(三) 围绕关键页面,师幼共同阅读

集体教学活动有限的时间内,幼儿接受不了太多的信息量,要想高效凸显重点,教师必须对绘本内容有选择、有侧重、有取舍、有修改。在阅读过程中,我们要充分挖掘图画书中最重要的教育元素,选择适合幼儿的价值点,对图画书中的经典画面进行提炼、删减、设疑、互动,选择重点、难点阅读页面与幼儿一起共同阅读,确保幼儿深入理解图画书内容。我们可从两方面进行指导。

1. 甄选关键页面集中阅读

在阅读实践教学中常有教师将所有页面内容一读到底,缺乏深度阅读问题。教师如何甄选关键页面和幼儿一起集中阅读,这个问题困扰着教师。那么,关键页面包括哪些呢?比如图画书中对于有关联故事情节的页面,需要教师引导幼儿重点观察与阅读。一本图画书里隐藏着作者细节、线索的页面图文内容,教师可围绕页面内容引导幼儿引发足够思考、质疑、想象。图画书中有转折故事情节页面内容扣人心弦,也需要教师引导幼儿重点观察与阅读。优秀的图画书应该是文字与图画的美妙结合,教师很有必要引导幼儿一起共同阅读体现主题的点睛画面,帮助幼儿理解主题,感受绘本的价值魅力。以大班阅读教学活动"公主四点会来"为例,为了让幼儿能在仔细观察画面中角色动作、表情、姿态的基础上理解角色的心理状态,教师对绘本文字做了遮挡,并筛选了供幼儿重点阅读的画面,帽子先生布置准备和土狼做客两个故事情节作为幼儿细读的内容。在集中阅读关键页面时,教师需给予幼儿充分的观察时间、思考和组织语言的时间,及时地帮助幼儿理清思路、组织语言,促进幼儿准确表达能力的提高。

2. 有所侧重选择适宜教学策略

值得一提的是,不同类别图画书的阅读活动都有其重难点问题,对于这些问题教师都应给予关注。以下我们结合具体案例分别介绍三类图画书的侧重点及教学策略。

(1) 故事类图画书应该重点放在幼儿对故事整体的理解和把握上,运用多种解读方式引发幼儿去思考故事的框架和要素(主要人物、起因及背景、经过、情节、高潮、结尾),帮助幼儿通过观察图画、想象画面、猜测情节、倾听。详见以下案例:

 案例

图画书《鳄鱼怕怕 牙医怕怕》教学设计分析

在设计组织图画书《鳄鱼怕怕 牙医怕怕》集体阅读教学活动中,教师首先让幼儿观察图画书中画面引导幼儿猜测鳄鱼不想看到的但是非看不可的是谁,并结合画面中牙医诊所标识推测鳄鱼要去找牙医看病。通过引导幼儿观察鳄鱼和牙医见面时的表情,想象两个主要角色的内心独白语言,并进一步推测其后故事情节。进而通过继续阅读了解感受故事的幽默结局,从中引发幼儿对牙齿保护相关知识的关注,并结合大班幼儿的社会性发展学习核心经验,由此迁移面对和克服恐惧心理的经验。

图画书《月亮的味道》教学设计分析

图画书《月亮的味道》中的结构特点、预测线索,即每一页会出现一个新的小动物。在阅读教学过程中,教师通过"下一个会是谁呢"引导幼儿观察前几幅画面,帮助幼儿体会、掌握结构,进而调动幼儿生活经验提出问题,引导幼儿预测"还有哪些小动物会出现呢"。同时,引导幼儿小组操作摆放小动物图卡,通过继续阅读情节发展内容验证预测、思考,启发幼儿发现这些动物是从大到小这一可依据的线索,完整理解故事情节发展。

(2)科普知识类图画书相比同篇幅的故事类图画书阅读起来难度更大。其图文对应程度较高,在一些这种类型的图画书中经常含有分解图、图片带有说明的照片,甚至曲线图,对于幼儿来说这种表达方式很难理解。适合图文共同阅读,边读边解释。教师应当把重点内容跟幼儿的经验结合起来,纳入他们自己的知识体系。具体的做法包括以图书为载体,引出相关的主题,并借助于图书展开后续的系列活动;或者是以图书作为主题活动过程中经验展开或结束阶段经验整理的一部分,帮助幼儿丰富相关知识或把知识再系统化在这个过程中。以下《好吃的草莓》和《影子是我的好朋友》两个案例设计很好地体现了科普知识类图画书的侧重点。

 案例

图画书《好吃的草莓》教学设计分析

在图画书《好吃的草莓》阅读教学中,教师通过课件让幼儿观察局部放大的草莓的红色表皮和黄色种子,引导幼儿"猜一猜是什么水果",让幼儿带着问题在阅读过程中探究。阅读中引导幼儿猜一猜、排一排草莓的生长顺序,进一步阅读验证,并鼓励幼儿用过程式记录的方式,观察并记录草莓在绿果期、白果期、转色期及熟果期中颜色的变化情况。在集体完整阅读的环节,对画面进行分类和梳理,做成向四周放射的思维导图,让幼儿在听、看、说的过程中,能有效地形成比较完整的关于草莓的经验。阅读之后的延伸活动开展了大班说明性讲述活动"西红柿",要求幼儿运用多种感官感知西红柿的外形特征及内部结构。

图画书《影子是我的好朋友》教学设计分析

图画书《影子是我的好朋友》以一对兄妹在生活和游戏中探索自己及身边事物的影子为主线,生动形象地向读者传递了影子的产生及消失原因,还解释了光源距离与影子形状的关系。教学中,教师引导幼儿初步地了解了影子的由来,让幼儿探索在阳光下感知自己的影子并观察其他物体的影子,并尝试用照片、绘画方式记录自己的发现。幼儿通过实验操作直接感知科学经验,降低概念的理解难度。其后,教师抓住幼儿兴趣点和图书、实践探索学习经验点,让幼儿以小小交流会的形式分享,并以此阅读教学活动为契机,开展"影子"主题系列活动,激发幼儿探索发现的欲望。

(3)诗歌、散文类图画书中别具风格的图画、生动而富有抒情意义的语言形式,传递优美的生活情境和意境。为此,此类图画书应偏重读本意境的赏析、体验及语言的理解表达。通过教师示范朗读、画面观察等方式让幼儿体会文字和图画的美感、蕴含的意境和情感。同时,教师在理解内容基础上结合有价值的文图,引导幼儿进行表达方式、文字、词汇、句式的理解、运用与创造。我们一起看看以下两个案例的具体分析。

 案例

图画书《晚上》教学设计分析

《晚上》图画书阅读教学中,教师通过优美的语言朗读示图书中"太阳""霓虹灯""开灯"页面,边出示汉字卡:晚上是……的时候,引导幼儿补充完整复述散文,并在此基础上梳理"在这本书里,晚上发生的事情,都是用'晚上是……的时候'这句话来表达的"。帮助幼儿理解散文中的句式,引导幼儿归纳发现语言格式,进而引导幼儿表达对晚上的感受,结合画面思考、想象"月亮出来做什么好玩的事呢""还有什么好玩的事"。采用小组接龙方式,鼓励幼儿模仿图画书中的语言,配乐进行语言表达。

图画书《猜猜我有多爱你》教学设计分析

图画书《猜猜我有多爱你》阅读教学中,教师示范朗读,幼儿欣赏时,教师结合"我的手举得有多高,我就有多爱你""我爱你,像这条小路伸到小河那么远"等典型画面,引导幼儿一起通过角色扮演、动作模仿等形式感受、理解图画书中浓浓的亲子之情,并学习运用句式创造性表达,引导幼儿习得特殊的语言表达方式。

(四)师幼共同讨论与体验,完整阅读

幼儿阅读的过程不是单向的信息输入过程,而是不断进行信息提取、思维加工、价值判断的主动过程。在阅读教学中,教师灵活运用有效提问引导讨论,师幼自由地分享、表达自己的阅读感受、思考,以促进教师与幼儿之间的交流,保证幼儿深度阅读。在早期阅读活动中,教师要注意提问的技巧。例如,提问要有效、多样,如直接询问、反问、追问等形式,引导幼儿对阅读的进一步思考,时刻保持幼儿对阅读的积极

性,拓展幼儿的思维。

在大班图画书《温情的狮子》教学中,教师和幼儿这样展开讨论:

案例

图画书《温情的狮子》教学片段

师提问1:你觉得狮子是怎么样的?你喜欢他吗?

幼1:狮子是很凶猛的。我很害怕狮子。

幼2:狮子长着长长的鬃毛,当他看到猎物时会猛扑上去,我不喜欢狮子。

师:看来狮子在你们眼中是非常凶狠、高大威猛的动物。

师提问2:可是你们仔细看看这只狮子身边的小狗妈妈,你觉得封面上的狮子是你们所说的很厉害很凶猛的狮子吗?

幼3:这只狮子看上去好像很可爱,他和小狗妈妈是好朋友吧。

幼4:他好像睡在小狗妈妈的怀里说悄悄话,好可爱呀!

师提问3:看完这个故事,你觉得它是一只怎样的狮子呢?

幼5:爱妈妈的狮子。

幼6:温暖有爱的狮子。

师追问:为什么这样说?

幼6:它很爱狗妈妈,狗妈妈离开后它日夜思念他。

……

另外,在阅读过程中或是阅读后,教师可以根据不同的年龄和不同的作品,用角色表演、复述讲述、绘画、手工制作、游戏等方式让幼儿自由体验并表达对图画书内容的理解、联想和感悟,但是需要注意的是,无论是阅读中的讨论还是阅读后的分享,角色扮演、绘画手工、游戏等体验都应该是基于幼儿的需要,而不能成为成人强加给幼儿的一种"学习方式"。只是讲一个故事或取图画书中某个片段,以此作为开展其他领域活动的工具,无法满足幼儿深入的想象过程和操作过程,从而失去了阅读的本质意义。如小班幼儿图画书《换一换》阅读教学中,由于小班幼儿喜欢角色扮演的游戏,特别喜欢小动物的扮演,对模仿小动物的叫声、小动物的动作都非常感兴趣,教师可引导幼儿通过模仿动物的叫声、动作及参与表演理解绘本内容。又如在图画书《尾巴》教学中,教师将绘本故事教学与表演相结合,引导幼儿大胆表演,积极创编"缩尾巴"的魔法咒语,充分调动幼儿多感官的参与,让幼儿愉快地投入绘本故事所描绘的情景中。孩子们身临其境,真切地体会到绘本所表达的情趣,在边表演边创编的状态下激发了潜能,提高了语言表达的积极性。教师在活动最后提问:"现在你觉得什么样的尾巴才适合小熊?你想对小熊说些什么呢?"引发幼儿情感的共鸣,发散幼儿的思维,鼓励幼儿将自己的想法表达出来,提升语言表达水平,也提升了思辨能力。

在幼儿充分理解阅读内容、深入阅读体验的基础上,教师可引导幼儿从封面和标题开始,一页一页进行阅读,教师可采取教师念读文字,幼儿观察画面的形式,也可教师和幼儿借助图画书课件,一起边看画面,用基于文本感情基调的语言念读旁白文字,教师可将在集体阅读中重点分析过的词汇或句子引导幼儿补充,但切忌让幼儿完整背诵或念读。

二、幼儿园阅读区的创设与指导

阅读区角作为幼儿在班级里最主要的阅读环境,幼儿可在阅读区角进行听读、阅读、讲述、创编、画写等活动,其环境创设与指导对幼儿阅读能力发展起着至关重要的作用。

(一)阅读区的创设

在创设班级阅读区角时,教师要合理规划班级区域空间,确保图书阅读区面积,一般来说,班级阅读区角面积一般应在6~9平方米,至少容纳6名以上幼儿同时在区域中阅读。阅读区宜设置在光线充足的窗户旁,需要与相对活跃氛围的区域如建构区等保持一定的距离,但尽可能保证其与美工区、表演区的转换性。这样可保证幼儿共享区域材料,如在讲述故事的过程中,幼儿可共享使用表演区的材料。

图书是阅读区角中最重要的设施和资源。所投放的图书应根据幼儿年龄、兴趣投放,小班可以多投放插图较多、文字较少的图画书,中大班幼儿由具体形象思维转向抽象思维发展,可以适当增大图书难度,多投放一些故事内容复杂曲折的、文字较少的图书,以促进幼儿的想象力和创造力发展。同时,还应考虑到图书的数量、种类,托小班投放图书种类不宜过多,可以同类多份,避免因模仿而争抢图书。中大班投放的图书数量和种类要丰富充足。另外,还需关注到图书的呈现方式和更换频率。陈列图书的书架形状、颜色要尽量符合幼儿认知发展特点,高度要适合幼儿的身高特点。教师可巧妙运用一些图形符号标识或幼儿自制标签对图书分类、编码,并以幼儿方便拿取的形式陈列图书,定期协助幼儿一起整理图书。为避免幼儿对图书区失去吸引力,教师需应定期替换、增加图书,也可在平行班级开展图书漂流或班级幼儿图书众筹、推介等方式,丰富阅读图书。可将新书和与本班进行的主题活动相关的图书放在醒目的位置,方便幼儿自选,引发幼儿阅读。同时,在阅读区除了提供图书外,还

图 4-3　幼儿园阅读区创设图

可提供一些辅助资源,如柔软的靠垫、坐垫,可分拆的小桌子、椅子,供幼儿开展共读活动。还可准备纸笔、修补图书的工具以及规则标识(教师可与幼儿共同制作),引导幼儿自制图书,培养爱护图书、自觉遵守规则的意识。

表4-1 为主题活动中教师设计对应语言区(含阅读区)材料分析

区域	活动来源	投放材料	可能建构的经验
听赏区	主题活动:夏天来了、蛤蟆吃西瓜、水果歌。	主题材料:《夏天来了》《蛤蟆吃西瓜》《水果歌》故事音频。辅助材料:iPad、耳机、沙漏。	安静、专注地倾听故事、儿歌音频,进一步理解故事、儿歌的内容。
讲述区	主题活动:水果歌、蛤蟆吃西瓜。 主题游戏:找水果、夏日乐趣多。	主题材料:"水果歌"儿歌操作底板、色卡(红、绿、黄、紫)、夏天水果卡片;蛤蟆吃西瓜故事盒;故事骰子3个(夏天的活动、地点、人物)。 辅助材料:"你说我猜"插卡槽。	尝试替换儿歌中的水果,进行儿歌仿编。 能组合骰子上面画面内容,进行简单的故事创编,提高语言表达能力。 尝试用较完整的话描述水果的特征、颜色、味道等,提高幼儿的语言表达能力,丰富词汇量。
阅读区	主题活动:太阳公公感冒了、蛤蟆吃西瓜。	主题材料:多元整合幼儿读物2。	喜欢看图书,并能较专注地阅读。 基本看懂故事,并用口头语言将画面内容讲述出来。
	延伸活动:夏天的故事。	主题材料:与夏天相关的书籍。	

图4-4 阅读区提供与主题相关的阅读材料

图 4-5 班级阅读区利用墙面创设展板

(二) 班级阅读区的指导

教师要以支持者、引导者和合作者三种身份参与幼儿的阅读区域活动,教师要为幼儿营造宽松、民主的阅读心理氛围,给予幼儿充足的阅读时间和自选机会,从而让幼儿可以进行深度阅读。教师还需有意识地观察幼儿在阅读区中的行为表现,也可为幼儿建立阅读情况记录表,详细记录幼儿参与阅读区活动次数、选择图书种类、阅读兴趣、阅读习惯、看图水平等,并以此作为依据分析,及时调整教师的指导重点和策略。如当教师观察到某小朋友随手翻阅图书后,出现了与阅读无关的游戏行为,教师需反思阅读材料的投放是不是未满足幼儿兴趣,或是幼儿阅读习惯、行为需教师给予什么指导支持。当幼儿在阅读的过程中产生疑问或阅读障碍时,教师要及时进行指导,解开幼儿对阅读内容的疑惑。另外,在幼儿自选阅读时,教师可以引导、推荐图画书,邀请幼儿一起共享阅读。

三、亲子阅读活动的优化与指导

随着社会的发展,亲子阅读的重要性愈发受到家长的认可和肯定,它已逐渐作为加强幼儿早期阅读教育的方式,成为幼儿园早期阅读教育活动的延伸和拓展。但在亲子阅读实践过程中,很多家长只关注阅读的认知功能,忽视了对阅读的情感、能力和习惯的培养,更缺乏科学的阅读和指导方法。面对这些情况,幼儿园有义务引导并指导家长开展亲子阅读活动。不妨做好以下几点:

第一,做好宣传活动,引导家长参与到幼儿阅读中来。幼儿园应开展丰富多彩的阅读活动,如图书漂流、好书推介、爸爸妈妈图书课堂、图书跳蚤市场等,吸引家长和幼儿共同参与,感受阅读的乐趣。定期邀请一些儿童阅读专家及亲子阅读推广人等来园培训讲座,指导家长如何选出高质量绘本,更高效地开展亲子阅读。另外,还可借助现代信息手段如博客、微信公众号分享阅读相关的文献资料,供家长学习参考。

同时,鼓励家长将自己开展亲子阅读中的经验分享出来。

第二,有机整合家长资源共同开展家园互动式亲子阅读活动。幼儿园可充分利用家长资源参与阅读活动前准备材料和活动设计中来。如在开展《我爸爸》阅读活动前,家长们在尊重绘本的基础上进行创意改编,配合将绘本中的形象改成了自己的模样,制作小书引导幼儿在家阅读,引发幼儿阅读兴趣。教师将这些元素布置在主题版面、个别化区角,幼儿自己的爸爸妈妈变成了图画书中的形象。在阅读活动中,教师引导幼儿主动地向同伴介绍自己的爸爸妈妈,进而走进图画书阅读。阅读活动后,引导家长在家进行图画书阅读,迁移阅读经验,进行表演朗读、仿编或图书创作活动。

提供给家长科学、多元的亲子阅读策略建议。重点引导家长把握好亲子阅读中的四个"W",即时间(When)、地点(Where)、读什么(What)和怎么读(How)。引导家长要相对固定一天中的阅读时间,有计划地开展亲子阅读。在家中选择相对固定的阅读场所,并和孩子一起创设阅读的物质环境和心理环境。结合幼儿年龄特点,指导家长选择优质的阅读材料。最为重要的是,指导家长采取合适的亲子阅读策略方法。亲子阅读过程中,亲子互动水平直接影响亲子阅读质量的高低。我们提倡合作互动式亲子阅读,分三阶段开展亲子共读,引导幼儿在阅读中感受亲子阅读带来喜悦和美感。亲子共读前"研读和唤起",即家长仔细阅读和品味作品主旨、图文,寻找图画书中主题与幼儿生活世界交融点,唤起幼儿阅读兴趣。亲子共读中"悦思和悦说",在阅读过程中家长以阅读同伴邀请幼儿共同阅读,鼓励幼儿做出积极反应,调整好节奏和语气,运用声音、表情和体态语朗读。其间,可针对图画书的情节预测、图书中角色形象、心理、动作、表情、画面等提出相对开放性的问题引导幼儿思考,忌频繁提问,尽量少问知识性问题,多问一些贴近幼儿生活经验的问题,换位共情,感受图画书中角色的感受、情绪和想法。关注幼儿在阅读中的情感表达,引导幼儿通过模仿角色表情、学说角色语言、模仿角色动作、表演故事等方式再现、表现阅读内容。亲子共读后"迁移和拓展",家长要善于引导幼儿将阅读经验运用到日常生活中,另外,还可围绕图画书主题开展相关活动。

第三节 学前儿童早期阅读活动案例与评析

案例1

*小班阅读活动:走开,绿色大怪物*①

一、选材分析

《走开,绿色大怪物》是一本非常有创意的玩具书,整本书情节简单,文字较少,色

---

① 此案例由省水利厅幼儿园黄花老师提供,长沙师范学院唐锋老师点评。

彩丰富,形状奇特,镂空设计构思巧妙。色彩与镂空技术的巧妙结合使绘本散发出一种神秘与新奇,恰到好处地刺激着孩子们既害怕又想看的视觉神经,符合小班幼儿的理解和语言发展水平。小班幼儿通过多种感官在阅读中边看边读边玩,体验阅读的快乐。

二、活动目标

1. 体验图书中害怕和勇敢等不同的情感,能大方地表达自己的情绪。

2. 能根据信号提示逐页阅读图书,仔细观察图书内容。

3. 通过看、听、摸、表演等形式感知图书的趣味。

评析:活动目标依据学前儿童语言学习核心经验,注重幼儿对文学语言的欣赏理解与创造运用,从情感态度、能力、认知三个方面进行表述,目标指向具体,可行性强,符合小班幼儿的已有经验和发展需求,且活动重点与难点设计准确。

三、活动准备

图书每人1本,小碰铃1对,音乐《张牙舞爪》,纸袋做的怪物面具,课件

评析:碰铃可以帮助幼儿有序地阅读图书,培养幼儿良好的阅读习惯,或可以用纸面具代替。

《走开,绿色的大怪物》
教学课件

四、活动过程

1. 玩"我们都是小怪物"的游戏,激发幼儿的兴趣

(1) 讨论:你觉得怪物是什么样子的?

评析:幼儿对怪物的经验都是又怕又爱的,所以在表达的时候会天马行空、手舞足蹈,活动中要鼓励幼儿大胆表达,激发幼儿活动的兴趣

(2) 按照"我们都是木头人"的游戏规则玩"小怪物"的游戏,在游戏中引导幼儿相互观察。

2. 阅读图书,感受理解画面内容

(1) 在小碰铃的提示下逐页阅读图书。提问:大怪物是什么样子的?用手摸一摸有什么感觉?

评析:鼓励幼儿看一看、摸一摸、说一说,丰富阅读经验。碰铃的提示可以建立良好的阅读氛围,引导幼儿有序阅读,并保持继续阅读的兴趣。

(2) 引导幼儿描述图书中的怪物形象。

提问:大怪物有几只什么样的眼睛?鼻子是什么样的?

评析:幼儿在阅读的过程中,会想象怪物的形象和动作,教师可以鼓励幼儿表演怪物夸张的动作、表情,体验愉快的情绪。而且,活动动静交替,能让幼儿获得更丰富的体验。

3. 集体讲述故事,感受害怕和勇敢的情绪

(1) 讨论:你们怕这个绿色大怪物吗?害怕时,说话的声音是什么样的?赶跑大怪物要用什么声音呢?

讨论时,教师要引导幼儿轮流表达,注意倾听同伴的讲话,培养幼儿良好的表达

和倾听习惯。

(2) 教师和幼儿一起阅读,鼓励幼儿大声地说出图书中的内容,如"走开,两只黄色的眼睛""走开,蓝绿色的鼻子"等。

评析:这个环节是幼儿特别喜欢的。他们可以在一次次大声的命令大怪物"走开"的阅读中,感受自己的力量与勇气。

(3) 讨论:你们还害怕这个绿色的大怪物吗?我们一起和它跳个舞吧。

五、延伸活动

1. 区域活动:教师将图书投放到区角,引导幼儿配乐角色扮演。
2. 美术活动:引导幼儿开展"大怪物"拼图手工活动。
3. 亲子阅读:家长和幼儿一起自制图画书,分角色表演。

案例2

中班阅读活动:我变成了一只喷火龙①

一、选材分析

《我变成了一只喷火龙》用幽默夸张的手法描写了生气的情绪。书中波泰是一只会传染喷火病的蚊子。他喜欢吸坏脾气人的血。有一天,爱生气的阿古力被波泰叮了一口,竟开始不停地喷火,不仅影响了自己,还影响了身边朋友。最终阿古力找了"又哭又笑,大火吸掉"的解药变成了不生气的恐龙。《3—6岁儿童学习与发展指南》中指出"4—5岁的幼儿经常保持愉快情绪,不高兴时能较快缓解,愿意把自己的情绪告诉亲近的人,一起分享快乐或求得安慰",可见,符合中班幼儿认知水平。加之图画书情节有趣,画面信息很丰富,主题凸显,通过观察故事画面细节及色彩变化,进一步加深幼儿对作品的阅读和理解,并随之产生喜悦、担忧等情绪,体会作品所表达的情绪情感,进而了解"又哭又笑"是调节情绪的两种方法,但都需通过自己的力量来控制与调节。

二、活动目标

1. 了解生气情绪给人带来的影响,懂得情绪需要自我调节。
2. 尝试图画、符号、语言等多种方式表达自我调节情绪的方法。
3. 观察画面中角色体会他们的情绪,理解故事情节。

三、活动准备

1. 经验准备:幼儿已阅读过图书内容。
2. 材料准备:
(1) 自制课件PPT。
(2) 展示板、记号笔、笑脸和哭脸标志。

《我变成了一只喷火龙》
教学课件

评析:准备充分,一方面考虑到阅读前幼儿已有经验,为其集体阅

---

① 此案例由雨花区小白鸽幼儿园陈璐老师提供,长沙市雨花区教科所段蓉老师点评。

读做了铺垫。另一方面还为幼儿提供了视听、操作材料,教师将设计思路融入幼儿视听材料当中,对图画书原有画面做了设计处理,如将喷火画面做单页、蝴蝶页两个页面呈现处理,帮助幼儿更好地观察、理解。丰富的操作材料能很好地支持幼儿个性化表达。

三、活动过程

1. 观察画面,回忆故事,了解生气的危害

(1) 出示封面并引出故事名称。

(2) 出示"喷火"画面单页,观察画面,感受阿古力的怒火。

① 引导幼儿带着问题观察画面,并请幼儿模仿。提问:画面上阿古力在干什么?他的表情是什么样子的?引导幼儿模仿。

② 提问:这是什么样的"火"?引导幼儿结合生活经验自由表达。

③ 小结:这些都是发脾气、生气时的怒火。这也是我们经常说的"发火"。

(3) 完整呈现"喷火"画面(蝴蝶页),感受阿古力生气的程度。

① 提问:火是从哪里冒出来的?阿古丽喷出的火的大小和什么有关?

② 小结:阿古丽越生气,喷的火就越大,只要一开口,就会有火冒出来,鼻子里的火更是二十四小时喷个不停,这时阿古力已经变成了一只喷火龙。

评析:教师通过出示"喷火"画面单页、蝴蝶页,能让幼儿通过画面观察感受阿古力喷火的程度变化,加深幼儿的情绪情感体验,进而理解、感受生气和大火之间的关系,帮助幼儿建构发火情绪这一概念。

(4) 引导幼儿回忆、阅读,简要描述阿古力不喜欢喷火的原因,了解阿古力给自己生活带来麻烦。

① 讨论:他喜欢变成一只喷火龙吗?

② 指导语:还记得书里哪些地方表现了阿古力不喜欢喷火?请幼儿翻阅图书寻找答案并回答。

③ 小结:不能吃,不能睡,不能玩,真不方便。教师根据幼儿回答依次出示相应图片。

(5) 观察画面,阿古力给古怪国居民带来的危害。

① 提问:阿古力的火除了给自己带来很多不方便外还影响到了什么?如:大火点燃了邮箱,古怪国的居民们再也没法寄信烧到了他的好朋友吉普拉,吉普拉也有火了。

② 小结:阿古力生气的大火,不仅古怪国的居民带来了麻烦,而且把火气传给了其他人。

(6) 观察画面,古怪国居民对阿古力的反应。

① 引导幼儿观察画面内容,和同伴一起说一说古怪国居民对阿古力的反应。

② 小结:古怪国的居民都不敢接近阿古力,因为生气发火时的阿古力实在是令人感到害怕。

评析:教师善于抓住关键画面,引导幼儿在回顾故事部分情节的基础上,采用提

问索引,引导挑战幼儿多幅图自主阅读,鼓励幼儿仔细观察画面的色彩和细节,能帮助幼儿深度阅读,感受生气带来的危害。

2. 深入理解又哭又笑大火熄掉,理解情绪需要自我调节

(1)幼儿回忆并描述阿古力自己灭火的方法,根据幼儿回答依次出现图片。提问:阿古力一开始想了哪些办法来灭火?有没有成功?

(2)出示阿古力流泪的图片。

① 提问:发生了什么事情?这是谁的眼泪和鼻涕?

② 结合幼儿的生活举例说明。

(3)引导幼儿观察比对古怪国居民的动作和表情,出示阿古力和居民笑的图片。

① 引导幼儿观察比对古怪国居民的动作和表情,说说他们的变化。

② 出示阿古力和居民笑的图片,教师朗读对应图画书内容,提问:从哪里看出大家开心起来了?

③ 小结:笑让人变得开心,还能感染到身边的人,让人不再生气,不再发火。

④ 引导幼儿讨论:这时候的阿古力还会喷火吗?阿这时古力灭火的解药是什么?

小结:阿古力再也不会喷火了,因为他已经找到了灭火的解药——又哭又笑,大火熄掉。哭可以发泄生气的情绪,笑能让自己变得更快乐,让自己变得不那么生气。

评析:教师巧妙地利用关键画面对比、部分故事情节的回顾,让幼儿寻找到阿古力灭据火的方法,支持幼儿建立画面与故事内容提升幼儿的阅读理解能力。其后,教师很关注阅读经验迁移到生活中,引导幼儿结合幼儿生活经验列举了解人自己生气时的解决方法。

3. 操作游戏——寻找熄灭火气的"解药"

(1)寻找属于自己的"解药"。

你生气的时候会用什么方法让自己开心起来?请把你的方法用笔在纸上记录下来并告诉大家。

(2)根据解药类型张贴哭脸和笑脸,幼儿对应张贴并分享

评析:教师充分挖掘绘本价值,有机整合前书写内容,介入新的经验即用图画符号表达自我调节情绪的方法。其间,引导幼儿运用前面学习的前书写和语言方式结合自己生活中的情绪体验表达对"解药"理解,可以根据幼儿的喜好选择表达方式。同时通过分享操作游戏环节,注重幼儿与同伴之间的评价,从中让幼儿知道更多的解药,正确面对生气,习得自我调节情绪的方法。

4. 借助图片,引导幼儿讨论,教师小结

(1)出示环衬图片,重点引导幼儿观察波泰,提问:波泰是个怎样的人?自从小朋友和阿古力找到了"灭火"的解药后,波泰还在吗?

(2)回顾封面和封底的颜色和画面,教师小结。

小结:我们找到了解药,所以波泰就消失了,阿古力那红色的、火一样的脾气也不见了,变得非常安静了。

评析：通过对故事封面、封底以及环衬的解读，让幼儿养成正确阅读绘本的习惯，同时对这一环节的解读也让整个活动结构更为完整。

四、延伸活动

1. 绘画活动：引导幼儿用图画记录自己的情绪事件，自制情绪小图卡。
2. 家园合作：家长和幼儿共同阅读、表演故事。
3. 区域活动：将幼儿记录的熄灭火气的"解药"方法图展示在活动区角中，并投放系列情绪类图画书引导幼儿自由阅读。

案例3

大班阅读活动：小猪变形记①

一、选材分析

《小猪变形记》是一本充满童趣、贴近幼儿生活又蕴含哲理的童话故事类绘本。绘本情节轻松幽默，结构上具有重复的特点；绘本语言浅显易懂、诙谐有趣，主要使用并列复合句进行角色对话；绘本画面清晰，色调欢快明亮、形象生动夸张。主人公是一只满脑子奇思妙想的小猪，用了各种方法去模仿长颈鹿、斑马等动物，当它被一连串失败打击得几近崩溃时，它受到另一只猪启发，找到了真正属于自己的乐趣。小猪变形的过程虽然荒诞可笑但充满创意和乐趣，生动展现了小猪自我探索的心理过程。这只聪明可爱、勇敢神气的小猪像极了生活中天性爱玩、喜欢探险的孩子，故事中奇妙有趣的"变形"主题一定深深吸引着他们的好奇心：一只小猪要变形？它想变成谁？它会怎么变呢？它能变形成功吗？本活动在充分挖掘绘本对幼儿学习与发展价值的基础上，整合了语言和社会两个领域，通过活动既培养幼儿阅读兴趣和阅读习惯，提高幼儿自主阅读能力，又引导幼儿在理解故事内容和主题的基础上，学会悦纳自我，快乐成长。

二、活动目标

1. 体验与同伴合作、表演的乐趣，感受绘本的幽默性，能积极地悦纳自我。
2. 能细致观察画面中主要角色的状态，理解小猪的变形经历，发现故事的重复性结构特点。
3. 能较完整、生动地叙述小猪的变形经历，在叙述过程中会较多地运用绘本中的对话。

评析：活动目标关注幼儿文学语言核心经验的学习，结合大班幼儿语言学习与发展的现有水平和发展要求，从情感态度、能力、认知三个方面确立目标，指向具体，可行性强，且活动重点与难点设计准确。

三、活动准备

1. 课件：《小猪变形记》。

《小猪变形记》教学课件

---

① 此案例由长沙师范学院学生曾旭玮提供，长沙师范学院唐锋老师点评。

2. 图书:《小猪变形记》。
3. 记录表:"小猪变形记录表"。
4. 图片:小猪后三次变形经历的"小图片"。
5. 音频:《最近比较烦》、欢快的节奏乐;小猪说话的音频。

四、活动过程

1. 观察绘本封面,激发阅读兴趣

(1) 出示小猪阴影图,大胆猜测和表达。

指导语:猜一猜这位动物朋友是谁?

(2) 呈现绘本封面,认识小猪。

指导语:这是一只怎样的小猪?小猪为什么会有一对翅膀?今天我给大家带来了一本书,书名叫《小猪变形记》。

评析:在阅读活动开始前,教师主要采用设置悬念和提问的方式来引发幼儿对阅读活动的兴趣。首先提供小猪阴影图引发幼儿猜测,再重点引导幼儿观察绘本封面,初步感知小猪的行为状态。了解主人公是一只想"变形"的小猪,激发幼儿的阅读兴趣,实现对绘本内容的预知。

2. 师幼共读

师幼共读小猪前两次变形经历(绘本2～11页),初步理解故事内容并感知情节结构的特点。

(1) 播放音乐呈现绘本第2页,联系生活经验大胆表达。

指导语:小猪为什么很烦?当你很烦的时候,会做什么?

评析:教师充分引导幼儿进行角色互换体验,结合自身生活经验谈及对图画书中人物心理理解。

(2) 观察绘本3～7页,理解小猪的第一次变形经历。

① 观察绘本第3页,了解长颈鹿的特点。

指导语:小猪看到了谁?长颈鹿有什么特点?

② 观察绘本4～5页,欣赏小猪与斑马的对话。

指导语:小猪在做什么?你觉得斑马会相信小猪的话吗?说说你的理由。

③ 播放"砰"的音效引发猜测,呈现绘本6～7页。

指导语:发生了什么事情?

(3) 观察绘本8～11页,理解小猪的第二次变形经历。

① 观察绘本第8页,结合生活经验大胆表达。

指导语:小猪在做什么?它为什么会这样做?

② 观察绘本第9页,猜测与欣赏角色对话内容。

指导语:小猪可能会和大象说什么?大象听了小猪的话,会说什么?

③ 观察绘本10～11页,了解小猪的变形结果。

(4) 结伴交流,猜测与表达小猪接下来的变形经历。

指导语:如果你是小猪,你想变成谁?它有什么特点或本领?你会用什么办法实现变形呢?

评析:教师应注重幼儿的阅读感受和体验,在师幼共读环节,教师主要通过课件展示、提问、讲述和戏剧表演等方式引导幼儿感受和理解小猪的前两次变形经历;引导幼儿欣赏、模仿和猜测角色对话,为幼儿接下来在自主阅读环节分享和讲述小猪的变形经历奠定经验基础;同时体验阅读的快乐,初步感知故事情节结构的特点,并获得一些阅读策略,如预期、假设、比较和验证等。

3. 幼儿自主阅读

自主绘本12~23页,理解并讲述小猪的后三次变形经历,探索发现故事的重复性结构特点。

(1)小组合作完成"小猪变形记录表",发现情节结构特点。

① 明确任务,了解记录表的使用方法和记录要求。

指导重点:幼儿分成若干小组,自主阅读绘本12~23页,从小猪的变形对象、变形方法、对话角色和变形结果四个方面合作完成记录表。

② 自主阅读,相互讨论和交流,操作完成记录表。

③ 分享交流,利用记录表讲述小猪的后三次变形经历。

指导重点:引导幼儿多使用绘本中的对话,完整、生动地叙述小猪的变形经历,尝试通过表情、动作和语气的变化表现角色,渲染气氛。

指导语:小猪想变成谁?它是怎么变的?它变形后遇到了哪些动物?它们会说些什么?最后发生了什么?

评析:充分突出幼儿的主体地位,教师为幼儿提供丰富的语言学习材料和让幼儿充分操作语言的机会,同时为幼儿提供与同伴、教师的互动机会,鼓励幼儿在生动活泼的操作实践中动脑、动口、动耳、动手,成为语言活动的主动参与者。在这一环节中教师引导幼儿分组合作,阅读小猪后三次变形经历,完成"小猪变形记录表",发现故事情节结构的重复性特点。鼓励幼儿大胆想象,围绕图书重点和主要情节在小组内自由讲述和在集体中讲述与情节有关的角色、动作、对话和内心体验。促进了幼儿社会性发展和自主性学习的发展。同时在幼儿讲述的基础上,教师示范讲述,帮助幼儿获得书面语言的意识和敏感性。

(2)教师完整、生动地讲述小猪的后三次变形经历,引导幼儿重点关注角色对话。

指导语:故事中的小猪和其他动物到底说了什么呢?请你们来听听看。

4. 观察绘本22~25页,发现做自己最快乐。

(1)观察绘本22~23页,积极思考与表达。

指导语:小猪最后掉到了泥潭里,他的心情怎样?小猪说:"当小猪一点乐趣都没有!"你赞同小猪的话吗?你想对小猪说什么?

(2)观察绘本24~25页,欣赏音频并了解故事结局。

指导语:现在的小猪心情怎样?听听看"另一只小猪"说了什么?

评析:在这一环节中教师引导幼儿体会小猪变形失败后难过和沮丧的心情。借助小猪的独白语言,引发幼儿思考和表达,大胆地用语言表达自己的观点和想法,通过"你想对小猪说什么"的方式实现幼儿对绘本主题情感的感知。再借助欢快的节奏乐和"另一只小猪"说话的音频引导幼儿体会小猪心情的变化,了解故事结局,充分地让幼儿在理解基础上,提升了审美能力,丰富了情感体验。

5. 玩"接龙"游戏,大胆表达对自己的喜欢和认可

指导语:小猪发现,"原来每个人都有自己的本领和独特之处,做自己最开心。"其实每位小朋友也是独一无二的,接下来请小朋友一个接一个,每人轮流说一句话夸夸自己。

评析:在这一环节中,主要引导幼儿通过"接龙"的游戏方式,说一句话夸夸自己,表达对自己的喜欢和认可,促进活动情感价值目标的实现。

活动延伸

1. 区域活动:在表演区投放表演道具,幼儿自选角色和道具,表演《小猪变形记》。
2. 教学活动:教师组织幼儿开展音乐活动,学唱歌曲《小猪变形记》。
3. 家园合作:回家后向家人讲述《小猪变形记》的故事,请父母和幼儿共同搜集资料,了解小猪喜欢滚泥坑的原因。

技能训练

训练一:学前儿童早期阅读活动观摩与评析

【实训目的】

通过现场或视频观摩一个早期阅读活动案例,进一步熟悉早期阅读活动的类型与特征,了解设计与组织学前儿童早期阅读活动的基本结构,并尝试评价学前儿童早期阅读活动。

【实训要求】

1. 资料收集工作:从网上或其他渠道收集一节优秀的早期阅读活动教学录像,收集1~2所幼儿园阅读区的资料和照片。

2. 反复阅读活动案例素材,分析活动类型与特征。从语言风格、内容和画风等方面,做一份图书分析报告。

3. 观察记录与分析:

(1)记录一个学前儿童早期阅读的全部过程,包括目标定位、活动材料的准备与运用、活动的组织流程、教学策略方法运用等。

(2)借助观察记录表记录阅读区幼儿阅读情况,试选择1~2名幼儿阅读情况进行分析。

4. 各研究学习小组派代表发言,师生集中研讨。

训练二:学前儿童早期阅读图画书示范讲述及课件制作

【实训目的】

练习生动地朗读不同类型图画书,提高示范朗读能力。结合读本设计制作教学

课件。

【实训要求】

1. 每名学生选择一个类型图画书。要求运用生动的语言语调朗读。
2. 结合读本设计制作教学课件。
3. 以研究学习小组为单位,每名学生在组内进行示范展示,并集中进行评议。

训练三:学前儿童早期阅读活动试教

【实训目的】

运用本章学习内容,学会设计与组织学前儿童早期阅读教学活动或阅读区活动,并尝试进行活动反思与评价。

【实训要求】

1. 分小组展开集体备课,并按照教案规范格式撰写一份早期阅读活动教案。
2. 全班推选一名学生进行学前儿童早期阅读教学活动或阅读区集中说课。
3. 师生围绕以下几个问题展开试教与反思:

(1) 结合素材谈素材分析和设计思路。
(2) 如何围绕前阅读核心经验设计与组织的?
(3) 如何进行师生共同阅读?
(4) 阅读区材料投放依据是什么?指导重点体现在哪些方面?

4. 分小组个进行个别试教,每名学生展示自己设计的学前儿童早期阅读活动或阅读区,要求提交教案,制作教具或课件材料,完整进行模拟试教,试教后进行说课反思,组内进行活动评析。

5. 教师进行总结与提升。

训练四:学前儿童早期阅读活动教研

【实训目的】

学习幼儿园优秀语言活动教研案例,了解教研组织基本形式和常用策略方法。针对当下早期阅读活动实践中的典型问题,凝练教研主题,组织专题教研,梳理、总结解决学生在学前儿童早期阅读活动实践中的问题的路径和方法,进一步提高学生设计、组织与评价活动的能力。

【实训要求】

1. 设计并撰写一个早期阅读专题教研方案。
2. 介绍教研活动来源、目标及准备,抛出核心研讨话题。
3. 引导小组成员讨论,及时梳理提炼研讨成果。

(1) 学生以研究学习小组为单位,任选一个核心话题展开讨论。
(2) 每组派代表发言陈述观点。

4. 教师进行教研总结与提升。

拓展链接

促进儿童前阅读核心经验形成的教育活动与指导建议（节选）[①]

周 兢

建议一：认真阅读理解图画书的三种"语言"。

我们研究发现，汉语儿童的早期阅读经历了从图像到文字的发展过程。因此，最适合学前儿童阅读的书面材料是图画书，其中的图画、符号以及文字等都是幼儿前阅读的内容。在图画书阅读中，幼儿可以形成有意义阅读的兴趣和习惯以及阅读理解能力，为进入小学正式学习书面语言做好准备。

正因为图画书是幼儿学习阅读的最为合适的材料，因此选择高质量的图画书并将其构建成为幼儿园早期阅读教育的主要资源，是每一位教师开展早期阅读教育工作的重要内容。一本优秀的儿童图画书应当是三种"语言"，即文学语言、美术语言和教育语言的有效结合，它可以多维度地帮助幼儿在学习阅读的过程中获得全面发展的机会，同时可以帮助汉语儿童在口头语言和书面语言的统整学习中获得对内容和形式的理解以及运用的机会。

所以，好的儿童图画书应当是文字与图画的美妙结合，嵌置着许多教育信息。无论是在叙事类图画书中还是在科学知识类图画书中，图画和文字都在共同表达信息。幼儿阅读图画书的过程可以是一个与图画书沟通、对话、交流的过程，一个调动自己的知识经验理解图画故事并获取信息丰富自己体验的过程。

但是，幼儿在阅读过程中的每一次翻页是否都能真正引发他们的想象，产生如电影般的连续性效果，使他们形成对图画书内容的理解，与教师的指导密切相关。因此，教师自己先读懂、读好图画书，对一本图画书的三种"语言"进行仔细分析，是进行阅读指导的必要前提。

"大班早期阅读活动：武士与龙"是上海市徐汇区傅坚敏名师工作室提供的案例。围绕着《武士与龙》这本图画书，工作室的教师们共同阅读了多次。每次阅读后的讨论帮助教师们越来越深入地认识了这本图画书的内容。武士与龙是图画书中的两个主角，故事围绕"比武"这个关键词，呈现了一节系列具有行动性的情节发展过程：计划比武—准备比武—真实比武—比武失败—合作阅读—成功举办"武士与龙餐厅"。

教师们在讨论中理解了《武士与龙》的内容，确定以引导幼儿读懂画面并认识两个故事角色从挑战比武走向和平共处的内容为重点，来设计教学活动。同时，在分析图画书美术语言特点的时候，教师们发现图画书中"准备比武"和"真实比武"两个部分的内容没有太多语言描述，而是由诸多小画面来表现的。这些都成为幼儿阅读理解时的重要观察对象。倘若幼儿没有很好地理解这些内容，他们就无法真正串联起故事情节，认识武士与龙"比武—失败—合作—成功"的发展过程。因此，可以说，教

[①] 选自周兢.促进儿童前阅读核心经验形成的教育活动与指导建议[J].幼儿教育,2019(3).

师的深入理解帮助他们确定了阅读指导的重点和要点。

我们要提醒准备进行阅读指导的教师们,在保证提供优质图画书的前提下,要注意做到阅读优先、欣赏优先和理解优先,要分析每一本图画书的内容和形式特征。教师坚持自己先阅读,就可以从教育者的角度达成对图画书内容的深层次理解,从而把握图画书阅读教育的切入点。教师只有在获得深层次理解和体验的基础上,才能帮助幼儿更好地获得有意义阅读的学习机会。我们用一句通俗的话来说就是,"要让孩子读得懂,教师自己先读好"。

建议二:围绕幼儿前阅读核心经验进行提问与互动

阅读是从书面材料中获取信息的过程。幼儿通过前阅读,可以接触与学习有关的书面语言信息,获得书面语言意识、行为和初步的能力。幼儿的前阅读核心经验由"良好阅读习惯和行为的养成""阅读内容的理解和阅读策略的形成""阅读内容的表达与评判"等三个方面构成。

就"阅读内容的理解和阅读策略的形成"这一核心经验而言,《3—6岁儿童学习与发展指南》提出的幼儿在3—4岁时"会看画面,能根据画面说出图中有什么,发生了什么事等",到5—6岁时"能说出所阅读的幼儿文学作品的主要内容",反映的就是对幼儿"阅读理解"的期望。

同时,幼儿需要在阅读过程中逐渐获得一些基本的阅读策略,如预期、假设、比较、验证等,这些策略有助于幼儿准确理解图画书的内容。教师在教育过程中如何帮助幼儿获得这些对于他们来说具有关键意义的阅读经验?教师要引导幼儿逐步学会感知、理解图画书主角形象、主角行动以及主角心理状态,那么,如何指点幼儿关注那些图画书的关键信息,进而形成对图画书从单个画面到整本图画书情节的理解,最终完成对阅读内容的完整理解呢?这就需要教师围绕幼儿前阅读核心经验有的放矢地提问。

上海市宝山区蒋静名师工作室提供的"中班早期阅读活动:长颈鹿好长喔"值得我们分析。围绕《长颈鹿好长喔》这本特别的科学知识类图画书,教师提炼出一个直接导向幼儿阅读理解核心经验的重要问题:"长颈鹿的长,长在哪里?"中班幼儿在小组合作阅读中围绕教师提出的问题,仔细观察图书的关键信息,发现了长颈鹿不仅脖子长、腿长,舌头和尾巴与其他动物相比也是比较长的。在回应教师提问的讨论环节中,教师和幼儿利用该图画书可以从下往上翻将画面连接起来的特点,将长颈鹿的"长"展现在黑板上,从而帮助幼儿进一步认识到长颈鹿外形上的"长"具有功能上的作用。

这样的活动过程虽然看上去没有教师一问到底的热闹,也没有幼儿不断回答的忙碌,但是围绕着该书最重要的科学概念和幼儿需要学习的阅读理解经验,幼儿轻轻松松地完成了学习任务。因此,我们用第二句通俗的话来说就是,"要让孩子读得深,教师提问要对准"。

要形成高质量的师幼互动过程,教师一定要仔细琢磨自己的提问,注意几点:

一是在明确阅读内容和阅读经验的基础上确定教育目标,再根据教育目标提出问题;二是尽量不要一次性提出几个问题,通常情况下,如果教师一次提出几个问题,幼儿往往只回答最后一个问题;三是尽量用比较简洁的语言提出开放性问题,并且所提的问题要能给幼儿清晰的思路,教师的问题越是清楚明了,幼儿思考的空间就越大;四是在幼儿没有完全针对问题进行回答的情况下,教师要给予支持性的互动反馈,比如进一步要求幼儿说说"为什么这样想""如果不是这样的话,会怎么样"等。聚焦目标的提问不一定是有答案的提问,有质量的提问更不一定是有标准答案的提问。

采用符合学前教育规律的方式组织活动,让幼儿真正快乐阅读、快乐成长,这是一个老生常谈的话题。但是,从目前我国幼儿园早期阅读教育的现状来看,这个问题一直没有得到根本的解决。

一些教师在组织图画书阅读活动的时候,或将图画书阅读与图画书故事复述等同起来,或误认为图画书阅读就是看图说话;也有不少教师仅仅采用"问—答"的方式来指导幼儿阅读,将早期阅读活动机械化。

早期阅读教育的根本目的是要帮助幼儿获得阅读的兴趣,养成阅读的习惯,形成阅读的基本能力,为成为真正的终身阅读者做好准备。从这个目的出发,我们必须考虑学前儿童学习的特点与规律。因此,我们用第三句通俗的话来说就是,"要让孩子读得久,教育活动要有趣"。

在"大班早期阅读活动:武士与龙"中,教师采用集体阅读、独立阅读和小组合作阅读的方式,充分调动幼儿的阅读兴趣,让幼儿围绕图画书的内容不断观察、讨论、分享、认识关键信息,从而帮助幼儿初步读懂这本图画书完整的故事内容。

在此基础上,教师又和幼儿开展了系列的活动。例如,在角色游戏"餐厅"中,幼儿进一步理解这本图画书的人物心理和情感方面的内容,同时还在同伴合作游戏中开展"餐厅小报"的前书写活动,更好地认识了这本图画书有关"化干戈为玉帛"的深层含义。

建议三:用真正符合学前教育规律的方式帮助幼儿习得前阅读核心经验

如同《3—6岁儿童学习与发展指南》所明确指出的:"幼儿的语言学习需要相应的社会经验支持,应通过多种活动扩展幼儿的生活经验,丰富语言的内容,增强理解和表达能力。"因此,我们强调幼儿园早期阅读教育必须符合学前儿童学习的几个基本特征:

• 在活动中学习阅读。幼儿园早期阅读教育取得成功的关键是,要创造一个和谐融洽的师幼互动环境,组织幼儿在轻松、愉快的氛围中学习阅读;采用灵活多变的教学方法,激发幼儿阅读的兴趣,让幼儿带着愉快的心情在活动中学习,在学习中活动。

• 在游戏中学习阅读。图画书中有关情境的内容可以转化为幼儿游戏的场景。幼儿在游戏中可以更好地理解阅读内容,在个人经验与阅读内容之间建立联系,增强阅读的动机与愿望,并不断获得阅读的快乐。

• 在操作中学习阅读。在操作中学习是幼儿学习的一个基本特点,也是早期教育需要关注的基本问题。在早期阅读教育中,有关幼儿前阅读经验、前识字经验和前书写经验的建立,都离不开实际操作和亲身体验。如何为幼儿提供这样的学习机会,将直接影响他们能否获得早期阅读能力发展的关键经验。

• 在创造中学习阅读。在创造中学习阅读,意味着给幼儿机会大胆思考和表达自己的想法;鼓励幼儿大胆想象,在阅读理解的基础上进行仿编,在理解故事之后想象编构自己的故事内容,或画画自己的小书。如何为幼儿创造这种符合他们学习规律的活动机会,同样将直接影响他们能否获得早期阅读能力发展的关键经验。

最后需要提醒的是,幼儿园的早期阅读教育是语言教育的一个有效组成部分,因此同样要求创造无处不在的语言教育环境。我们希望幼儿教育工作者从带领幼儿阅读理解图画书入手,寻找有利于幼儿前阅读核心经验形成的教育契机,关注幼儿在一日生活中的阅读以及在整合课程中的阅读,让幼儿在学习过程中逐步养成良好的阅读习惯和行为,形成对阅读内容的理解和阅读策略,获得对阅读内容的表达与评判能力,为成为一个终身学习者打下坚实的基础。

第五章 学前儿童谈话活动

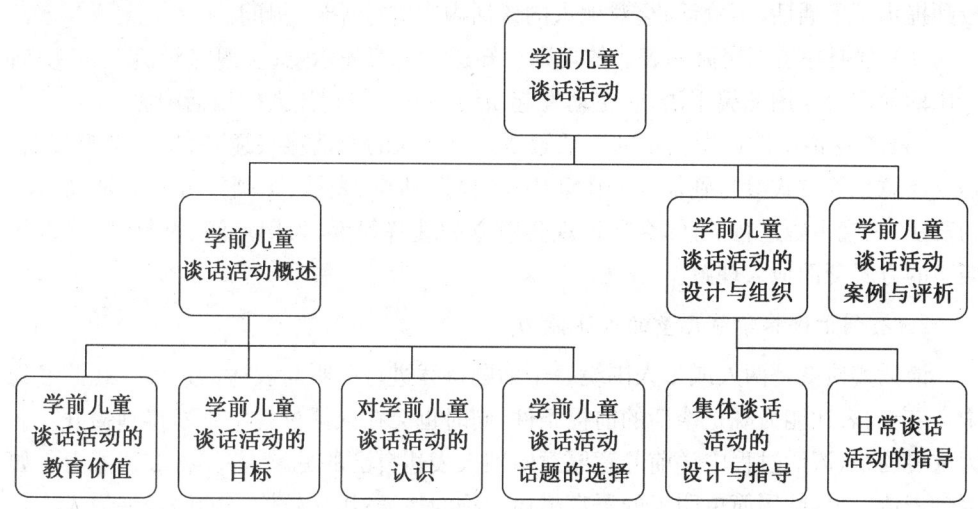

第一节 学前儿童谈话活动概述

情境导入

某幼儿园大班教师在开展谈话活动"快乐的假期"时,活动前只准备了几张外出游玩的照片,活动中通过"说说照片上有什么?""你去过哪些地方?"等问题引导学前儿童与同伴交流。那么,在这样的谈话活动中,学前儿童有话说吗?敢大胆地说吗?他们能快乐地交流吗?交流的兴趣又是否持久呢?对学前儿童语言发展能否起有效帮助呢?这些问题都是值得我们思考的。

一、学前儿童谈话活动的教育价值

谈话是人们之间以问答或对话形式进行的言语交往。谈话活动创设的是日常口语交往情景,要求学前儿童调动以往的生活经验,围绕一定的话题倾听他人的意见,表达自己的想法。幼儿园谈话活动可以培养儿童乐意与人交谈,提高倾听、理解和表达能力,丰富认知经验,对学前儿童的语言、认知和社会性发展有着不可替代的积极的促进作用。

(一)语言发展的教育价值

1. 有利于学前儿童获得交流谈话的语言经验

谈话活动中幼儿通过在交谈中所发展起来的听和说的能力和习惯,为学前儿童语言交际能力的发展奠定良好的基础。其核心经验有:

(1)良好的倾听习惯和能力。能安静倾听并能听懂教师或其他同伴的讲话;在教师提示下不插话、不抢话;会对他人的谈话内容进行评论、提问。

(2)掌握并运用交流和表达的规则。知道发言要先示意;会遵守轮流发言规则;在谈话前后会使用礼貌用语;能主动发起谈话并能参与到他人的谈话中去。

(3)在谈话中能运用初步的谈话策略。对他人的谈话感兴趣,通过主动观察、表达自己意见等方式参与到他人的谈话中;会借助动作、表情、图画等方式来辅助自己的表达;围绕主题进行谈话,会通过观察对方的理解程度,采用追问、重复、回忆以往经验的方式帮助他人理解。

2. 有利于培养学前儿童的表述能力

谈话实质就是两人或多人围绕一个话题持续进行倾听与表述的过程。在此过程中,一定的表述能力既是谈话的前提条件,同时也会在谈话过程中不断得到提升。尤为重要的是,谈话过程中学前儿童愿意向别人表达自己的见解,并具备表述能力。如语言表达完整;能用简单明了的语言描述实物的特征;用比较恰当的语言解说人物和事件;用生动形象的语言表达情感等。在幼儿园谈话活动中,学前儿童的表述能力会不断得到增强与提升。

(二)认知发展的教育价值

学前儿童从谈话内容中,不断丰富自己的认知经验和生活经验。他们对周围世界充满了好奇,有许许多多的"为什么",不仅喜欢问问题,也急于想将自己知道的告诉别人,喜欢与成人、同伴,甚至有时候是与小动物,与布娃娃、玩具对话。有时会对自己感兴趣的事情寻根究底,一直不停地探索和学习。谈话有利于促进学前儿童智慧的碰撞与提升。谈话的过程实质也是参与者之间智慧的不断碰撞与对话。在"晴天和雨天"的谈话中,教师引发学前儿童对生活情景的观察、分析和讨论,不仅培养了学前儿童的谈话能力,而且培养了学前儿童的思考能力。随着谈话的深入,许多智慧的"火花"逐渐闪现。教师通过逐步推进的教学策略,使辩论进一步深入,让学前儿童的表达有更深入的思索,让学前儿童的语言和思维能力得到提升。

(三)社会性发展的教育价值

谈话有利于促进学前儿童的社会性发展。谈话活动中,学前儿童要注意倾听别人对自己的说话,并做出积极应答;主动发起与别人积极交谈,尽量清楚、完整地表述自己的意思;集中注意倾听别人的说话,针对别人的话提出询问或做出积极的应答;

懂得交谈中要听说轮换,耐心而有礼貌地把谈话延续下去。在自由活动或游戏活动中,能积极参与两个人以上的交谈,并发表自己的意见。同时,学前儿童会在与同伴或成人的对话中逐渐学到许多对话和表达的技巧,比如,提什么问题和怎么提问;怎样组织句子是合适的,能让人听得明白;如何准确地运用词汇;怎样回答别人的问题等,从而形成良好的语言表达习惯。更重要的是,学前儿童在谈话过程中逐步建立起学习意识,通过教师的引导、自己的观摩体会等习得自己原来几乎没有的新知识、新情感与新体验,逐步了解和熟悉新知识学习的方式和诀窍,提高学前儿童敏锐捕捉新知识的能力。例如,中班谈话活动"谁的本领大",不仅能引导学前儿童了解动物的习性和本领,激发喜爱动物的情感,还能尝试辩论比赛的形式,体验并遵守辩论的规则。

案例

中班谈话活动:谁的本领大

一、活动目标

1. 积极参与谈话活动,养成认真倾听和轮流表达的习惯;知道关爱动物。

2. 能围绕话题,较清楚地表达自己的想法和已有经验。

3. 初步尝试用辩论比赛的形式进行交谈,遵守辩论规则,用较完整的语言大胆介绍自己熟悉的小动物及其本领。

二、活动准备

1. 经验准备:幼儿喜欢动物,并认识和了解过多种动物。

2. 材料准备:动物图片若干;黑板;粉笔。

三、活动过程

1. 观察动物图片,导入活动

2. 借助图片自由谈论动物的本领

(1)幼儿自由谈论,教师参与并倾听幼儿的谈话。

教师:你手中拿的是什么动物的图片?它有什么本领?

(2)请幼儿在集体面前讲述。

3. 出示图片,围绕"谁的本领大"展开谈话

提问:谁的本领大?为什么?它们的本领能帮助其他动物或者能帮助人们干什么?

(1)幼儿自由讨论,教师参与并倾听幼儿的谈话。

(2)请幼儿在集体面前讲述。

重点指导:引导幼儿将语言表述完整,声音响亮,提醒幼儿认真倾听。

4. 幼儿分两组采取辩论赛的形式谈谈"谁的本领大"

(1)幼儿分成两组,选择在谈论时争辩最大的两个动物作为辩论对象,轮流谈论"谁的本领大"。

重点指导:引导幼儿大胆说出自己的理由,将语言表述完整,可用"因为……所

以……"的句式来表达。

讨论统计辩论的结果。

5. 活动小结、延伸

引导并教育幼儿珍惜、爱护小动物。

二、学前儿童谈话活动的目标

谈话活动着重培养学前儿童运用口头语言与他人交往的意识、情感与能力。具体体现在以下三个方面：

(一) 产生与人交谈的愿望，乐于在集体面前表达自己的想法，体验用语言表达自己想法的快乐

学前儿童语言发展与他们对运用语言的情感态度相联系，要让学前儿童想说、敢说、喜欢说、有机会说，就要创设令人愉悦的语言交往环境，使学前儿童在没有压力的情境中学习说话。教师在设计和组织活动时，应特别注意激发学前儿童说话的欲望，树立他们说话的信心，使学前儿童不仅想说并且喜欢说，在运用语言的过程中不断增强口语表达能力。

1. 激发学前儿童"想说"

要引导学前儿童多观察，激发学前儿童说话的欲望。观察学前儿童的活动，倾听他们的谈话，教师就能发现学前儿童的兴趣点和表达需要，通过情境、语言、游戏等引发学前儿童说话。如游戏中学前儿童之间相互交谈，分小组谈论某个话题，或晨间活动时轮流讲述趣闻，游戏区角中学前儿童的角色扮演游戏等。当学前儿童置身于这些活动的情境之中，有了"表达需要"，就会自然而然地交谈了。

学前儿童对生活充满了好奇，生活中有许多的事物、见闻会引发他们的兴趣和探究的愿望，特别是中大班的孩子，求知欲望特别强烈。开放、新奇的话题更能激发学前儿童交流的兴趣，引发他们的想象。

 案例

晨间谈话的话题

在晨间谈话中，拟定一些学前儿童感兴趣的开放性题目引发学前儿童讨论：

1. 如果有一天，你可以变身，你想变成一只什么小动物？
2. 当你一个人在家时，有陌生人敲门该怎么办？
3. 如果能和爸爸妈妈交换角色一天，你会怎样做？
4. 假如我们有翅膀，你希望做什么事？

2. 激励学前儿童"喜欢说"

教师对因为个性、环境等原因比较沉默寡言或表现出不自信的学前儿童，更要激发他们说话的兴趣。首先，教师要关注学前儿童，跟他一起游戏、阅读，鼓励学前儿童

多观察,在看、闻、摸、听中积极思考,大胆说话,在各种各样的环境里给学前儿童提供说话的机会。其次,应及时对他们说话的表现给予肯定和称赞,比如夸奖他"你的声音真好听,老师很喜欢听你说话"。学前儿童的语言处于发展之中,其发展存在个体差异,教师应尊重学前儿童语言发展的规律,尊重学前儿童的差异,遵循"流畅先于正确的原则",以接纳的态度容许学前儿童说得不对或不完整,相信学前儿童通过对教师和同伴语言行为的模仿,且随着年龄的增长会逐渐改正发音和语法方面的错误之处,获得语言能力的发展。

当学前儿童语言出现错误或表述不清时,教师要注重"显性示范"和"隐性示范"两种手段相结合。如果教师在语言教育过程中只是单纯地运用显性示范,会使学前儿童觉得枯燥、单调。教师应根据学前儿童语言发展的水平和特点,更多地注重隐性示范。如谈话活动"我喜欢的玩具"中,教师以一个参与者的身份和学前儿童平等地进行交谈,让学前儿童谈谈自己喜欢的玩具的形状、颜色、玩法等。这时,教师并没有明确要求学前儿童必须仔细听教师的示范,而是主导谈话活动的方向和进程,通过暗示给予示范。

(二) 能围绕主题充分表达个人见解或用多种方式提出问题,不断拓展谈话内容

首先,交谈中不要求学前儿童有统一的答案和一致的思路,学前儿童可以根据自己的感受自由发表见解,围绕话题说出自己想说的话,也可以对交谈的内容进行扩展。其次,不强求学前儿童使用规范化的语言,成人在交谈过程中鼓励学前儿童积极说话,充分发表个人想法,不一定要求学前儿童使用准确无误的句式和完整连贯的语段。同时允许学前儿童在不影响别人交谈的情况下,参与交谈,对活动时间不做具体的规定。让学前儿童在一种自然、轻松、无拘无束的语言交流过程中练习语言,从而使学前儿童的思维积极、活跃,语言表述更流畅。再次,鼓励学前儿童大胆清楚地提出问题。在谈话的过程中,学前儿童基于自己的生活经验和兴趣爱好,对所谈话题的不同内容会有自己的想法和独特的感受。要鼓励学前儿童提出自己的问题和不同的想法,支持学前儿童用各种方式去寻求问题的答案。例如大班谈话活动"交通工具"。

案例

大班谈话活动:交通工具

教师提问:你对哪些交通工具感兴趣? 你想提出什么问题?
教师请学前儿童当小老师提出自己的问题,师幼共同讨论。
学前儿童提出了以下问题:
① 你乘坐过什么交通工具?
② 什么交通工具的速度最快?
③ 未来的交通工具会是什么样?
这个案例中,教师鼓励学前儿童围绕"交通工具"的话题交流分享后,鼓励幼儿提出问题,对话题进行了拓展。

(三) 能积极地倾听，学会基本的运用语言进行交谈的规则，提高语言交往水平

倾听是学前儿童学习与他人交谈时一种不可或缺的行为能力，倾听是学前儿童感知理解语言的行为表现，是学前儿童学会谈话的第一步。倾听是指有意识地、专注地、认真地听，它是感知和理解语言的基础。婴幼儿学习语言就是从"听"开始的，要经过先听后说、先理解后表达的过程。只有懂得倾听、善于倾听，才能理解语言形式、语言内容和语言运用的方式；而只有理解语言才能与别人交流和沟通。

在幼儿园谈话活动中，应培养学前儿童良好的倾听习惯，会安静地倾听别人说话，知道认真倾听是尊重人的表现；能够有意识地、集中注意力地倾听，迅速、准确地掌握别人说话的内容，促进学前儿童在倾听中理解。通过谈话活动，教师可逐步帮助学前儿童培养几种倾听技能。第一是有意识倾听技能，即有主动倾听别人谈话的愿望、态度和习惯，当别人说话时能集中注意耐心地倾听，从而去感知、接受别人谈话的信息。第二是辨析性倾听能力，即学习从仔细的倾听中分辨出不同的言语声音，感受说话人声音的不同特点、声音所表现出的不同情绪等。第三是理解性倾听能力，即能够在倾听时迅速地掌握别人所说的主要内容，把握一段话的关键信息，连接谈话上文和下文的意思，从而能够获得谈话的中心内容，交流自己的见解。

为了保证学前儿童正确地运用语言与人交流，使学前儿童的"谈话"水平不断得到提高，还要求学前儿童懂得语言交往的基本规则。这些基本规则主要有：用适合角色的语言进行交谈；用轮流的方式进行交谈；不打断别人说话、不插嘴；用修补的方法进行交谈。

三、对学前儿童谈话活动的认识

当学前儿童进入幼儿园时，虽然已经具有了一定的语言表达能力，但是与人交谈的行为显然还处于初步发展的阶段。发展学前儿童的交谈能力对学前儿童的语言发展有着重要的价值。在幼儿园，谈话活动是一种有目的、有计划地组织学前儿童学习语言的教育活动，旨在创造一个良好的语言环境，帮助学前儿童学会倾听别人的谈话，围绕一定话题进行谈话，习得与别人交流的方式、技巧与规则，培养与人交往的能力。

(一) 拥有一个有趣的中心话题

有趣的话题可以使学前儿童对谈话活动保持很高的热情和参与程度。教师在谈话前要提出一个明确的话题，并引导学前儿童围绕中心话题展开交谈。学前儿童对中心话题要有一定的熟悉度，是学前儿童感兴趣的，并与学前儿童生活中共同关心的内容有关。比吃点心时间安排的食物是水果时，可以引导学前儿童展开"好吃的水果"谈话活动。引导学前儿童先观察水果，交谈自己吃过和喜欢吃的水果，再品尝水果。生活化的话题可以是教师预设的，也可以是学前儿童自发提出的。不管是哪种来源，话题都应该密切关注学前儿童已有的认知经验，是学前儿童所熟悉的，符合学前儿童的年龄特点。话题的选择可以结合主题活动，也可以是突发事件。例如，当学

前儿童之间发生了矛盾冲突时,我们可开展"我和朋友"相关的谈话活动,请学前儿童说说自己的朋友是什么样子的,有哪些本领,谈谈和朋友相处难忘的事,夸夸朋友等。如果谈话的主题脱离学前儿童的知识经验,在活动过程中,学前儿童的参与度自然会降低。只有话题与学前儿童认知经验有一定交叉,还保持一定的新鲜感,学前儿童才会有自己的想法,才会主动思考,才会认真倾听同伴的谈话,积极表达自己的观点,想说、乐意说。

(二)创设宽松和民主的谈话环境

在开展谈话活动过程中,学前儿童可以结合自己的生活经验,围绕话题中心自由地发表意见和看法。例如,在"我喜爱的小动物"谈话活动中,学前儿童可以根据自己的生活经验谈论生活中常见的小动物、自己最喜欢的小动物,像小狗、小猫、小白兔,小猴子等,他们会喜欢跟伙伴分享经验,在宽松、自由的氛围中,学前儿童可以畅所欲言地表达自己的观点。如果气氛紧张、心情压抑,就会限制学前儿童交流的愿望和热情,即使对于有趣的话题,学前儿童也会既不想说也不敢说,更不会对老师和同伴的交谈积极地去应答。因此,宽松民主的谈话环境是幼儿园谈话活动的重要特点。

同时,良好的师幼关系,也是创设良好谈话氛围的重要条件。无论学前儿童的表达能力如何,无论学前儿童用什么样的方式谈话,教师都应该成为学前儿童活动的引导者、参与者、观察者和合作者。在谈话活动的各个环节,教师担任的角色会随着活动的展开而变化。例如,在活动准备和环境创设时,教师处于主导地位,关注学前儿童的兴趣倾向;活动开始,教师便是个引导者,引出谈话的主题;当学前儿童在自由谈话的时候,教师便是个倾听者和观察者;当学前儿童的谈话难以深入,教师还可以进行隐性示范,适当给予学前儿童引导,保证活动继续开展;在谈话活动结束时,教师还是一位总结者、评价者和反馈者,总结评价学前儿童的谈话内容、谈话中的行为表现。教师不同角色的灵活转换需要一定的教学经验和教育技巧,也需要教师具备关于学前儿童语言能力发展的知识,密切关注每一个学前儿童。

(三)谈话方式的互动性和启发性

1. 谈话方式注重互动体验

谈话活动中的语言信息交流量比较大。学前儿童不仅能表达自己的观点,还能在倾听同伴和老师的交流中获得大量的信息。例如,在"各种各样的水果"的谈话中,学前儿童通过倾听别人交谈或观看图片材料等了解了各种各样的水果信息:红心的火龙果、一瓣瓣的山竹、五角星似的杨桃等。谈话活动中,学前儿童的交流对象和语言交流方式较多:学前儿童有时候在全班面前表达个人观点,有时候在小组内相互交流,还有的时候结伴或与教师个别交谈。任何一个谈话活动都可能包括学前儿童与教师,学前儿童之间的个别交谈或集体交谈。

谈话方式的互动性是谈话活动非常突出的特征,谈话活动强调在活动中运用交谈的方式与他人进行交流。在谈话过程中,教师及时启发,学前儿童积极思考应答,学前儿童互相引导和模仿,思路开阔,师幼互动、幼幼互动,多样的表达方式,欢愉的交谈氛围,使学前儿童乐意与人交谈,真正从内心感受到交谈的乐趣。谈话活动的语言能力培养的核心是快速信息交流能力的培养,因而,对语言准确性和规范性的要求没有讲述活动高。

虽然幼儿园各种类型的教育活动是密切联系并相互渗透的,但是,幼儿园谈话活动与幼儿园科学活动总结性谈话有明显的区别。其中,最明显的区别在于活动目的和内容不同。谈话活动侧重于培养学前儿童的语言能力,虽然其内容会涉及话题内容的认识范畴,如幼儿园谈话活动"谁的本来大"中会通过课件图片展示介绍天上飞的、水里游的、陆地上跑的各种动物及其本领,但归根结底,谈话活动的主要目的是通过这些方式激发学前儿童表达和交流的兴趣,拓展学前儿童的生活经验,培养学前儿童的表达能力;而"总结性谈话"目的在于帮助学前儿童巩固加深有关科学内容的认识。需要特别注意的是,幼儿园各种类型的教育活动之间本身就是密切联系、相互渗透的。比如,谈话活动"我喜欢的小动物"与科学总结性谈话"小狗的习性"在内容上都会涉及动物的特征等内容,科学活动"总结性谈话"会渗透语言教育内容,而语言教育的谈话活动也有可能渗透科学教育的内容。

(四)提问的启发性和开放性

传统的谈话活动是单一"问答"式的活动。但现在更多的人关注到在谈话活动中,教师的角色是引导者,重在引导,而"提问"则是重要的引导方式。问题的类型主要有开放式问题和封闭式问题两种,各有作用。但开放式的问题更有利于激发学前儿童思考,出现不同的意见,学前儿童也更愿意表达自己的观点。教师应该善用提问来激发和推进学前儿童的谈话。在提问过程中,教师的提问应该具体、明确,适合学前儿童的经验和思维发展水平,避免抽象的问题;采用开放式的问题引导学前儿童对谈话主题有话可说,注意提问应该有一定的启发性,丰富学前儿童的认知经验,从而有效地开展谈话活动。谈话活动的深入拓展,需要教师在观察了解学前儿童谈话情况的基础上,合理设计问题,重点通过开放性的问题帮助学前儿童产生新的想法,表达不同的观点,拓展谈话内容,为学前儿童的语言学习和运用提供更多新的谈话经验。

(五)尊重儿童的话语权

学前儿童作为一个独立的个体,拥有相应的话语权和表达权。尊重学前儿童的话语权,就是尊重学前儿童的天性,尊重学前儿童的生命。把学前儿童的话语权还给学前儿童,才能真正体现"以儿童为本"的教育观。在谈话活动中,教师鼓励学前儿童大胆说出自己的想法,尊重学前儿童的各种回答。教师不是"拷问者"、嘲笑者、批评者,而是真诚的倾听者、用心的交流者、积极的鼓励者。要尊重"儿童的语言"。在与学前儿童的交往活动、谈话活动中,教师应该认识到"儿童的语言"存在的可贵,要珍惜和尊重"儿童的语言",并注意运用"儿童的语言"与之进行交流、谈话。

对于教师来说,谈话活动的组织和实施存在一定难度,容易造成杂乱无章的"漫谈"或一言不发的"失语"现象。因此,教师应该明确谈话活动的特征,灵活组织谈话活动,让学前儿童在宽松自由的氛围中参与谈话,激发学前儿童参与谈话的兴趣,增强学前儿童的交谈能力,促使学前儿童更加自如地与他人交往。

(六) 注重生活中的对话训练

对话是大家非常熟悉的一种口语交际形式。日常生活中,人们互相打招呼,嘘寒问暖,你问我答、你说我应等都是对话。通过日常会话对学前儿童进行对话训练。教师要充分利用日常生活中的来园、晨间、户外活动、游戏、离园等时间,为学前儿童提供机会,通过和成人、同伴之间的自由会话,对学前儿童进行对话训练。通过日常会话对学前儿童进行对话训练的主要内容有:注意倾听别人对自己的说话,并做出积极应答;主动发起与别人积极交谈,尽量清楚、完整地表述自己的意思;集中注意倾听别人的说话,针对别人的话提出询问或做出积极的应答;懂得交谈中要听说轮换,耐心而有礼貌地把谈话延续下去。在自由活动或游戏活动中,能积极参与两个人以上的交谈,并发表自己的意见。

四、学前儿童谈话活动话题的选择

谈话活动中,要让学前儿童有兴趣参与谈话并且在活动中能有效地交谈,话题的选择是非常重要的。在谈话内容的选择上,教师应该遵循以下原则:"生活是语言的源泉。"对于学前儿童来说,是否亲身体验过,是否有类似生活经验是激发他们兴趣的重要因素。选择的话题接近孩子的生活,是学前儿童熟悉、喜欢和感兴趣的,从而产生愿意说、敢说、喜欢说的情感。

1. 一日生活中的话题

生活活动是幼儿园最常态的活动,学前儿童在生活中经常会处于一种放松自然的状态,所以在一日生活的各个环节都可以开展谈话活动,让学前儿童积极自由发表个人的感受和想法。比如在入园的时候谈论天气;在进餐时谈论食物的色泽、味道和营养等;在游戏前讨论游戏规则和游戏开展情况等;离园的时候谈一谈一天中发生的趣事等。

2. 节日活动中的话题

现在,人们非常重视传统节日,如春节、端午、中秋、重阳等,学前儿童耳濡目染,也都会有所了解。因此,把节日作为谈话的主题能引起学前儿童的兴趣和共鸣。如端午节的话题,可以从节日传说、风俗习惯、节日体验等方面开展谈话活动,既丰富了学前儿童的知识,也增强了学前儿童的参与意识。每一次节日谈话都可以分成几次进行,节日前了解准备,节日中参与体验,节日后回忆分享,把节日的感受深深印在脑海里。

3. 社会生活中的话题

孩子们眼中的世界是七彩的、多元的,他们渴望认识了解整个世界,因此教师可以把社会生活的时事、趣闻、职业、场所、活动作为谈话的主题,如垃圾分类、旅行见闻、职业认知、交通工具、喜爱的动画片、有趣的广告等,鼓励学前儿童多听、多看、多说,增长见识,树立自信。还可以包括学前儿童生活中常接触的事物,如好朋友、小花小草、小猫小狗,玩具食物等,这类话题不仅有趣而且是学前儿童关注的,能让学前儿童争先恐后地表达自己,积极主动地倾听别人的谈话,关注同伴们不一样的想法。

4. 由教学或游戏衍生的话题

在组织主题教学活动时,可选择与教学主题有关的内容当作话题,在晨间谈话、自由活动时间引导学前儿童进行交流,帮助学前儿童丰富和提升学习经验,调动活动气氛。

5. 随机产生的话题

生活中会随机产生一些新奇、有趣的话题,如天空中飞过的飞机留下一条白色的云痕;自然角的小鱼被野猫叼走了;草坪中有一堆小蚂蚁在搬家等,这些偶发的话题更容易引起学前儿童谈话的兴趣,根据兴趣开展有组织、有计划的谈话活动,从而提高学前儿童交谈的积极性和主动性,体验到交流的快乐,以促进语言交往能力的发展。

总之,谈话的主题应该选择学前儿童喜欢的、有趣的话题,让学前儿童乐意说、乐意听;选择学前儿童熟悉的、有经验的话题,让学前儿童有话可说。另外,选择话题时也应考虑到学前儿童的年龄特点。小班的谈话活动的主题一般是具体的实物,那些好玩的、好吃的东西往往能激发小班儿童交谈的兴趣,比如"糖果""玩具";中班的谈话活动主题可增加关于人物的内容,比如"我的家人""我的朋友";大班可增加描述现象的内容,比如"我长大了""我的心愿"等。

第二节 学前儿童谈话活动的设计与组织

学前儿童谈话活动是学前儿童围绕一定话题、以交谈为主要形式展开的语言教育活动。在良好的语言环境中,谈话活动可以帮助学前儿童学习倾听别人谈话,学习与别人交流的方式、规则,培养与人交往的能力。谈话活动是一种语言教育的特殊方式,与幼儿园的其他语言教育活动相比,在形式、内容、方法以及实施途径等方面,具有自身独特之处。一般来说,学前儿童谈话活动的主要类型有集体谈话活动和日常谈话活动。集体谈话活动话题集中,谈话的进程往往在教师控制之下。日常谈话活动则更多在一日生活的晨间、来园离园、户外活动、游戏活动中进行,相比集体谈话活动,其话题比较随机,谈话的形式比较自由。不管是哪种类型的谈话活动,都要准备和利用丰富的材料,创设和谐愉悦的语言环境,运用多种方式和有效策略引导学前儿童围绕话题进行交谈和内容拓展。

一、集体谈话活动的设计与指导

集体谈话活动是教师根据学前儿童发展需要,有目的、有计划、有组织进行的谈话活动。这类谈话活动是教师制定一定的计划和教案,依据事先确定的话题,有目的地组织学前儿童进行谈话。由于有计划的谈话活动,对学前儿童的有意注意、有意记忆、言语能力有一定的要求,需要事先进行精心的准备和计划。设计与组织集体谈话活动要注意以下四点:一是丰富学前儿童的相关经验,精心准备谈话活动的材料;二是创设和谐愉悦的语言环境;三是运用生动活泼的方式引导学前儿童交流和讨论;四是运用有效策略拓展谈话范围。

(一) 丰富学前儿童相关经验,精心准备谈话活动的材料

在组织谈话活动前,要让学前儿童有充足的生活经验和语言经验,教师要了解他们想说什么会说什么,帮助和指导学前儿童熟悉话题,丰富表达方法,才能使其产生积极的兴趣,从而"有话可说";能自信地表达,从而"有话会说"。

1. 丰富学前儿童的认知经验

(1) 教师应该为学前儿童创设积极的语言交流环境,从感性经验上,让学前儿童有话可说、想说、敢说,还喜欢说。

(2) 教师可以通过多种途径丰富学前儿童的认知经验,创设相应的语言区角、游戏区角,提供玩具材料,让学前儿童在与材料、同伴、教师的互动环境中有话可说。

(3) 可以让学前儿童和家长一起预先了解谈话的对象和内容,丰富生活经验。

2. 丰富学前儿童的语言经验

教师应营造积极的谈话氛围,给予学前儿童的谈话内容积极回应。当学前儿童在自由谈话时,不应该禁止;学前儿童的谈话过程中出现错误时,不能批评或嘲笑,可以用示范鼓励的方式帮助学前儿童敢说,有机会谈。例如,在小班"我喜欢的糖果"谈话活动中,教师可以提前布置糖果展览会区角,让学前儿童在活动前自由观察不同形状和颜色的糖果,品尝糖果的味道,鼓励儿童和朋友相互交流分享感受。这样,活动中学前儿童才有更丰富的经验可谈;当学前儿童兴致勃勃地谈论"我喜欢软绵绵的棉花糖""我喜欢调皮的跳跳糖"等想法时,教师切忌随意打断,应该多一些肯定、鼓励和积极回应,营造一个宽松、自由的谈话氛围,进一步丰富学前儿童的语言经验。

3. 提供操作体验的物质材料

学前儿童谈话活动中可以为学前儿童准备的材料包括:实物、图片、相关课件、多媒体动画以及其他学前儿童可动手操作的材料。材料对于幼儿园谈话活动的组织有如下作用:引发学前儿童的兴趣;调动学前儿童的生活经验;激发学前儿童大胆表达。教师可以根据话题本身的特点和学前儿童的年龄特点,借助一些跟话题有关的图片和实物等直观教具、语言游戏或表演来提高学前儿童参与谈话活动的积极性。如利用活动角布置、墙饰、实物、图片、表演等,向学前儿童提供与谈话主题有关的可视形象。在集体谈话活动的组织中,教师应在准备材料上下功夫,通过提供充足的、适宜的材料,通过有层次性地呈现材料,不断调动学前儿童已有的生活经验,并在与环境和材料的互动中积极地、愉快地运用语言。如在谈话活动"好看的动画片"中,教师可以提供一些动画人物的图片、玩偶、服饰,激发学前儿童对动画人物的兴趣;在谈话活动"多彩的服装"中,让学前儿童自己穿上自己喜欢的衣服并在音乐声中进行服装表演。

**案例**

谈话活动:好看的动画片

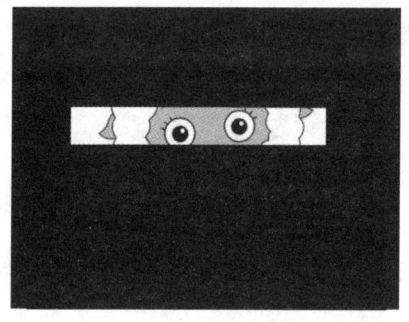

《好看的动画片》教学课件

图5-1

(课件中,先出现动画角色的局部,引导学前儿童猜测并交谈角色特点)

图5-2

(提供动画角色的玩具、头饰、服装,激发学前儿童谈话兴趣,拓展话题)

在操作谈话活动材料时应注意:

其一,材料要紧紧围绕目标,并体现层次性。活动前,教师自己收集或师生共同收集了许多和活动相关的材料,但教师应该对这些材料进行分析:哪些是为谈话主题服务的,哪些和目标没有多大关系。教师应该勇于舍弃那些和目标没有太大关系的材料,使材料能够更好地为目标服务。另外,材料的呈现应该层层递进以突出活动的重点与难点,教师应弄明白哪些材料先出示,哪些材料后出示,为什么。

其二,材料应从学前儿童的经验点和兴趣点出发,激发学前儿童表达和交流的愿望。教师在给学前儿童提供材料时应考虑学前儿童的经验点,即孩子知道什么、熟悉什么;同时还应考虑学前儿童的兴趣点,即学前儿童喜欢什么、关注什么。

(二)创设和谐愉悦的语言环境

在中班谈话活动"好吃的糖果"中,老师准备了一些糖果图片,让学前儿童观看图片。然后抛出以下问题跟学前儿童交流:你吃过哪些糖果?是什么味道的?糖果有哪些形状的?你想发明一种什么糖果呢?当糖果图片出现后,孩子们的注意力被吸引了。很多孩子很兴奋地围着糖果,七嘴八舌地说着。可好景不长,围绕"糖果"的谈话持续了不到十分钟,很多孩子开始对所谈的话题失去兴趣,开始吵闹起来。

在这个活动中,幼儿园谈话活动教学变成了教师提问题、学前儿童回答问题的活动,不注重孩子对话题的兴趣,忽视孩子的生活经验,缺少操作性和游戏性,活动组织枯燥乏味。活动过程中,孩子的主动性得不到体现,孩子们难以体现语言交流的乐趣。那么,集体谈话活动应该怎样组织才能让学前儿童积极主动的参与?组织中可以运用哪些行之有效的方法和策略呢?

要能让学前儿童能有兴趣参与集体谈话活动,在活动中体验语言交流的乐趣,并通过多种方式积极主动地获取经验,从而促进其发展,教师善于营造谈话的氛围,创设适宜情境,激发学前儿童参与谈话的兴趣。谈话过程是师幼的一种交往、平等对话的过程,只有在宽松、安全、平等的心理氛围中,孩子们才能想说、敢说、愿意说。创设和谐的谈话氛围,教师应给孩子一个自由的空间畅所欲言,尽情发泄心中的各种感受。在谈话过程中,孩子是一个讲述者,而教师是整个活动的倾听者。教师在导入谈话话题时,可以根据话题本身的特点和学前儿童的年龄特点,以实物、直观教具创设情境,启发学前儿童对话题有关经验的联想,激发活动兴趣。还可以通过教师生动的语言,描述一种情境,或通过提一些问题来唤起学前儿童的记忆,调动他们的经验,以便学前儿童顺利地进入谈话之中。

创设情境的目的是为了在一种轻松愉快的氛围中激发学前儿童的兴趣以利于谈话的顺利进行,教师既要利用谈话情境启发引导学前儿童,又要尽快导入话题引发学前儿童谈话,因此,在创设情境中教师应注意:一是避免无关摆设,要紧扣中心话题;二是要简单明了,避免过于热闹以致喧宾夺主;三是时间不宜过长,3~5分钟以内。

(三)运用生动活泼的方式引导学前儿童交流和讨论

根据学前儿童活动的特点,在谈话活动中适当增加一些生动活泼的方式,让学前儿童动静交替,将更有利于调动学前儿童的兴趣,增进他们说话的积极性。因此,在各种谈话活动中,教师均可根据话题的内容,适当增进学前儿童动手操作和体验的机会,运用灵活多样的交谈形式等。

1. 操作体验

在谈话活动组织过程中,围绕着实物材料、多媒体课件和相关视频,不断地调动学前儿童的生活经验,并通过大量的素材丰富和拓展学前儿童的生活经验,激发学前儿童的好奇心和探究的欲望,从而营造一种自由、宽松的谈话氛围。

案例

中班谈话活动：可爱的小动物

材料准备：若干的幻灯片

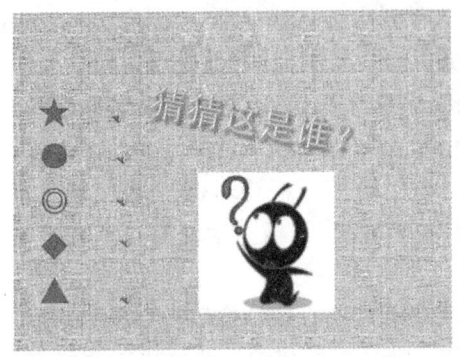

图 5-3 可爱的小动物

以上的案例中，先从听音猜动物名称导入，再引导学前儿童围绕不同种类的动物交谈，最后用特殊本领的动物图片来拓展话题。通过"听""看""说""演""画"等多种方式激发学前儿童的交谈愿望。提供材料充分考虑到了学前儿童的生活经验和兴趣点。这些材料的呈现将使学前儿童的思维更活跃，表达和交流更充分，有助于调动学前儿童交谈的兴趣，提升他们的经验。因此，我们看到，当教师逐一为学前儿童呈现每一个幻灯片时，孩子们都能保持浓厚的兴趣。孩子们兴致勃勃地等待下一个将要出示的动画材料是什么，他们兴奋地交流着、讨论着。对于熟悉的东西，学前儿童就会有话可说；对于感兴趣的东西，学前儿童才会愿意表达、乐于表达。

《可爱的动物》
教学课件

通过让学前儿童参与表演、探索等亲身体验，激发学前儿童谈话的兴趣。如大班谈话活动"我长大了"可以事先布置一间探索屋让学前儿童去量身高、体重等感受自己长大后的变化。谈话活动"多彩的服装"的组织中，让学前儿童穿上自己喜欢的服装在音乐声中表演。大班谈话活动"我们的鞋子"的组织中，让学前儿童脱下自己的鞋，换穿别人的鞋，体验鞋的大小、款式的不同。大班谈话活动"我的妈妈"教师事先设计一些妈妈的画像，比如，爱笑的妈妈、爱美的妈妈、贪吃的妈妈、爱生气的妈妈、喜欢跟我做游戏的妈妈等，将这些画像贴在黑板上，然后让学前儿童将星星贴在相应的妈妈画像下面，统计哪个妈妈得的星星最多，最后拓展讨论：为什么妈妈那么爱生气？妈妈生气了你该怎么办？在中大班谈话活动"我们的手指"中，可以设计的学前儿童体验操作活动有：玩手指游戏、玩手印、观察指纹、欣赏和模仿手语、讨论并欣赏幻灯。

通过边吃边谈、边玩边谈增强谈话的趣味性。谈论能吃的东西，如糖果、饼干、水果等，可以让学前儿童边吃边谈，增加学前儿童交谈的积极性。例如，在"好吃的糖果"谈话活动中，教师让学前儿童选择自己喜欢吃的糖果，边吃边谈论以下这些内容：糖果的形状、糖果的颜色、糖果的味道、糖果的包装纸等。谈论"玩具"之类的话题，"边玩边谈"会使学前儿童的谈话更加饶有兴趣。如在"我喜爱的玩具"谈话活动中，教师让学前儿童两两结伴，边向同伴演示自己所带来的玩具边介绍玩具的玩法。

 案例

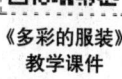
《多彩的服装》
教学课件

大班谈话活动：多彩的服装

图 5-4　各种服装

此案例中提供的材料有季节的服装（实物、课件）、职业的服装（图片或课件）、民族的服装（图片或课件）、有特殊用途的服装（如太空服、模特表演服装、雨衣、宠物的衣服，课件）、用皱纹纸或其他废旧材料自制的服装。学前儿童可以穿上不同的服装进行体验和展示，也更能积极地表达自己的感受。

在谈话活动中适当加入一些游戏，更有利于调动学前儿童的兴趣，增加他们说话的积极性。例如，在大班谈话活动"我爱动画"中，教师可以引导玩"超级变变变"的游戏，引导学前儿童表演黑猫警长等动画角色，玩猫捉老鼠的小游戏等。还可以在谈话活动中提供小话筒，让个别学前儿童扮演"小记者"，向同伴自主提出问题，相互交流，让说的人更乐意，听的人更开心。在大班，教师还可以尝试用辩论会的形式引导学前儿童展开交流和讨论。例如大班谈话活动《晴天和雨天》：

 **案例**

大班谈话活动：晴天和雨天

一、活动目标

1. 对于天气有自己的喜好,并且知道任何好天气都是相对的。
2. 在辩论中能认真倾听同伴的发言,并用清晰、完整、流畅的语言大胆表达自己的观点。
3. 尝试进行辩论赛,初步掌握辩论的基本方法。

二、活动准备

1. 经验准备:丰富幼儿有关晴天和雨天的各种知识经验。
2. 物质准备:雨伞和太阳贴纸若干;"晴天好"和"雨天好"的标志牌各一个;竞赛记录表格;钟表一个;锣一面;红、蓝色桌布各一块;长条桌四张;对比图片一张。

三、活动过程

1. 谈论当天的天气,引出活动主题。

提问:今天是什么天气?你觉得这种天气好吗?为什么?晴天的时候你喜欢干什么?雨天的时候你喜欢干什么?

2. 讲述故事《晴天和雨天》,组织幼儿讨论晴天好还是雨天好。

指导语:老婆婆希望每天都有两种天气,但是这种可能十分少,小朋友,你们喜欢晴天还是雨天呢?

3. 讲述辩论游戏规则,幼儿分组针对"雨天好还是晴天好"进行辩论。

(1) 分组讨论,鼓励幼儿想出更多的理由支持自己的观点,时间一分钟。

指导语:既然,你们有的喜欢晴天有的喜欢雨天,我们今天就来举行一场辩论赛,喜欢晴天的孩子你就来夸夸晴天,喜欢雨天的孩子就来夸夸雨天。现在请你们自己选择自己喜欢的天气,喜欢晴天的坐这边,喜欢雨天的坐这边。辩论赛第一个环节,分组讨论,时间是一分钟,时间一到,吴老师会敲锣进行提示。

(2) 轮流辩论,引导幼儿用轮流辩论的方式表达自己的观点,时间三分钟。

指导语:时间到,接下来是轮流辩论时间,两方轮流举手说出自己喜欢的理由,说出一个理由可以为自己组加上一个标志,时间为三分钟,以敲锣结束。

(3) 自由辩论,就对方辩友的观点进行反驳或援助己方辩友进行辩论,时间五分钟。

指导语:刚刚的辩论十分激烈,大家的理由都很多,下面进行最有挑战的环节,自由辩论时间,这里要求小朋友认真听同伴的发言,如果对方的发言你不同意,发完言后,你可以举牌表示反对,并说出自己的理由,时间为五分钟,以敲锣结束。

4. 教师围绕理由说明、语言表述、遵守规则等进行小结。

5. 欣赏对比图片,进一步了解天气的好坏是相对的,不是绝对的。

指导语:比赛结束了,老师还有一个问题想要问问你们,如果一段时间总是晴天,你猜会怎么样?如果一段时间当总是雨天,又会怎么样?

小结：其实，晴天有晴天的好，雨天有雨天的好，没有唯一的好天气，在适合的时候出现，那么它就会是好天气，同样也会为我们带来好心情。

附故事《晴天和雨天》：

晴天和雨天

从前，有一个母亲总是愁眉苦脸、哭哭啼啼的。有人问她为什么哭。她说："我有两个女儿，一个卖雨伞的，一个是卖草鞋的。当晴天的时候，卖伞的女儿就没生意，家里就揭不开锅；当下雨的时候，卖鞋的女儿也没生意了，家里同样也没米下锅，你说我能不哭吗？我真希望一天当中有晴天和雨天两种天气，那该有多好啊！"

2. 灵活多样的交谈形式

谈话是口头语言操作。但是，如果幼儿园谈话活动仅仅是孩子和老师的交谈或孩子之间的交谈，呆板的、长时间的一问一答的谈话方式，显然是不符合学前儿童身心发展特点和幼儿园活动设计组织的要求的。教师要以运用多种交谈方式为学前儿童提供交流和讨论的机会。

（1）自由交谈

在谈话过程中，教师要给予孩子一些肯定或提示性的回应，如当一个胆小的孩子愿意说出自己想说的话时，教师应及时给予肯定和帮助，这样有助于激励孩子产生交谈的欲望。自由交谈是最能体现学前儿童主体性的教学组织形式，有利于发挥每位学前儿童的积极性，在学前儿童交流的时候，他们可以进行自行分组，其形式可以多种多样，可以三五一组，也可以一对一。在学前儿童自由交谈时，教师要让学前儿童自由发挥，不要进行干扰，不需要进行示范，不打乱，以免影响学前儿童充分表达自己想法的兴趣。老师可以采取轮番巡视的方式参与到学前儿童的交谈中，简单发表一些自己的看法或是对学前儿童的说法给予回应，鼓励每一位学前儿童发言，鼓励学前儿童在自己原有经验的基础上进一步拓展，让学前儿童体会到老师对自己说话的重视。

（2）集体交谈

在谈话的过程中，还可以通过小组交流分享、集体面前大胆表达观点和游戏等方式调动学前儿童谈话的积极性和参与活动的主动性。让学前儿童在全班小朋友面前展示自己，与大家分享自己的生活经验，锻炼学前儿童的胆识和语言表达能力。教师要多给学前儿童以鼓励和引导，让学前儿童树立交流的自信，体验交流的快乐。以大班谈话活动"热闹的春节"为例，学前儿童自由交流过年常见的习俗后，老师逐层拓展学前儿童的谈话内容：你家过年有什么特殊习俗，外国人和中国人过年有什么不一样，从而感受到不同的风土人情。

（四）运用有效策略拓展谈话范围

在幼儿园集体谈话活动的设计和组织中，教师应重点思考围绕话题可以引导学前儿童从哪些方面来交谈，先谈什么，后谈什么。先从学前儿童生活经验中最熟悉的谈起，如见过什么，吃过什么，玩过什么，再过渡到发表自己的看法，谈论自己的感受，丰富拓展经验，如喜欢什么，不喜欢什么，你觉得应该怎样，还有哪些特别的地方等。幼儿园

谈话活动拓展谈话范围应注意三个方面:

第一,应从学前儿童的兴趣点和生活经验出发,层层深入地拓展提问。围绕主题设计的提问应该是学前儿童感兴趣的、有一定生活经验的,这样学前儿童才会愿意说,有话可说。比如,小班谈话活动"鞋子",围绕"鞋子"进行操作体验,了解新奇、有意思的鞋子,去拓展提问,学前儿童会很感兴趣,积极表达。

案例

小班谈话活动:鞋子

一、活动目标

1. 对谈论鞋子的多样性感兴趣。
2. 能大胆说出自己喜欢的鞋子,尝试对鞋子进行简单的分类。
3. 了解鞋子在生活中的作用,感受鞋子的美和多样性。

二、活动准备

1. 经验准备:孩子对脚的大小及对应的鞋子的大小有认知经验。
2. 物质准备:装有各种鞋子的箱子(各种大小、颜色、用途不用的鞋子)、鞋架、大中小娃娃各1个。

三、活动过程

1. 出示箱子,激发谈话兴趣

指导语:今天老师带来了一份礼物,请你猜一猜:稀奇古怪两只船,没有桨来没有帆,白天载人四处走,晚上躺在大床前。(鞋子)

鼓励幼儿说说生活中常见的各种鞋子的名称和用途。

指导语:穿的是什么鞋子?它可以穿出去干什么?你的家里还有什么样的鞋子?

2. 观察鞋子,通过看看、摸摸、比比等方式给鞋子配对

指导语:今天我们要开鞋子展览会,动物们都要过来参观,请你将箱子里和地板上散乱的鞋子整齐地摆放在鞋架上。说说你喜欢哪双鞋子,它们是长什么样的?它适合谁来穿,大娃娃?中娃娃?小娃娃?

3. 大鞋小脚玩游戏

游戏规则:幼儿分组穿上爸爸妈妈的大鞋从起点出发,走到终点,比比看谁走得又稳又快。

指导语:刚刚你穿上大鞋是什么感觉?你喜欢穿大鞋还是小鞋,为什么?

小结:穿鞋要合脚,小朋友穿上合脚的鞋,走一走,跑一跑,跳一跳才会舒服。

4. 欣赏课件《各种各样的鞋子》

指导语:这些鞋子你们认识吗?你喜欢吗?

第二,拓展的谈话内容应更丰富,注意丰富和拓展学前儿童的经验。谈话活动的谈话范围不能只局限于学前儿童已知的生活经验,而应该通过各种方式向学前儿童展现关于谈话主题的一些有意思的东西从而丰富和拓展学前儿童的生活经验。如在谈话活

动"各种各样的门"中,在谈过了门的形状、功能后,教师给学前儿童展现中外有代表性的门、传统的门、特殊的门的幻灯片来丰富和拓展学前儿童的生活经验。当那些不曾见过的门——展现在孩子们的面前时,他们觉得很有意思,欢呼雀跃,从而加深学前儿童对所谈话内容的了解,丰富和拓展了学前儿童的生活经验,从而激发学前儿童对周围生活的关注,建立积极的生活态度和情感。

案例

中班谈话活动:各种各样的门

图5-5 各种各样的门

第三,应在谈话活动中让学前儿童提出问题,并围绕学前儿童提出的有价值的问题,展开交流和讨论。教师在集体谈话活动中预设很多提问,这些问题能保障谈话顺利进行。但是,学前儿童对于谈话主题会有自己独特的感受和想要表达的观点,这是我们以往幼儿园谈话活动中经常忽略的。在幼儿园集体谈话活动中,教师应该给学前儿童机会,让学前儿童能提出关于主题的问题,并从中发现有价值的问题,引导学前儿童围绕问题展开交流和讨论。

二、日常谈话活动的指导

日常谈话活动带有极大的情景性和感情色彩,不受时间和地点的限制。话题更自由，可以同时有多个话题。形式更活泼，可以是师生间的个别、小组谈话，也可以是学前儿童间的谈话或讨论等。在日常生活来园离园、晨间活动、户外活动、生活活动、游戏活动时间，可以组织常规性的和随机性的谈话活动。常规性的谈话活动可以是在固定的时间或场地、有一定形式和主题的谈话活动。如"晨间谈话"环节开展的"天气预报""趣闻播报""我的新发现"等谈话活动，主要目的在于为学前儿童提供语言表达和交流的机会，增强学前儿童的自信心。随机性的谈话活动则可能是偶发的、松散的。如在户外散步时，教师可以引导学前儿童观察园内花草树木或其他环境变化来进行交谈和讨论。当个别学前儿童对突然发现的小动物或小植物发生了兴趣时，也可以开展谈话活动。日常谈话活动中教师可以通过提问、倾听、回应、调控、评价来提高指导的实效性，更好地促进师生之间的了解，融洽师生之间的情感。

（一）提问引导

问题是促进学前儿童思维发展，提升活动效果的重要途径。教师在谈话活动中提问的语句要精练，避免烦琐复杂的提问，这样便于孩子对内容的了解。一是设计开放问题，教师在提出问题时要尽量避免无效提问，如"好不好""对不对""是不是"等，多提一些启发性的问题，多追问几个"怎么样""为什么"。从而让更多的学前儿童有机会回答问题并从中获得更多的知识经验。二是分层设计问题，根据学前儿童的不同能力、爱好，教师要分层提出不同难度的问题，以满足不同学前儿童的需要，从而为学前儿童创造发言和展示自我的锻炼机会。

（二）耐心倾听

在学前儿童表述时教师安静、认真地倾听，会使学前儿童感觉到自己被重视。教师在认真倾听学前儿童语言的同时，需从眼神和体态上向学前儿童传递肯定的信息，从而激发他们更加积极地表达。比如，在与学前儿童个别交谈时蹲下来，看着他们的眼睛；用简单的表情和动作配合语言，对他们的话做出回应，这样的亲切交流显然是符合学前儿童心理需要的。教师不要随意打断或补充他们的说话，认真倾听并有效地挖掘他们想说的话，鼓励他们自信、大方地表达，激发学前儿童更加强烈的交谈意愿。

（三）积极回应

在谈话过程中教师要给予学前儿童一些肯定或提示性的回应；通过与学前儿童平等交谈挖掘出他们想说的话，如多问一些"为什么"询问原因，多问"你觉得是什么样子？你喜欢什么？你是怎么想的？"引导学前儿童充分表达自己的思想和意愿。即使学前儿童说话不清楚，表达不准确，都不应当指责，而应积极引导他们把话说清楚。如当一个胆小的孩子能愿意说出自己想说的话时，教师可以和他抱一抱，对他说："你刚刚说得真棒！"及时给予肯定和帮助有助于激励学前儿童产生交谈的欲望。

（四）随机调控

活动中，教师首先要控制等待时间。要给予学前儿童一些思考的时间与空间，容许学前儿童与同伴之间有一个短暂的轻声交流时间，从而让更多的学前儿童表达自己的见解。其次还要制定一定的交谈规则，引导学前儿童按规则进行有效交流。如提示学前儿童当别人在谈话时,要保持安静,不乱插嘴;别人讲话时注意听,说完后再发言等。最后,教师还要关注学前儿童对别人谈话内容的理解,能否从别人的谈话中捕捉有用的信息,学习别人的经验,要适时适当地给予支持和帮助。

(五) 总结评价

要建立评价机制,平等对待每个学前儿童。激励性的评价能激发学前儿童的交流欲望,发展学前儿童的思维,使学前儿童愿意大胆交流。一是多元化评价。采用多种评价方法,如教师评、学前儿童互评等。还可采用奖励小贴纸等方法进行表扬,使学前儿童产生荣誉感,从而产生更大的交流欲望。二是语言激励。在谈话交流的过程中,教师要善用、多用激励的语言对学前儿童的交谈进行一个信息反馈。如"你说得很有趣""你的声音真好听"等,激励学前儿童大胆地表达。三是肢体语言。在谈话的过程中,教师要多使用肢体语言,让学前儿童感受到老师对自己的肯定。如摸摸小脑袋或是投去一个肯定的眼神,再或者是竖起大拇指等。学前儿童是谈话活动中的主体,老师在组织随机的谈话活动过程中,要不断引入新的谈话思路,隐性示范新的谈话方式,引导学前儿童潜移默化地习得新的谈话技能。

第三节 学前儿童谈话活动案例与评析

案例 1

*小班谈话活动:我的爸爸*①

一、选材分析

"我的爸爸"是学前儿童比较熟悉的话题,容易引起他们积极而有兴趣的交谈,基本符合小班幼儿的年龄特点和他们已有经验。这个谈话活动的目标比较全面,其中有培养学前儿童倾听他人谈话能力方面的要求,有帮助学前儿童学习围绕话题表达个人观点方面的要求,也有帮助学前儿童学习口语交谈规则方面的要求。

二、活动目标

1. 通过谈话,萌发关心和热爱爸爸的情感。
2. 养成安静地听同伴谈话、轮流交谈的习惯。
3. 围绕主题谈话,学会用简短的语句介绍自己的爸爸。

三、活动重点及难点

重点:通过谈论自己的爸爸,增进对爸爸的了解,热爱和关心爸爸。

难点:学习围绕主题谈话,会用完整的语言介绍自己的爸爸。

---

① 此案例由长沙师范学院附属第一幼儿园戴诗露老师提供,长沙师范学院宋苗境老师点评。

评析:小班幼儿对爸爸充满了爱,所以对这个话题一定"有话想说"。而且在生活中,他们比较容易观察到自己爸爸的特点及日常生活习惯,能在交谈的过程中"有话可说"。只是由于小班幼儿的年龄特点,在表达时语言不够完整,经验不够丰富,所以在活动过程中,要引导幼儿注意倾听别人的说话,适当时教师要进行隐性示范,丰富小班幼儿的谈话经验。

四、活动准备

1. 经验准备:事先观察自己爸爸的日常生活,了解爸爸在家做些什么事。

2. 材料准备:每人带一张自己爸爸的照片,小电话机。

五、活动过程

1. 通过提问引出谈话话题,激发对谈论"爸爸"的兴趣

提问:我们每个人都有一个爸爸,各人的爸爸都不一样。今天请大家来说说你的爸爸是什么样子的? 他在家里做些什么事情?

评析:由于小班幼儿对自己的爸爸比较熟悉,所以此活动中谈话情境的创设采用了提问的方式,除此之外,有关"爸爸"的图片、谜语等也可用来创设情景,引出谈话话题。

2. 引导学前儿童围绕"我的爸爸"自由交谈

将幼儿分成几个小组或两两结伴,要求幼儿拿着自己带来的照片向同伴做介绍。教师轮流参与幼儿的小组谈话,了解他们的谈话内容,间接引导幼儿围绕主题谈话。

评析:这一步要求幼儿借助照片围绕话题在小组和集体面前自由交流对我的爸爸的认识。这里的照片至少有两个作用,其一是避免幼儿谈话时跑题,其二是诱发幼儿对"爸爸"的记忆,使幼儿有话可说。

3. 引导幼儿集体谈"爸爸"

幼儿自由交谈后,教师请个别幼儿在集体面前谈自己的爸爸。要求围绕以上两个问题,大胆地讲出自己对爸爸的认识。教师对幼儿的谈话给予赞许和鼓励,对认真、专心听同伴讲话的幼儿,也给予鼓励。

评析:这一步旨在引导幼儿相互学习谈"爸爸"的不同方法,分享同伴的经验。每一个在集体面前谈话的幼儿谈话结束后,教师需要进行简单的讲评。

4. 通过提问,拓展谈话范围

(1) 教师可以提出如下问题:你喜欢爸爸吗? 为什么喜欢他? 你和爸爸一起做过什么难忘的事? 你愿意为爸爸做些什么事情? 鼓励幼儿发表意见。

(2) 在幼儿谈话过程中,教师用平行谈话的方式,为幼儿提供新的谈话经验。如:我的爸爸是老师,爸爸的工作很辛苦,每天晚上都要看书、写文章。他会说很多有趣的故事。我常和爸爸在一起整理图书,还帮爸爸做其他事情。我喜欢我的爸爸……

评析:教师的隐性示范拓展了话题的范围,可以由谈论爸爸的外貌、喜好延伸到爸爸的工作、发生的趣事等。

5. 情景游戏:我给爸爸打电话

幼儿模仿给爸爸打电话的情景,表达对爸爸的爱意。

评析:此环节是情感的升华,可以进一步激发幼儿谈论爸爸的兴趣。

五、活动延伸

1. 引导幼儿阅读绘本《我爸爸》,进一步谈论"我爸爸的本领"。

2. 鼓励幼儿给爸爸一个拥抱,为爸爸唱首歌,制作一份小礼物或一幅图画,向爸爸表达爱意和表示感谢。

3. 请爸爸录制小视频,和幼儿一起欣赏小视频,感受爸爸对自己的爱。

 案例 2

中班谈话活动:可爱的小动物①

一、选材分析

对学前儿童来说,对动物的喜欢是与生俱来的。鼓励学前儿童去亲近、观察周围环境中的小动物,他们是非常乐意的。本次谈话活动将核心价值定位在鼓励学前儿童想说、敢说并愿意说,并丰富他们的生活经验。让学前儿童在看看、猜猜、说说、学学的过程中,感受谈话的快乐氛围。

二、活动目标

1. 乐意参与"可爱的小动物"话题的交流。

2. 能积极地倾听,并能大胆地用语言表达自己的想法。

3. 学习轮流交谈,进一步丰富有关"动物"的谈话经验。

三、活动准备

1. 经验准备:对常见动物的外形、声音、饮食等已有初步的认识;能安静倾听、知道轮流发言。

2. 物质准备:各种动物图片若干;PPT《可爱的动物》。

四、活动重点及难点

重点:围绕"可爱的小动物"进行谈论,能大胆表达自己的想法和感受。

难点:倾听他人讲话,轮流进行交谈。

评析:幼儿喜爱小动物,可以根据自己的生活经验和感受,谈论生活中常见的小动物、自己最喜欢的小动物。但是,中班幼儿交谈的规则意识还在建立中,因此,在鼓励幼儿大胆表达的同时,要引导他们理解和遵守谈话的规则。

五、活动过程

1. 出示熟悉的常见动物图片,激发幼儿对话题的交谈兴趣

引导幼儿通过说一说、演一演的方式表达自己对动物的了解。

评析:此环节的目的是调动幼儿的已有经验,激发幼儿参与谈话的兴趣和积极性。在创设谈话情境的过程中,教师采用利用图片等可视的形象创设谈话情境,还采用各类模仿游戏来创设情境,激发幼儿的谈话兴趣。此次活动采用游戏的方式,以中

---

① 此案例由长沙师范学院附属第一幼儿园吴冰老师提供,长沙师范学院宋苗境老师点评。

班幼儿喜欢的形式导入,集中幼儿的注意力,激起幼儿兴趣。

2. 集体交流:我认识的小动物

引导幼儿从动物的外形、声音等方面进行交谈。

指导语:你还知道哪些可爱的动物?为什么说它可爱?

评析:通过前面一个环节的导入,幼儿此时的交流欲望非常强烈,都争先恐后地与老师说起自己知道的小动物。所以,此时老师采取了"个别交流""集体交流""小组交流"等多种形式,充分满足幼儿的谈话欲望。

3. 观看课件,讨论:各种各样的动物

(1) 出示局部的动物图片,请幼儿猜一猜。

指导语:这是谁?你怎么知道的?(还有谁和它有一样的特点)

评析:根据对动物的不同外形特征的观察来猜测动物,这种方式对于幼儿来说充满了挑战。动物呈现的方式是采用中班幼儿喜欢的图片和根据动物局部特征推测该动物的方式。用集体、结伴的形式为幼儿创造谈话的宽松氛围,引导幼儿运用已有的谈话经验交流发表自己的发现。幼儿得到了来自老师、同伴的经验交流,进一步丰富了生活经验。

(2) 出示不常见的动物图片(如娃娃鱼、河豚),丰富幼儿经验。

指导语:这些动物你认识吗?你觉得它像什么?

评析:为了保持幼儿的谈话兴趣,进一步扩展谈话深度,教师选择了一些幼儿不常见,或者是认知经验上有偏差的动物图片,来帮助幼儿扩展对动物的了解,以及不断激发幼儿探究小动物的兴趣。通过该环节可以发现,幼儿对于不熟知的动物也是充满了好奇和兴趣,在老师的每一次讲解时,幼儿都表现出了很大的倾听兴趣。

(3) 观看课件,交流讨论。

① 观看课件(各种各样的动物),交流讨论:你最喜欢谁?最不喜欢谁?为什么?你能介绍一下自己喜欢的动物吗?

评析:每个孩子都有自己喜欢的动物,对自己喜欢的动物也有相关的知识经验。课件中出现的各种各样的动物图片引发了幼儿极大的交流兴趣。此环节通过集体交谈与幼儿独白讲述的方式,进一步丰富谈话经验和讲述经验。

② 拓展谈话:动物对人类的帮助。

指导语:动物们有很多的本领,这些本领不光是保护自己,很多时候还给了人们很多很多的帮助,我们一起来看看,动物们给了我们什么帮助吧!

评析:幼儿对该环节非常感兴趣,通过课件的展示和教师的讲解,幼儿获取了更多关于"动物对人类的帮助"的知识经验。

4. 设置三个场景(天空、陆地、水里),引导幼儿将图片上的动物送回家

指导语:动物有的是在天空飞的,有的是生活在陆地上,还有的生活在海洋里。请你们将这些动物送回家。

评析:谈话活动中应结合幼儿的操作体验。通过操作,为幼儿创造更多机会与同伴自由交流,并进一步丰富知识经验。

5. 游戏"木头人",结束活动

引导幼儿玩木头人的游戏,变成自己最喜欢(最想成为)的动物。

评析:以幼儿喜欢的游戏作为活动结束,让幼儿通过肢体表现自己所喜爱的动物形象。

案例3

大班谈话活动:有趣的吆喝①

一、选材分析

吆喝是商贩们对自己商品的一种宣传,通过吆喝来把自己的商品出售给人们。它贴近生活,学前儿童在繁华的商业街上随处可以听到吆喝。吆喝虽然听起来很平常,但却需要胆量和语言表达艺术。大班幼儿善于模仿,对新事物充满好奇心。教师以此为契机,加以提炼和归纳,让学前儿童体验吆喝的好玩和有趣。活动重点是师幼共同讨论、模仿、总结吆喝的特点、形式、内容。难点是引导学前儿童加以创造想象创编各种吆喝,从而发展学前儿童的语言表达能力和大胆地与人交往的能力。

二、活动目标

1. 热爱各行各业的劳动人民,体会生活中的快乐。
2. 在活动中能友好地与同伴分工合作,并能运用恰当的语言大胆地表现。
3. 能在老师的引导下,总结出吆喝的特点,并能自己创编吆喝。

三、活动重点及难点

重点:通过合作进行准备和表现丰富谈话经验。

难点:总结吆喝的特点,尝试进行创编。

评析:大班幼儿有丰富而富于个性的语言表达经验。在本活动中,需要通过合作来分享好的经验、分析语言特点,对幼儿来说是不小的挑战。

四、活动准备

1. 经验准备:带幼儿到市场中观察商贩买卖物品,也可在网上下载有关"长沙民间吆喝"视频,引导幼儿欣赏。
2. 物品准备:冰糖葫芦、各种水果、羊肉串、臭豆腐、凉粉、玉米、烧饼等。

活动材料获得提示:结合班级美食街的活动区开展相关活动。

五、活动过程

1. 谈话导入,调动幼儿的生活经验

(1) 老师出示冰糖葫芦,引导幼儿观察并说出其特点。

(2) 老师示范简单的吆喝,引导幼儿尝试模仿吆喝。

评析:此环节创设了买卖的情境,通过示范、模仿让幼儿明白什么是吆喝,为什么要吆喝,激发参与活动的兴趣。

---

① 此案例由长沙师范学院附属第一幼儿园吴冰老师提供,长沙师范学院马媛老师点评。

2. 引导幼儿尝试吆喝

(1) 幼儿自由结伴向同伴吆喝冰糖葫芦。

(2) 请幼儿说自己吆喝冰糖葫芦的过程,让同伴给出评价。

(3) 小结:吆喝是生意人在出售商品时,对自己的商品的一种宣传,目的是把自己的商品说得棒棒的,让自己的商品卖出去。

评析:通过"看""听""说"的策略,进一步感受和体验吆喝的特点,并引导幼儿进行总结,比如声音要大一点,语言要更生动,把卖的东西说得更好,让别人一听就想买

3. 引进新的讲述经验

(1) 幼儿回忆模仿各种形式的吆喝。

提问:小朋友,你们在生活中还听到过哪些吆喝?

(2) 教师示范普通话、方言、说唱等三种不同的吆喝,引导幼儿观察比较。

提问:这三种吆喝声有什么不同?你觉得哪一种更有趣?

评析:引导幼儿对比,让幼儿发现哪种吆喝更有趣,更有创意。

4. 创编展示

以鞋子为例让幼儿选择三种方式的一种自由吆喝,最后选择三个幼儿分别以不同的方式上台吆喝,幼儿集体评价。

提问:你听了他们的吆喝声,你想买谁的鞋子?

评析:教师指导幼儿用丰富的语言去表达。同时要注意买和卖的使用。

幼儿分组创编不同商品的吆喝。

评析:此环节鼓励幼儿进行创编,运用新的语言经验,进一步拓展谈话的范围。

六、延伸活动

1. 开展美食街的角色游戏,引导幼儿自由结伴,分工讨论怎样吆喝。在游戏中吆喝美食,吸引顾客。

2. 家长和幼儿一起去市场、步行街,了解不同的吆喝声。

3. 活动中可以让幼儿先欣赏有关的视频资料,模仿吆喝的声音和动作。分组创编的环节,可引导幼儿结伴吆喝,感受个人吆喝和结伴吆喝的不同。

技能训练

训练一:学前儿童谈话活动观摩与评析

【实训目的】

去幼儿园或利用教学活动课例观摩幼儿园各年龄班谈话活动案例,观察记录活动的全过程,重点观摩活动的组织形式和环节的过渡,学习教师的指导语和教学方法的运用。

【实训要求】

1. 观察记录一个学前儿童谈话活动的全部过程,包括活动材料的准备与运用、活动的组织过程与方式、教学方法的运用等。

2. 以研究学习小组为单位对活动进行评析。

3. 各研究学习小组派代表发言,师生集中研讨。

训练二:学前儿童谈话活动设计

【实训目的】

任选一个幼儿园谈话活动的主题,设计一篇学前儿童谈话活动教案。教案应包括:选材分析、活动目标、活动准备、活动过程、活动延伸,并制作教学课件。

【实训要求】

1. 每名学生任选一个幼儿园谈话活动的话题,书写教案,制作教学课件。

2. 以研究学习小组为单位,每名学生在组内进行示范展示,并集中进行评议。

训练三:学前儿童谈话活动试教

【实训目的】

运用本章学习的内容,学会设计与组织学前儿童集体谈话活动,并尝试进行反思与评价。

【实训要求】

1. 每组推选一名学生进行学前儿童集体谈话活动集中试教与说课反思。

2. 师生围绕以下四个问题研讨试教课例:

(1)学前儿童集体谈话活动要准备哪些谈话材料?

(2)学前儿童集体谈话活动怎样创设谈话情境?

(3)学前儿童集体谈话活动如何引导交流和讨论?

(4)学前儿童集体谈话活动有哪些策略拓展谈话范围?

3. 分小组进行个别试教,每名学生展示自己设计的学前儿童谈话活动,要求提交教案,制作教具或课件材料,完整进行模拟试教,试教后进行说课反思,组内进行活动评析。

4. 教师进行总结与提升。

训练四:学前儿童谈话活动教研

【实训目的】

模拟幼儿园语言活动教研的形式,组织专题教研,围绕一个幼儿园谈话活动方案,引导学生运用学过的知识,从选材、活动目标、活动准备、活动过程四个方面对该方案进行深入评析,并提出修改意见,进一步提高学生设计、组织与评价学前儿童谈话活动的能力。

【实训要求】

1. 教师抛出问题,引导学生关注教研核心任务与目的:如何对学前儿童谈话活动进行分析及评价。

2. 师生围绕教研问题开展研讨:

(1)学生以研究学习小组为单位,任选一个核心问题进行研讨。

(2)每组派代表发言。

(3)师生围绕问题进行深入研讨。

拓展链接

幼儿园谈话活动开展的探索与实践①
王 玲

二、集体教学中精心设计——学说会说

如何使想谈、愿谈的意识转变为行动呢？这就要求教师不能盲目提出谈话主题，而是要根据幼儿的年龄特点和生活学习习惯来确定谈话主题，并精心设计谈话时引导的问题，同时运用多种方式，多样教具多种渠道来有目的引发幼儿的谈话兴趣，才能实现双向或多向交流。

（一）适宜情境，引出话题

可以用实物或直观教具创设谈话情境，如"有营养的早餐"活动中出示包子、鸡蛋、粥等食物；也可以用游戏或表演的形式创设谈话情境，如在"我的好朋友"活动中通过游戏《找朋友》来引入。在《指五官》游戏中自然而然引到"保护五官"的话题中，教师一段精彩的广告表演也能恰如其分引起幼儿对广告的兴趣。

（二）多种教法，鼓励创造

在谈话活动中老师要鼓励每个孩子都能积极参与到谈话活动中，真正形成双向交流，或是多向交流。老师要注意交谈中的个别差异，对于在谈话中不愿说话的孩子要进行鼓励。在谈话的过程中，老师还要教会孩子们学会创造性地谈话。

1. 七拼八凑谈话法

当班级的孩子们因周围生活的话题都已经谈过而缺乏谈话兴趣的时候，老师可以借助语言活动、音乐活动中用过的动物图片或人物图片来进行七拼八凑、组合联想创作的方法来进行谈话。这是孩子们非常感兴趣的，比如老师出示小老鼠、大象、小猴和小白兔的图片，让孩子们给这些动物加上一个形容词，比如说可爱的小白兔、淘气的小老鼠、笨重的大象等等，也可以让孩子们根据图片来编一编动物之间可能发生的故事。就这样孩子们在拼拼凑凑的过程中碰撞出思想的火花，谈出了自己的想法，谈出了自己的聪明才智，也发掘了孩子们的创作潜能。

2. 情境设问谈话法

幼儿在遇到突发事件时，常常因不知所措而大哭或不语，而通过情境设问谈话法让幼儿学会面对问题多思考解决方法的好习惯。在讨论《有陌生人要带你走》时，孩子们有的说不跟他走，有的说赶紧找老师保护自己，有的说给爸爸妈妈打电话，还有的说报警，打110吧……

3. 假设情境谈话法

因为缺乏生活经验所以孩子们的思维常常有一定的局限性，并有很多的自由想象的成分。教师要根据孩子的思维特点为孩子们提供各种假设情境，让孩子们去想

---

① 节选自王玲.幼儿园谈话活动开展的探索与实践[J].牡丹江教育学院学报，2019(05).

一想,为什么会这样?发生了这样的事情?我们应该怎么办等问题?让孩子们自己去想去谈解决问题的办法,提高孩子们解决问题的能力。比如说告诉孩子们小狐狸因为牙疼,不能上森林幼儿园了,请小朋友们猜一猜:小狐狸的牙为什么会疼呢?那牙疼又该怎么办呢?孩子们踊跃发言,有的说是因为小狐狸每天不刷牙,有的说是小狐狸吃糖吃的太多了,还有的给小狐狸出主意,让它快点刷刷牙,或者赶紧找医生去拔牙,这样就没事儿了。这样的谈话会使孩子们的思维变得更加有活力,更加积极主动,而且提高了孩子们解决实际问题的能力。

如上所述 老师应该努力通过各种谈话法把孩子们的思想解放出来,鼓励孩子们独立思考,善于假设,善于想象,并能进行创造性的谈话。

三、谈话活动中的教师定位——引导支持

(一)智慧发问,多元讨论

陶行知先生曾说过:"发明千千万,起点是一问。智者问得巧,愚者问得笨,人力胜天工,只在每一问。"在组织谈话活动中教师的角色定位就是发问者。这个看似很容易的事物其实一点也不简单,就其难度而言一点也不亚于回答问题、解决问题。因为在谈话活动中要求教师提出的问题必须是高质量的、开放式的、能引发幼儿思考和讨论的好问题。明确"能提出问题是主动学习的表现,能提出引起争论的问题就是好"。而不是简单的通过是、不是,或是一句话就能回答上来的封闭性问题,所以,在谈话中我们提倡"不耻多问",从而通过孩子们的回答了解他们参与学习,掌握学习的状况和水平,同时发挥幼儿的主体性地位。

(二)隐性示范,间接指导

在谈话过程中教师可以参与者的身份来参与到谈话中来。把直接要求谈话的步骤改成间接的指导。通过师生间平等的对话来为孩子们做隐性的示范。比如说在谈我喜欢看的动画片时,教师可以首先谈论自己爱看的动画片《黑猫警长》,说说为什么喜欢这部动画片,在这个动画片里有哪些人物,动画片有哪些搞笑的情节等,让孩子们在倾听老师谈话的过程中了解此次谈话的方式和要求,通过暗示法让孩子们了解谈话时的交流方法,并鼓励孩子们在模仿老师谈话的基础上进行大胆的创新,有更好的表达。

(三)为幼儿提供交谈机会

作为幼儿园老师,坚决不能对孩子们进行高控管理,控制他们的言行举止,让他们成为生产线上一模一样的产品,而是应该创造条件,让孩子们有表现自我和与人交往的机会,有表达自己想法和交流信息的机会。

(四)耐心倾听,随机调控

在谈话活动中,尊重孩子,注重孩子自主发展并不是放任自流,教师应随机调控,促进孩子语言逻辑性、切题性的发展,相信在这样一个宽松、自由、民主的谈话氛围中,在教师有效策略引导下,孩子会在不断的积累中想说就说,越说越好,从而通过谈话活动真正促进幼儿语言表达能力的发展。

第六章 学前儿童讲述活动

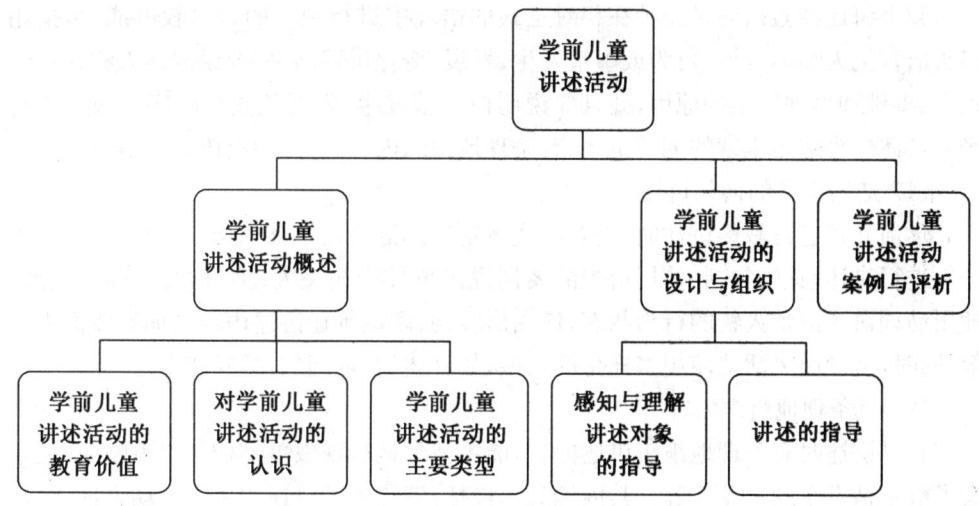

第一节 学前儿童讲述活动概述

情境导入

某幼儿园中班教师组织看图讲述活动,先通过提问引导幼儿观察理解图片,然后老师讲述图片故事,幼儿欣赏故事内容。这到底是文学活动还是讲述活动?学前儿童讲述语言的核心经验是什么?各年龄段学前儿童的讲述经验水平如何?讲述活动对学前儿童发展具有哪些教育价值?这些都是幼儿教师设计与组织学前儿童讲述活动需要明确的几个关键问题。

一、学前儿童讲述活动的教育价值

讲述,释义为把事情或道理讲出来,也可作叙述、述说。简而言之,讲述是一种口头语言的表达形式,是讲述者独立构思和表达对讲述对象的认识。学前儿童讲述活动中主要运用的就是讲述语言经验,对学前儿童语言表述的目的性、独立性、连贯性和创造性,对思维、想象等能力的发展,以及对学前儿童掌握认识事物的方法都有很好的促进作用。

(一) 获得讲述语言的核心经验,提高独白语言的能力

讲述语言作为学前儿童口头语言学习的核心经验之一,包括叙事讲述的经验和说明讲述的经验,讲述活动可以帮助学前儿童获得讲述语言的核心经验,提高学前儿童独白语言的能力。

1. 叙事讲述经验

叙事讲述经验指的是一种在相对正式的语境中进行独白的口语叙事能力,指用口头语言把人物的经历、行为或事情发生、发展、变化讲述出来,要说清楚人物、时间、地点、事件和事件发生的原因,并且要说明白事情发生、发展的先后顺序。叙事讲述经验具体包含选用丰富的词句讲述、有条理地组织内容、感知独白语言的语境。

(1) 选用丰富的词句讲述

学前儿童进行叙事讲述时,需要围绕主题选择恰当而丰富的词汇与句型,清楚生动地进行讲述,具体包括:使用恰当的名词说出事件中相关人、事、物的名称及关系;使用动词讲述清楚人物的行为状态;使用形容词、副词等让讲述内容更加具体而生动等;同时,准确而灵活地使用多样化的句型,如陈述句、疑问句、感叹句等。

(2) 有条理地组织内容

叙事讲述时有条理地组织讲述内容,能更清楚地呈现叙事结构与叙事顺序,让听者了解事情发生的来龙去脉。其内涵具体包括:围绕主题讲述相关的行动事件;交代清楚事件的人物、背景、发生发展过程以及事件的前因后果;说明事物之间的关系;能完整、有顺序、有重点地讲述等。

(3) 感知独白语言的语境

叙事讲述运用的语言是独白语言,需要讲述者独立构思并在集体面前清楚地讲述。这就要求幼儿能够感知在集体面前讲述与日常谈话语境的不同,愿意在集体面前讲述,能清楚有效地传达信息,学习借助简单的表情、动作、语气等形象地讲述,在讲述时能表达自己的观点和评价以增强叙事的情感色彩等。

案例

《父与子——照镜子》的叙事讲述核心经验分析

大班幼儿讲述《照镜子》的图片故事,需要学习并运用叙事讲述的语言经验。具体包括:幼儿在讲述时需要使用准确的动词描述儿子与父亲的动作或心理活动,按照图片顺序完整、清晰地讲述这一事件的发生发展过程及结局,能力发展较好的幼儿还可以模仿儿子与父亲的表情与动作生动地讲述。

附图片①：

图6-1 《父与子》节选

上述案例可见，幼儿叙事讲述一个事件需要综合运用叙事讲述的语言核心经验，即选用丰富的词句讲述、有条理地组织内容、感知独白语言的语境等。

2. 说明讲述经验

说明讲述经验指用简单明了、规范准确的独白语言，说明与解释事物的形状、特征、功用或操作过程，其语言经验具体包含使用规范语言讲述、简洁说明事物特征、掌握讲述顺序结构等。

(1) 使用规范语言讲述

使用规范语言讲述具体指讲述时使用事物的规范名称，用准确的词汇与句式讲述事物的特征。如讲述活动"我的书包"中，要求幼儿对书包及其构成部分的命名准确、规范，并且能用准确的词汇与句式介绍书包的主要特征和功能等。

(2) 简洁说明事物特征

说明讲述要求简洁明了，幼儿能用简短的句子描述事物的主要特征即可，不需要过分追求辞藻的华丽与丰富。比如幼儿在讲述自己喜欢的玩具时，能简单地对玩具的名称、构成部分、玩法等进行说明介绍，不必要求幼儿使用复杂的修饰成分或句式。

---

① 图片选自[德]卜劳恩.《父与子》全集[M].南京:译林出版社,2009.

(3) 掌握讲述顺序结构

说明讲述需要有条理、有顺序、有重点地进行。比如大班幼儿说明介绍"我的书包":"这是我的书包,它是蓝色的。书包里面装了书、画笔、衣服。书包外面有两个袋子可以装水杯。书包里面有四个袋子。这是妈妈给我买的。"这段讲述中,每个句子都很完整,也符合说明讲述简洁明了的语言特点,但这几句话逻辑顺序混乱,没有重点。因此,教师应帮助幼儿获得说明讲述的结构经验,学会按照一定的顺序讲述事物的特征,有条理、有逻辑、有重点地讲述。比如讲述书包,可以按照介绍书包的整体特征——从外到内或从内到外的结构特征及功用的顺序进行讲述。

 **案例**

大班说明讲述活动"蚕宝宝"的语言经验分析

大班养殖区喂养了一些蚕宝宝,孩子们每天都用桑叶喂养蚕宝宝,并仔细观察蚕宝宝的变化。喂养了一段时间后,教师引导幼儿讲述"可爱的蚕宝宝"。在讲述过程中,引导幼儿学习并运用说明讲述的语言经验,具体包括:给蚕宝宝的不同生长阶段准确命名,按照蚕宝宝的生长规律简洁有序地介绍蚕宝宝的生长变化过程及其习性,可以重点讲述自己关注与喜爱的特性,比如蚕宝宝的外形特征,蚕宝宝喜欢吃什么等。

上述案例可见,幼儿说明讲述一个事物需要综合运用说明讲述的语言核心经验,包括使用规范语言讲述、简洁说明事物特征、掌握讲述顺序结构等。

(二)提高感知理解讲述对象的能力

对一个事件进行叙事讲述或对事物进行说明讲述的前提,是学前儿童已经初步理解讲述对象,这样才能围绕讲述对象去构思和讲述。因此,讲述活动中要求学前儿童在讲述之前先要观察讲述对象,通过多种思维活动收集关于讲述对象的各方面信息,形成对讲述对象的认识,进而形成讲述的内容。这个过程能极大地促进幼儿感知理解能力的发展,帮助学前儿童获得一些认识事物的方法。例如,幼儿讲述蚕宝宝,教师会让幼儿参与喂养蚕宝宝,并利用一段时间进行观察或记录,了解蚕宝宝的生长变化过程,帮助幼儿充分感知了解蚕宝宝,然后再引导幼儿集中进行说明讲述活动。

(三)发展思维及想象能力

讲述活动中,学前儿童需要观察和分析事物的特征,事件发生的起因、经过和结果,推理和猜测人物的情绪情感。例如幼儿在讲述一组图片时,需要对图片中的人物、事件的因果关系或先后顺序进行分析、推理、判断,才能清楚认识所要讲述的图片内容,然后组织语言讲述出来。除此之外,学前儿童还需要对图片中画面以外的事件展开想象,如情节、人物的对话等。比如,上述大班看图讲述活动"父与子——照镜子"中,教师引导幼儿猜想镜子打破了,儿子心里在想什么?他想了个什么办法?你还有哪些其他的办法?爸爸发现了吗?你从哪里看出来的?猜猜爸爸会怎么做?儿子会对爸爸说什么？可见,讲述活动有助于培养幼儿的思维和想象能力。

二、对学前儿童讲述活动的认识

学前儿童讲述活动是指学前儿童凭借一定的讲述对象,在相对正式的语言情境中独立构思和完整连贯表达对讲述对象的认识,是学前儿童语言教育活动的一种活动类型。

首先,学前儿童讲述活动拥有一定的讲述凭借物,即讲述的对象,凭借物可以是实物、图片和情景等。讲述活动中通过提供讲述的凭借物,引导其围绕凭借物进行讲述,明确讲述的中心内容,在讲述时不"跑"题,使幼儿的"有中心"地讲述。例如大班讲述活动"父与子——照镜子"的讲述凭借物便是图片"照镜子",中班讲述活动"蚕宝宝"的凭借物就是蚕宝宝。因而,这两个讲述活动中,幼儿讲述的中心内容必然围绕着图片"照镜子"的故事内容,以及蚕宝宝的外形特征、生活习性等方面展开。

其次,学前儿童讲述活动是学前儿童围绕凭借物进行感知理解与想象讲述的过程。讲述活动中学前儿童对凭借物进行完整讲述的前提是感知理解凭借物。也就是说,在讲述之前幼儿需要对这一凭借物进行感知,获得较充分的认知,例如一组图片中的人物、地点、事件的发生发展过程等,或某一个事物的外形特征等。在感知理解的基础上,学前儿童才能完整表达对凭借物的认识,以及对事物表象以外内容的想象,这就是学前儿童能完成讲述的行为过程。

案例

大班看图讲述活动：奇怪的洞①

一、活动目标

1. 对"小老鼠钻奇怪的洞"这个故事情节感兴趣,乐于在集体面前表达自己的观点。
2. 能根据图片中的线索理解图意,并尝试运用自己的语言讲述故事内容。
3. 学会运用对话框,积累相应词汇并在与同伴交流过程中获取讲述经验。

二、活动准备

教学挂图,"小云朵"对话框。

三、活动过程

1. 观察图片,猜测故事发展情节

（1）比较图①~⑥,猜测故事情节。

指导语:这两张图片上有什么？鸡蛋怎么变成小鸡了？

（2）观察图片1—图6,理解故事情节线索。

指导语:小老鼠来到了哪里？发现了什么？小老鼠这是在哪里呢？为什么要钻

---

① 郭咏梅.幼儿语言教育[M].北京:北京师范大学出版社,2007.

进去?最后发生了什么?

2.尝试结伴讲述图片内容,梳理故事情节

(1)教师提出讲述要求。

师:请你们将这几张图片内容连起来编一个好听的故事。注意:讲清楚什么时间,在什么地方,发生了一件什么事情,中间经历了怎样的过程,最后结局怎样。

(2)幼儿结伴讲述。

教师观察发现幼儿基本上能比较清楚地讲述事情的经过,但是情节比较简单,趣味性不够。

3.讲述"小云朵"对话框中的内容,丰富讲述经验

(1)观察图⑤,讨论"小云朵"对话框里的内容。

指导语:咦!这是什么?上面有什么?这是谁在说话呢?你怎么知道是小老鼠说的?

(2)讲述空白"小云朵"中的内容,尝试运用自己的语言说出角色的对话。

(3)师幼共同小结,发现讲述时加入角色对话后的变化。

(4)观察图⑥,提炼表示惊奇的词语如"奇怪",尝试使用含有"奇怪"的句子,讲述角色对话。

指导语:这是什么?谁来学一个"奇怪"的样子?

4.结伴完整讲述故事,在与同伴交流过程中获取讲述经验

指导语:你觉得这次讲故事时你的故事变得怎么样了?

小结:在讲述故事时加入角色对话和一些动作,能使故事变得更有趣、更完整,下次在我们讲故事的时候,记得使用这些方法。

附:图片

①

②

③　　　　　　　　　　　　　　④

⑤　　　　　　　　　　　　　　⑥

图6-2　《奇怪的洞》(节选)

上述案例中,教师通过提问引导幼儿围绕"奇怪的洞"这组图片的人物、动作、背景等内容进行观察,并猜想事件的情节发展、人物的心理与对话,帮助幼儿理解图片的内容,最终引导与鼓励幼儿完整讲述图片故事。可见,学前儿童讲述活动就是学前儿童围绕凭借物进行感知理解与想象讲述的过程。

(二)讲述活动与其他语言活动的区别

在学前儿童语言教育实践中,幼儿教师常分不清学前儿童讲述活动与故事活动、讲述活动与谈话活动的区别。因此,有必要厘清讲述活动与这两类语言活动的区别,进一步清晰地认识学前儿童讲述活动的内涵。

其一,讲述活动与故事活动的区别。看图讲述活动作为学前儿童讲述活动的一种常见类型,因其图片内容往往就是一个完整生动的故事,因而很多幼儿教师将其与故事活动混淆不清。其实,两类活动的区别主要体现在以下三个方面:第一,故事活动的选材内容是一个既定的、完整的故事,一般是一些经典、优秀的故事作品;而看图讲述活动的选材内容只是一组图片,这组图片的故事可以由讲述者创造性地编构,没有既定的故事内容。第二,故事活动中故事内容的图片材料并不是必不可少的活动材料,可根据需要灵活选择,故事的图片材料只是辅助教学的手段;而看图讲述活动必须给幼儿提供故事图片,因为图片就是讲述的凭借物。第三,故事活动中主要的故事讲述者是教师,幼儿在欣赏理解故事之后可以尝试复述故事;而看图讲述活动的主要讲述者是幼儿,活动重点就是让幼儿学会运用叙事讲述的语言经验讲述图片的故事内容。

其二,讲述活动与谈话活动的区别。学前儿童讲述活动中幼儿主要运用的是独白语言,需要幼儿独立构思,完整、有条理地表达对讲述对象的认识。并且幼儿的表述相对较完整,区别于谈话活动中你来我往、你一言我一语的语言交流方式。因而,讲述活动中幼儿的讲述语言话语相对较长,讲述内容比较完整,相对比较正式,且交流对象不明确,可以是讲述给一个人听,也可以是讲述给多人听。而谈话活动中的语言交流是双向或多向的,交谈的对象是明确的,主要使用的是对话语言,口语色彩浓,话语比较简短,要求交谈双方的语言前后连接。

(三)讲述活动在幼儿游戏、日常生活以及其他领域中的渗透

学前儿童讲述活动并非只指幼儿园的集体教学活动,而应渗透到游戏、区域活动与日常生活中,甚至其他领域教育活动中。教师应抓住幼儿园一日生活中的各种契机,为幼儿创设学习与运用讲述经验的语言情境,让幼儿在宽松而真实的语言运用情境中积累的叙事讲述和说明讲述的语言经验。

首先,可以在日常交流、游戏与区域活动中引发幼儿讲述。在日常交流与游戏中,教师也可以为幼儿创造讲述的机会。如与幼儿聊聊正在做的事情或玩的游戏,聊聊周末有趣的事情,询问幼儿某件事情的经过,介绍自己喜欢的玩具或动物等。区域活动中引导幼儿讲述自己的建构区、美工区作品等。教师应巧妙创设多种途径,利用各种机会引导幼儿讲述自己感兴趣的内容。

其次,开展讲述的语言专题活动。教师可以选择幼儿感兴趣的、有丰富生活经验的语言内容,利用幼儿园一日活动的过渡环节,如晨间、就餐前后、午睡后、离园前等,开展讲述的语言专题活动。例如"报告新发现""每日趣闻""有趣的旅行""图书推广会""我的朋友"等,每天轮流由不同的幼儿进行讲述,为每个幼儿提供在集体面前进行讲述的机会。

再次,在其他领域教育活动中创设幼儿讲述的机会。讲述还可以渗透至其他领域教育活动,比如美术活动中,幼儿绘画或制作手工作品后,教师引导幼儿分享介绍自己的作品,其实这就是说明讲述的运用;再如科学领域观察认识活动,教师引导幼儿观察某一个事物后,引导幼儿进行较完整地介绍,这也是说明讲述的运用。因此,教师可以在其他领域教育活动中适当创设幼儿讲述的机会,将讲述活动与其他领域教育活动进行整合。

三、学前儿童讲述活动的主要类型

学前儿童讲述活动的凭借物主要包括图片、实物、情景等,依据讲述活动中凭借物的特点,可以将学前儿童讲述活动分为图片讲述、实物讲述、情景讲述三种类型。

(一) 图片讲述

图片讲述就是以图片为凭借物，幼儿在观察理解图片内容的基础上，运用恰当的语言完整、连贯地讲述图片内容的一种讲述活动类型，是幼儿园比较常见的一种讲述活动。图片讲述的凭借物是各种各样的图片，可以是教师自绘、出版印刷或网页下载的图画，可以是反映幼儿生活的照片，可以是单幅画，也可以是多幅连环画。无论提供什么图片，其内容应贴近幼儿的生活，图片形象生动，画面美观清晰，情节简单有趣。图片讲述一般又分为看图讲述、排图讲述、拼图讲述、绘图讲述等。

1. 看图讲述

看图讲述是指提供给幼儿的凭借物是完整、有序的图片。由于图是现成的，因此看图讲述重点是引导幼儿观察理解图片和完整讲述。不仅要讲出图片画面中的内容和相互关系，还要根据线索进行想象和猜测，编出画面以外的情节，并用连贯的语言把图片中的事件编成简短的故事。例如，上文提到的大班讲述活动"奇怪的洞"就属于看图讲述活动。

2. 排图讲述

排图讲述中教师提供的图片是打乱原有顺序的，幼儿需要根据自己对图片内容的理解和想象，先将图片排序，形成一个完整、连贯的情节，再进行故事讲述。有的排图讲述图片内容逻辑性较强，一般只有一种排序的方法。而有的排图讲述可以有多种排法，教师就应引导幼儿的发散性思维，鼓励幼儿编构并讲述跟同伴不一样的故事。因此，排图讲述不仅可以提高幼儿讲述能力，还可以培养幼儿的分析、判断、推理等思维能力。并且，排图讲述对幼儿的语言、思维以及想象能力的要求比较高，比较适合中、大班幼儿。例如，大班排图讲述活动"大象救兔子"中，教师先出示图①，引出故事中的主要角色以及情节开端，然后再打乱顺序出示后面三幅图，引导幼儿观察图片后排序，并根据图片内容想象讲述排序后的图片故事。

案例

大班排图讲述活动"大象救兔子"教学图片

① ②

③

④

图 6-3 《大象救兔子》(节选)

3. 拼图讲述

拼图讲述提供给幼儿的不是现成的图片,而是提供各种构图材料,包括各种积塑玩具、贴绒图片、磁铁图片、立体图片、七巧板等,还可以根据不同主题需要提供背景图。活动中引导幼儿根据一定的主题自由构思,在背景图上用图片材料拼出各种各样的画面,再展开想象编构一个完整的故事,并进行讲述。因此,拼图讲述在发展幼儿讲述能力的同时也培养了幼儿的创造性思维能力。拼图讲述过程中,幼儿可以完全按照自己的喜好和想象来构思和创编故事,充分发挥了幼儿的主动性和创造性,实现了在讲述活动中动手、动脑和动口的目的。例如,下文图6-4是中班幼儿在区域活动时操作蘑菇钉的作品,教师引导幼儿将自己完成的拼图作品讲述出来,这就是区域活动中的拼图讲述。再如图6-5,教师可以引导大班幼儿操作七巧板拼图,然后配上简单的背景图,引导幼儿描述画面或讲述图片故事,进行拼图讲述。

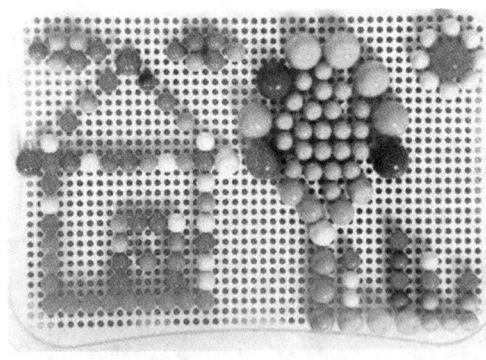

图 6-4 蘑菇钉

图 6-5 七巧板

4. 绘图讲述

绘图讲述主要是将绘画、泥工、折纸、撕纸等美术活动与讲述结合起来,由幼儿自己绘制讲述的材料,然后进行讲述。因此,绘图讲述对幼儿的想象力、绘图能力、讲述能力都有一定的要求。实际上,学前儿童绘图讲述活动往往是和美术活动整合起来开展的,可以在一次活动中,先让幼儿通过绘画、折纸等绘制图片,再将自己绘制的作品编成故事开展讲述；也可以分两次活动进行，第一次活动绘制材料，第二次活动进行讲述。例如，图6-6是大班幼儿的绘画作品，教师就可以引导幼儿将作品编出一个完整的故事，讲述给同伴或家长听，这便是绘图讲述。

图6-6 大班幼儿绘画作品

（二）实物讲述

实物讲述以实物为凭借物，包含各种真实的物品、玩具、动植物和自然景物等。实物讲述中凭借物的选择非常重要，一定要选择幼儿感兴趣的，不然幼儿便没有讲述的积极性，如幼儿喜欢的好玩的玩具、喜欢的动植物、日常生活用品、下雪天的景象等。实物讲述应注重引导幼儿把握实物的基本特征，重点发展幼儿说明讲述的语言经验，引导幼儿用简单明了、规范准确的独白语言，有序地说明事物的形状、特征、功用或操作过程等。例如，中班实物讲述活动"各种各样的水果"，教师可以带来各种水果，引导幼儿围绕自己喜欢的一种或两种水果，尝试运用说明讲述经验讲述水果的名称、形状、颜色、味道、吃法、特殊用处等。也可以将实物讲述与听说游戏结合，引导幼儿玩"你说我猜"的游戏，请一名幼儿讲述水果的特征，不能说出水果名称，其他幼儿猜水果。此外，实物讲述活动也常常和科学领域观察认识型活动整合进行，先引导幼儿对实物进行科学有序的观察，然后引导幼儿进行实物讲述。

（三）情景讲述

情景讲述是指幼儿凭借对某一段情景表演的观察和理解，运用独白语言进行完整、连贯的讲述。教师提供的情景表演可以是真人表演的情景，也可以是操作木偶、手偶、棍偶等材料的表演情景，还可以是一段表演的视频。这些情景都具有"角色表演"和"连续活动"的特点。由于情景讲述的表演具有现场效应和直观性强的特点,能够吸引幼儿的注意和兴趣,刺激幼儿讲述的欲望。教师在选择相应情景内容时,要注意情景应贴近幼儿生活,主题明确,情节简单明了,动作性强,对话简洁清晰,具有一定重复性,适合幼儿观察和记忆。如传统的木偶戏、皮影戏、幼儿喜爱的动画片段都可以成为情景讲述的选材内容。

第二节 学前儿童讲述活动的设计与组织

学前儿童讲述活动是培养学前儿童讲述语言能力的一种语言教育活动。教师应依据学前儿童的年龄与讲述语言能力水平,从学前儿童的发展需要与现有水平出发,有针对性地选择讲述核心经验作为学前儿童在活动中的学习目标,围绕该目标设计与组织讲述活动,帮助学前儿童积累与获得讲述语言的核心经验。一般而言,学前儿童讲述活动一般包括两个模块学习活动:一是感知与理解,二是讲述。

一、感知与理解讲述对象的指导

感知与理解讲述对象,是学前儿童开展讲述的基础。然而,目前幼儿园讲述活动设计与组织中的现实问题是:一方面,不注重引导幼儿感知与理解讲述对象。例如看图讲述活动中,展示几幅图片后,就直接要求幼儿单张讲述或完整讲述。另一方面,忽略对讲述对象的深刻分析,从而导致教师在引导幼儿理解讲述对象时没有目的、没有重点、千篇一律。

接下来,以幼儿园最常见的讲述活动类型看图讲述为例,探讨如何引导幼儿感知与理解讲述对象。学前儿童看图讲述活动中,引导幼儿感知与理解图片需重点解决两个问题:其一,引导幼儿重点理解图片的哪些内容;其二,如何设计提问。

(一)分析图片中需要幼儿重点感知理解的内容

看图讲述活动中,教师需要帮助幼儿理解图片内容,以便幼儿构思与讲述。然而,很多教师在设计看图讲述活动时并没有分析图片中幼儿能看懂哪些,哪些内容需要教师支持与引导,从而导致教师引导幼儿感知理解图片时未能关注幼儿需要,那么这种支持与引导就是无效的。因此,教师应注重对图片内容的分析,把握图片中需要幼儿重点感知理解的内容。

1. 分析图片中需要幼儿重点观察的内容

看图讲述中的每一张图片都提供了非常丰富的信息,但并不是每一个画面信息都需要幼儿重点感知理解。因此,教师需要熟悉并仔细观察图片,一方面,分析与图片主题相关的人物、动作、表情、地点、时间、背景、关键细节等,另一方面,分析幼儿理解图片内容的难点,帮助幼儿发现图片之间的逻辑关系等。

中班看图讲述《上床睡觉》案例分析

《上床睡觉》共有七张图片,其中前三张是重复的情节,图④和图⑤情节有了变化与转折,特别是图⑤情节发展到高潮,图⑥和图⑦既是事件的结果,同时又比较滑稽有趣,幼儿非常喜欢。因此,这组图片中需要幼儿重点观察理解的图片是图①、④、⑤、⑥、⑦,图②和图③可以由幼儿自主观察,也可以教师提出一两个概括性问题引导幼儿观察。教师引导幼儿重点观察理解这些图片时,需要具体分析每张图片需要观察什么。例如图片①作为第一张图片,需要引导幼儿观察图片中的小蛇、小蛇去干什么、吊床以及枕头。再如这组图片中人物出场的顺序是由小及大的,这个逻辑顺序也需要引导幼儿发现与理解。

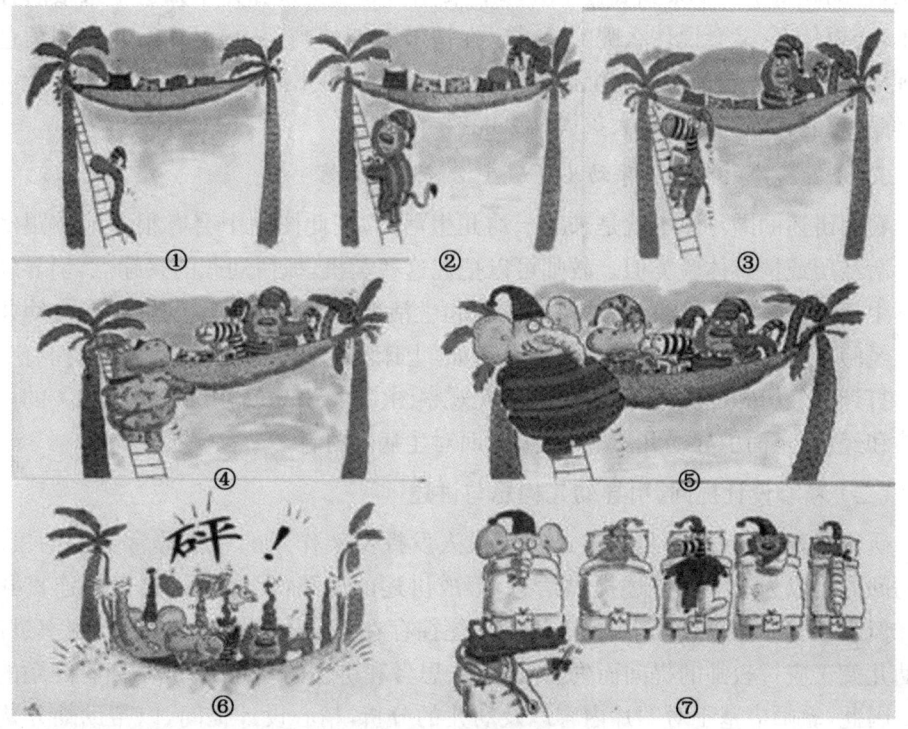

图6-7 《上床睡觉》

中班看图讲述《上床睡觉》教学图片①

2. 分析图片中可以启发幼儿推测与想象的内容

幼儿期的具体形象思维特征决定了幼儿在观察图片时主要关注画面直观呈现的

---

① 图片选自北京师范大学儿童阅读与学习研究中心.分享阅读[M].北京:北京师范大学音像出版社,2016.

内容。然而,看图讲述中的图片其实蕴涵了丰富的内容,包括画面与画面之间的逻辑关系、丰富的情节以及人物角色的心理活动与对话等。因此,看图讲述活动中教师应注重启发幼儿的推测与想象,可以引导幼儿根据线索推测情节的发展,也可以猜测角色的心理活动与对话语言等。《3—6岁儿童学习与发展指南》中各年龄段典型行为表现也明确提出了这些要求:3—4岁:会看画面,能根据画面说出图中有什么,发生了什么事等;4—5岁:能根据连续画面提供的信息,大致说出故事的情节;5—6岁:能根据故事的部分情节或图书画面的线索猜想故事情节的发展。

因此,看图讲述活动设计过程中,教师应深刻分析图片中哪些内容可以引导幼儿推测与想象。一般来说,在情节的转折点可以猜测后续的情节发展,比如《上床睡觉》中图⑤就可以让幼儿猜测:"动物们会让大象上床吗?猜猜接下来会发生什么?"也可以让幼儿猜猜事件的结局,比如大班看图讲述《最后一个苹果》的最后一张图片,遮挡苹果,让幼儿猜猜:"苹果到底会不会掉下来呢?如果父亲和儿子知道苹果最后掉下来了,会想什么,又会说什么呢?"还可以在情节有趣的画面中,引导幼儿猜测角色的心理活动与对话语言。例如《上床睡觉》图⑤可以让幼儿猜想:"如果你是吊床上的动物,你会想些什么?你会对大象说什么呢?"

3. 分析图片中可以引导幼儿迁移生活经验的内容

看图讲述的图片原本就是来源于幼儿生活的,因此图片中会有很多地方跟幼儿的生活经历或情感体验类似。教师可以把握这些契机,抓住幼儿的兴趣点,引导幼儿迁移生活经验,大胆讲述自己的情感体验和生活经历。这样做不仅可以丰富幼儿的讲述经验,还可以渗透进行随机教育。比如《上床睡觉》图⑦中,幼儿几乎都拥有关于生病打针的经历和体验,教师不妨在幼儿观察图⑦时,引导幼儿讲述自己相关的一些情绪和经历,正面引导幼儿勇敢、积极地面对生病和打针。

(二) 精心设计提问,引导幼儿构思与讲述

研究发现,提问是幼儿讲述过程中成人发挥支架作用的一个非常关键的策略。好的问题可以为幼儿的讲述提供信息,形成讲述的思路,促进讲述语言的连贯和流畅。但是在实际教学过程中,教师的提问往往存在目的不明确、无效提问频率过高,使幼儿疲于应付教师的提问而失去了观察、思考和讲述的空间,变成了回答问题的机器。因此,教师应基于对图片内容以及幼儿的分析,精心设计提问,以帮助幼儿构思与讲述。

一方面,通过提问帮助幼儿构思讲述的具体内容,包括人物、事件背景、事件的发生发展过程等。例如大班看图讲述活动"奇怪的洞"中,教师先出示第一张和最后一张图片,通过提问引导幼儿关注主要角色老鼠和鸡蛋。在出示所有图片后,教师又将重点引向故事情节的线索"洞",并围绕该线索提问:"小老鼠来到了哪里?发现了什么?小老鼠这是在哪里呢?为什么要钻进去?最后发生了什么?"教师通过有效的提问设计,不断引导幼儿围绕讲述主题理解故事情节,并构思故事内容。

另一方面,通过提问引导幼儿生动形象地开展讲述。教师不仅可以通过提问提

示幼儿对细节进行生动描述,也可以通过提问引发幼儿猜测人物的心理与对话,还可以引导幼儿表达自己的观点与评价,使幼儿的讲述更加生动形象,并增强讲述情感色彩。比如中班看图讲述活动"大狮子和小老鼠"中,教师引导幼儿观察第二张图片时提问:"狮子放了小老鼠吗?小老鼠获救后,心情怎么样?他会对狮子说什么?大狮子是什么表情?他为什么哈哈大笑?他可能会说什么?"这样就能帮助幼儿在接下来的完整讲述图片故事中,加入角色表情、心理、对话的讲述内容,使讲述更加生动有趣。接下来,以中班看图讲述活动"救火"为例,具体分析讲述活动中提问设计的注意要点。

案例

中班看图讲述活动:救火[①]

一、活动目标

1. 初步接触幽默画,体验幽默画中所蕴含的趣味,对幽默画感兴趣。

2. 仔细观察画面人物的动态,根据人物动态推测情节的发展,想象出人物间的心理活动和对话语言。

3. 能大胆猜测和表达,语言表述完整、连贯;能正确使用跟画面相关的动词。

二、活动准备

1. 两组作品图片,一张备用图、父与子的形象、《父与子》的书。

2.《救火》图片,幼儿人手一份。

3. 泡泡框。

三、活动过程

1. 介绍《父与子》,认识父与子的形象

(1) 调动幼儿经验。

教师:你们有没有看过这本书?

(2) 理解书名。

提问:《父与子》是什么意思?

教师出示"父与子头靠头"的图片,提问:你觉得这上面的两个人是什么关系?

(3) 认识形象。

提问:爸爸长得怎么样?再看看宝贝儿子长得怎么样?

2. 观察讲述《救火》

(1) 出示图①,鼓励幼儿在观察图片的基础上大胆猜测。

① 教师:看懂了吗?屋子里怎么会有烟?

② 提示幼儿关注画面的时间。

教师:谁知道这是什么时候呀?你是怎么知道的?

---

① 郭咏梅.幼儿语言教育[M].北京:北京师范大学出版社,2007.

(2) 出示图②,提问:这幅图和刚才那张图有什么不一样的地方? 你觉得儿子干什么去了?

(3) 出示图③,提问:儿子在干什么? 这个动作叫什么?

教师:猜猜结果会怎么样?

(4) 出示图④,提问:你们在笑什么? 教师:儿子看到爸爸这个样子会怎么想? 会说什么? 你觉得爸爸又会说什么呢?

(5) 完整讲述图片内容。

教师:谁可以把这几幅图的意思连起来说一说?

3. 引进新的讲述经验,鼓励幼儿大胆想象、猜测和表述儿子的心情和父子之间可能发生的对话

(1) 出示泡泡框,引导幼儿想象儿子的心情和语言。

① 教师:你们看这是什么? 鼓励幼儿自由表述自己对这个图片的理解。教师小结:这个图片放在谁的上面,就表示他心里有想法和有想说出来的话。

② 教师示范:我把它放在第一幅图上儿子的头上,大家想想这个时候儿子是怎么想的? 他会说什么呢? 鼓励幼儿大胆想象、猜测和表述图①中儿子的心情和想法。

(2) 依次鼓励幼儿分别想象、猜测和表述图②至图④中人物心理和对话。重点是想象图④中父子对话。

(3) 请幼儿将四幅图片连起来,完整讲述图片内容。

(4) 请幼儿拿出自己的图片自由讲述图片内容,教师巡回指导。

(5) 请个别表述完整、词汇较丰富的幼儿在集体面前讲述。

4. 教师总结

(1) 小结:画这本书的叔叔给这个故事取了一个名字"救火",真的是救火吗?

(2) 教师:有没有小朋友以前看过这样的图? 你们喜欢这个故事吗?

(3) 教师:告诉你们,这个故事是一个德国的画家画的,他自己有一个儿子,他把自己和儿子的很多有趣的事都画了出来,后来出了一本书,这本书就叫作《父与子》。这个画家就叫作埃·奥·卜劳恩。等一会儿喜欢的小朋友可以去图书角看一看这本书,还可以让爸爸妈妈带你一起看。

附图片①

---

① 图片选自[德]卜劳恩.《父与子》全集[M].南京:译林出版社,2009.

图 6-8 《救火》

中班看图讲述活动"救火"中,教师引导幼儿感知理解讲述对象的过程中,提问设计有重点、启发性与逻辑性,具体分析如下:

1. 提问应突出重点

看图讲述中的提问设计切忌过于频繁,导致幼儿失去思考的空间,而应抓住重点提问,那么,什么是图片中的重点呢?其实,就是上文提到的图片中需要幼儿重点观察理解的内容,包括与图片主题相关的人物、动作、表情、地点、时间、事件的发生发展过程、关键细节等,这些是帮助幼儿构思讲述内容的具体信息。例如中班讲述活动"救火"中引导幼儿观察理解第一张图片时,教师提问:"你看到了什么?屋子里怎么会有烟?谁知道这是什么时候呀?你是怎么知道的?"教师通过提问引导幼儿关注图片中的事件开端"起火"及其相关的人物、地点、时间等关键信息。

2. 提问应有启发性

看图讲述中教师的提问应依据图片中可以启发幼儿推测与想象的内容,设计有启发性的问题,充分调动幼儿积极思考与表达。提问尽量避免选择性的、暗示性的问题,如"是不是""对不对"等,也切忌提太多封闭式问题,导致幼儿构思的图片故事千篇一律,扼杀幼儿的创造性。而应多采用开放式提问,引导幼儿发现图片内容的内在联系以及推测和想象情节的发展,大胆表达自己的观点与评价,使幼儿的讲述更加生动形象,增强讲述的情感色彩。比如中班讲述活动"救火"中,教师引导幼儿观察理解第四张图片时提问:"儿子看到爸爸这个样子会怎么想?会说什么?你觉得爸爸又会说什么呢?"也可以引导幼儿移情:"如果你是儿子,你心里会想什么?会对爸爸说什么?你觉得爸爸会原谅儿子吗?爸爸会说什么呢?"这些提问能启发幼儿推测情节发展,启发幼儿想象角色心理、对话等讲述内容,使讲述更加生动有趣。

3. 提问应有逻辑性

提问的顺序会影响幼儿讲述的思路,即幼儿讲述核心经验强调的讲述的顺序和条理。因此,看图讲述中教师的提问设计应注重提问的逻辑性,以帮助幼儿梳理先说什么、后说什么、重点说什么,形成讲述的逻辑顺序。比如按照人物出现或事件发生的先后顺序,从整体到个别、由近及远的顺序,问题与问题之间要有必要的逻辑关联。比如看图讲述活动"救火"的提问设计非常注重事件从起因、发展、高潮到结局的逻辑性,有序的提问设计帮助幼儿形成有条理的讲述思路。

此外,讲述活动中引导幼儿感知与理解讲述对象,还应把握不同类型讲述对象的观察重点。实物讲述中,需注重引导幼儿对实物进行有序观察,重点感知理解实物的形态、颜色等基本特征以及功用等,以便幼儿运用说明性讲述经验进行讲述。情景讲述中,应重点引导幼儿观察情景的发生发展过程、人物、动作、对话、地点,甚至猜想人物的心理,便于幼儿运用叙事性讲述经验讲述一个事件。

二、讲述的指导

在引导幼儿感知与理解讲述对象的基础上,教师接下来应指导幼儿开展讲述,这是学前儿童讲述活动的重点,也是实现活动目标的重要环节。然而,目前幼儿园讲述活动中指导幼儿讲述的现实问题是:其一,忽视幼儿讲述核心经验的学习;其二,多次反复让幼儿讲述,讲述过程枯燥乏味。因此,讲述活动的设计与组织中应针对这两个现实问题。

(一)注重引导幼儿学习与运用讲述核心经验

在幼儿园实践教学中,有的教师在幼儿感知与理解讲述对象后,由教师进行完整讲述,幼儿仅倾听教师讲述。这样的讲述活动不是真正意义上的讲述活动,未能实现讲述活动的重要目标。讲述活动的活动重点是引导幼儿学习与运用讲述核心经验,包括叙事讲述和说明讲述的经验,以提高幼儿的讲述能力。

1. 了解各年龄段幼儿的讲述经验水平

幼儿的讲述能力是随着幼儿年龄、语言、认知能力的发展而发展的,且表现出一定的阶段性特征。教师必须了解各年龄段幼儿的讲述经验水平,这样才能明确幼儿讲述能力的发展需求。依据《3—6岁儿童学习与发展指南》及相关研究发现,各年龄段幼儿叙事讲述与说明讲述经验发展的年龄特征如表6-1、表6-2所示。

表6-1 各年龄段幼儿叙事讲述经验发展的年龄特征

年龄特征 具体内容	3—4岁	4—5岁	5—6岁
选用丰富多样的词句讲述	能说出事件相关的人、事、物的名称及简单关系,讲述简单的行为动作。	能运用一些形象的词句,使用不同的句式。	能运用较丰富的词句,如同义词、形容词等。
有条理地组织讲述内容	能围绕主题讲述一些相关的内容,可能包含一两个行动事件。	能围绕主题讲述几个相关的行动事件,会使用常用的连词表明事件发生的顺序。	能围绕主题讲清楚几个行动事件及其关系,会重点详细地讲述印象深刻的行动事件。
感知独白语言的情境	知道在集体面前讲述与日常谈话有所不同,愿意在集体面前讲话。	能围绕主题进行简单构思并在集体面前讲述,会借助一些简单的表情、动作进行形象表现。	能围绕主体进行较完整的构思并在集体面前讲述,会表达自己的观点和评价以增强叙事的情感色彩。

表 6-2 各年龄段幼儿说明讲述经验发展的年龄特征

年龄特征 具体内容	3—4岁	4—5岁	5—6岁
使用规范准确的词句说明事物特征	能够使用事物的规范名称。	能运用准确恰当的词汇讲述直观的事物特征或现象，会用简单句概括事物的主要特征。	能准确运用名词、形容词、方位词等词汇讲述事物的各种特征，感知说明性语言简洁明了的语句特点。
掌握讲述顺序结构	能讲述直观的事物特征。	能按照一定顺序讲述事物的特征，且讲述的顺序根据讲述对象的不同而有所差异。	能根据讲述要求或讲述对象的特点分主次讲述。
以独白语言的形式讲述	愿意在熟悉人面前独立讲述自己熟悉或喜欢的事物。	能在成人指导与帮助下在集体面前独立讲述。	能在集体面前独立构思并讲述。

2. 引导幼儿学习新的讲述经验

新的讲述经验，往往是讲述活动的教学重点，主要是指新的讲述思路和讲述方式。讲述思路指讲述时的顺序性和条理性，也就是先说什么，后说什么，重点说什么；还包括讲述内容的完整性，即包含讲述的几个基本要素：人物（动作、对话、内心感受等）、地点、事件（开始、过程、结果）等，确保讲述内容的完整、连贯。讲述方式主要指有详有略地讲述、生动地讲述等。有详有略地讲述指针对讲述重点内容讲述语言要比较丰富，而对于其他的内容，讲述语言则要简短，一带而过。生动地讲述，主要是指语言运用的要求，以及借助简单的表情、动作、语气进行讲述。比如讲述中如何生动地描述角色表情；如何用准确而又生动的动词描述角色的行为动作；如何将角色的心理活动与对话融入讲述中等。

然而，教学实践中教师对"新的讲述经验"的理解往往存在一定偏差，认为运用了某些新词、学习了某些句式就是新经验。其实，新的讲述经验主要指向如下三方面的内容：第一，语言内容的新经验，是幼儿讲述语言中的新信息，如相关动词的运用、心理活动与角色对话的讲述，表情的描述等；第二，讲述思路的新经验，包括学会完整、连贯、有序、有重点地讲述等；第三，表达方式的新经验，如学会运用表情、动作、语气生动形象地讲述。

当然，新的讲述经验的学习不能过分强调学习的效果，而忽视学习过程的趣味性。因此，讲述活动中教师可以为幼儿提供对话框、图片、棍偶等操作性材料，不仅可以增加讲述过程的趣味性，还可以帮助幼儿边玩边学习和巩固新的讲述经验。例如中班看图讲述活动"救火"中，讲述角色的心理活动与对话是本次活动中幼儿需要学习的新的讲述经验。活动中教师运用泡泡框的操作材料引导幼儿边操作泡泡框，边鼓励幼儿在讲述故事时加入角色心理活动与对话的表述。这就是该活动的活动重点与难点，有助于幼儿获得新的讲述经验，提升幼儿的讲述能力。

此外，讲述活动中还可以通过示范讲述，引导幼儿学习新的讲述经验。教师应根据示范讲述的目的,确定示范讲述的内容,如是完整示范,还是示范某一部分讲述内容,一般需要突出示范新的讲述经验的运用。例如大班看图讲述《奇怪的洞》中,教师在幼儿自由讲述了图片故事之后,出示一张写有"奇怪"一词的泡泡框,并示范讲述图片三的内容:"这个洞黑乎乎的,忽大忽小,还冒着热气儿,真是一个奇怪的洞。"然后启发幼儿:"你们发现这组图片还有哪些奇怪的事情吗?说给大家听一听。"教师还需明确示范讲述的时间,一般来说,不宜过早示范,以免禁锢幼儿的创造性表现。示范讲述不仅可以由教师示范,还可以由幼儿示范。教师可以在幼儿自由讲述时认真倾听幼儿的讲述,发现那些讲述能力强、讲述有创意的幼儿,请个别幼儿在集体面前示范讲述。教师需引导幼儿评价或教师评价幼儿的示范讲述,以便幼儿模仿与学习。特别需引起注意的是,不管是教师示范还是幼儿示范,示范仅仅只是一种启发,起到打开幼儿思路的作用,而不是让幼儿机械复述的模板,应根据幼儿个体的讲述能力水平鼓励幼儿或模仿,或在了解示范讲述的基础上运用自己的语言讲述,鼓励幼儿讲述的积极性和创造性。

3. 激发幼儿创造性运用讲述经验

讲述活动中幼儿根据讲述对象构思自己的思路、组织自己的语言去讲述内容,因此不可能一模一样,应鼓励幼儿讲述的独创性和个性化语言的发展。然而很多教师在组织讲述活动时恰恰忽视了这一点,用统一化的讲述模式去要求幼儿,使得幼儿的讲述变成"千篇一律"。

因此,教师在引导幼儿讲述时需注意以下三点:第一,尽量放手让幼儿自由讲述,不要太注重讲述的结果而提出过多的讲述要求;第二,给幼儿创设宽松、自由的语言环境,让幼儿在愉悦的语言环境中大胆讲述,展现个性化的语言;第三,注意倾听幼儿的讲述,了解每个幼儿的讲述情况,及时发现并鼓励幼儿讲述中的"闪光点"和"创新点"。

(二)增强讲述过程的趣味性

讲述活动中增强讲述过程的趣味性,关键在于打破以往讲述活动单一、反复讲述的活动形式,采用幼儿喜爱的活动方式,让讲述不再是单一地"讲",而是"边玩边讲",让讲述过程变得更好玩,激发幼儿参与讲述的兴趣。具体来说,教师在讲述活动中可以灵活运用如下几种策略,以增强讲述过程的趣味性。

1. 运用操作材料讲述

结合幼儿玩中学的学习特点,讲述活动中教师可以提供一些幼儿喜欢的、便于操作的材料,让幼儿边操作材料边讲述,增强讲述过程的趣味性。《3—6岁儿童学习与发展指南》中也强调:"最大限度地支持和满足幼儿通过直接感知、实际操作和亲身体验获取经验的需要。"常见的操作材料有对话框(泡泡框)、小图片、棍偶、手偶等,这些材料可以激发幼儿讲述的兴趣,幼儿边玩边讲,是幼儿喜爱的讲述方式。比如中班看图讲述活动"救火"中,教师给每个幼儿发放故事小图片和泡泡框,引导幼儿边操作材料,边讲述图片故事。教师还可以提供父与子的棍偶材料,让幼儿操作棍偶,模仿爸爸和儿子的

讲述活动"奇怪的洞""救火"操作材料

音色,有感情地、生动地进行讲述。

2. 在游戏情境中讲述

讲述活动绝对不只是让幼儿"讲",反复讲述只会让活动变得单调乏味,降低幼儿讲述的积极性。因此,讲述活动应当让幼儿在各种生动有趣的游戏中"玩"起来,边玩边讲,给幼儿创设一个愉悦的语言表达环境。教师可以创设游戏情境,让幼儿在有趣的游戏中进行讲述。例如教师可以引导幼儿玩故事接龙的游戏,几个幼儿一组,每人自选一张图片,按图片顺序进行故事接龙;教师也可以用纸盒自制一个大骰子,在骰子的几面写上图片序号,请幼儿玩骰子游戏,投到了哪个数字,就讲述第几张图片;还可以让幼儿在讲述活动中进行表演游戏,将自己讲述的故事边讲述边表演出来。总之,讲述活动中不管采用哪种生动有趣的游戏方式,目的都是让幼儿乐意讲述,体验讲述过程的乐趣。

3. 采用多种讲述形式

讲述活动中教师可以通过不同的组织形式提高幼儿的讲述兴趣,包括集体讲述、小组讲述和个别讲述。

其一,小组讲述。幼儿分成小组进行讲述,一般3~5人一组,可以轮流进行完整讲述,也可以采用图片故事接龙的方式,一人讲述一张图片。

其二,结伴讲述。让幼儿和一位同伴结伴讲述,或是让幼儿自己对着讲述对象讲述。幼儿个别讲述时,教师主要是通过倾听、插话的方式起到隐性指导的作用。

其三,集体讲述。教师组织全体幼儿集中开展讲述,教师不做规定和提示,充分给予每位幼儿讲述的机会。

总的来说,小组讲述与结伴讲述能增加个体讲述的机会,满足幼儿讲述的欲望,幼儿的参与度更高,还可以让幼儿在组内进行交流与分享。集体讲述更适用于示范讲述,且集体讲述容易出现少数幼儿讲述、多数幼儿听的被动、单调的局面,因而活动中需要与其他两种讲述形式综合运用。

第三节　学前儿童讲述活动案例与评析

案例1

大班看图讲述活动:一本让人着迷的书[①]

一、选材分析

这组图片选自孩子们非常喜爱的漫画书《父与子》,图片中故事情节诙谐幽默,角

---

① 此案例由长沙师范学院附属第二幼儿园刘敏老师提供,长沙师范学院宋苗境老师点评。

色形象鲜明生动,且图片留有很多可供幼儿想象的空间,适合大班幼儿独立构思与讲述。

二、活动目标

1. 初步接触幽默画,体验幽默画中所蕴含的趣味,对幽默画感兴趣。
2. 仔细观察画面人物的动态,根据人物动态推理情节的发展,想象出人物间的心理活动和对话语言。
3. 能大胆猜测和表达,语言表述完整、连贯;能正确使用跟画面相关的动词。

评析:目标可行性很强,对幼儿的讲述语言提出了具体的目标要求,一是讲述角色心理活动和对话,二是正确使用跟画面相关的动词,这样有利于幼儿积累相关的讲述语言经验,提升幼儿的讲述能力。

三、活动准备

课件;幼儿人手一份图片《一本让人着迷的书》;假发、胡须、圆点若干;背景音乐。

四、活动过程

1. 出示漫画书封面,感受父与子的幽默形象,引出活动主题。
2. 教师引导幼儿观察讲述《一本让人着迷的书》,大胆猜测和表达。

(1) 出示图片①,教师提问:你在图片上看到了什么?他们准备干什么?提示幼儿关注画面的香味图和问号图示。

(2) 出示图片②,教师提问:儿子在干什么?引导幼儿模仿画面中儿子的动作。

(3) 出示图片③,教师提问:这是一本什么样的书?爸爸会说什么?提示幼儿想象爸爸心里想说的话。

(4) 出示图片④,⑤,⑥,教师提问:你看到了什么有趣的事情?

评析:基于大班幼儿的经验水平,教师一起出示了后三张图片,并让幼儿自主观察讲述,教师给予个别指导。充分体现了教师对幼儿的了解,并且能基于孩子的已有经验水平,促进孩子的发展。

(5) 出示泡泡框,引进新的讲述经验,鼓励幼儿大胆想象、猜测和表述人物的心情和他们之间可能发生的对话。

(6) 幼儿人手一份图片,自由讲述图片④、⑤、⑥,请个别幼儿选择自己喜欢的一幅图片在集体面前讲述。

《一本让人着迷的书》
教学片段视频

评析:活动进行到这里时,幼儿集体讲述的时间已经较长,这时让每位幼儿拿着小图片,边指指点点,边讲述故事,让全班幼儿的参与热情得以延续。

3. 教师提出讲述规则和要求,幼儿带上道具分角色在小组完整讲述,请1~2组幼儿在集体面前讲述。

评析:老师提供表演的道具,让幼儿自己选择角色分组合作表演,边表演边讲述,增加了讲述活动的趣味性,幼儿讲述的积极性更高了。

五、延伸活动

1. 区域活动:将漫画书《父与子》投放至阅读区,引导幼儿自由阅读与讲述。
2. 家园合作:幼儿回家后将图片故事讲述给爸爸妈妈听,并邀请爸爸妈妈一起表演故事。

附图片：

图6-9 《一本让人着迷的书》

案例2

大班排图讲述活动：小乌龟和小蜗牛[①]

一、活动目标

1. 体会朋友之间互相帮助的情谊。
2. 能根据画面内容的逻辑排列图片顺序，并陈述理由。
3. 能根据画面提供的线索，进行创造性想象，并能清楚而连贯地讲述图片故事。

评析：排图讲述活动目标突出幼儿逻辑推理与创造想象能力的培养，且活动目标紧扣清楚而连贯讲述事件的叙事讲述能力的培养，活动重点突出。

二、活动准备

1. 教学挂图一套，幼儿人手一套小图。
2. 棍偶：乌龟和蜗牛。

三、活动过程

---

① 改编自黄靖，大班排图讲述活动：小乌龟和小蜗牛[J]. 教育导刊，2005(9)，长沙师范学院宋苗境老师点评.

1. 出示乌龟和蜗牛棍偶,创设故事情境

提问:谁来了？它们是怎样来的？你们猜猜乌龟和小蜗牛要去哪里？会发生什么事情？

2. 出示图④,引导幼儿观察和讨论

提问:这是什么地方？发生了什么事情？从什么地方可以看出蜗牛很害怕？

3. 出示图③,引导幼儿观察画面和排序。

提问:这张图排在前面还是后面？为什么？小乌龟和小蜗牛在哪里？那个地方是怎样的？小蜗牛为什么要爬到小乌龟的背上？

评析:出示图④之后,再出示图③,并引导幼儿初步推理与排序,可以培养幼儿的分析、判断和推理等思维能力。当然,同样的图片因为幼儿的理解不同,可能会排出不同的顺序,教师应鼓励幼儿大胆说出自己的想法,培养幼儿的创造想象能力。

4. 出示图①②⑤,引导幼儿排序,讲述图片故事

（1）提出排图讲述的要求。

指导语:这里还有3张图,要5张图连起来看,连起来想。请你们每人取一套图片,但图片没有按照顺序排列,请你们仔细看,要看懂内容,然后再按顺序给图片排队,排好图片之后讲一个有趣、动听的故事。

评析:教师一次性出示剩下三张图片,引导幼儿自主观察理解并排序。符合大班幼儿的思维与语言发展水平与需求,且对大班幼儿而言是一种新的挑战。但我们都知道,孩子们其实很喜欢也乐意完成挑战。

（2）幼儿取小图片自由排列,并进行讲述。

评析:活动进行到这里,幼儿集体讲述的时间已经较长,这时教师给每位幼儿提供一套小图片,让每位幼儿人手一套图片排序并讲述故事。这样就变换了一种讲述的形式,也让全班幼儿的参与热情得以延续,再请个别幼儿讲述,效果因而更好。

（3）请幼儿相互间进行排图讲述,看看谁编的故事最动听。

（4）请个别幼儿在集体面前进行排图讲述。

5. 引导幼儿给故事取名

6. 幼儿两两结伴,运用棍偶边表演边讲述故事

四、延伸活动

1. 区域活动:教师在语言讲述区或阅读区提供一些可供排图讲述的图片,引导幼儿利用区域活动时间自由选择图片进行排图讲述。

2. 家园合作:回家将自己编的故事讲给爸爸妈妈听。

附图片:

①

②

③

④

⑤

图 6-10 《小乌龟和小蜗牛》

案例 3

<u>大班情景讲述活动：听声音，说动物</u>①

一、活动目标

1. 乐意讲述与表演各种动物。
2. 能仔细听辨录音中各种动物的叫声，大胆表述自己的推测与想象。

---

① 此案例由长沙师范学院附属第一幼儿园吴冰老师提供，长沙师范学院宋苗境老师点评。

3. 能根据动物的声音,综合运用说明讲述与叙事讲述语言经验,完整讲述动物的叫声、形象、动态与情节。

评析:目标能紧扣讲述语言核心经验学习,并考虑大班幼儿讲述经验发展水平,目标可行性很强。

二、活动准备

森林里动物叫声的音频,动物胸饰、手偶。

三、活动过程

1. 听录音猜动物,激发幼儿参与活动的兴趣

提问:请小朋友仔细听听这些声音是哪些动物发出的?

评析:活动中教师选择的动物叫声不宜太多,既有几种性情温和的小动物,也有几种凶猛的野兽,且都是幼儿比较熟悉的。

2. 第二遍完整倾听录音,引导幼儿运用已有的经验进行讲述

提问:森林里有哪些动物?这些动物的叫声是怎么样的?它们的叫声给人什么样的感觉?

评析:当幼儿在倾听声音后有不同的意见时,教师可以引导幼儿再次听录音进行分辨,做出正确判断,以便培养幼儿严谨的学习品质。

3. 引导幼儿根据动物的声音完整讲述动物的叫声、形象、动态与情节

比如,引导幼儿重点倾听老虎的叫声,然后讨论并完整讲述:

(1)老虎的叫声和别的动物有什么区别?可以用什么样的词来形容它的叫声?

(2)听老虎的叫声时,我们好像看到老虎在什么地方,它是什么样子的?

(3)听着老虎的叫声,你觉得老虎正要干什么?什么事情可能会发生?

4. 幼儿分组扮演动物,讲述动物特征

幼儿分小组合作表演,每位幼儿利用胸饰、手偶等材料扮演一种动物,并重点讲述动物的特征。

评析:教师通过让幼儿倾听森林里动物的录音,由讲述动物的叫声、形象特征逐步过渡到想象与叫声有关的情节,并讲述自己编的故事。活动设计非常具有层次性,层层递进地增加幼儿讲述的难度,注重提升幼儿的讲述能力。

5. 游戏:我来说你来猜

幼儿两两结伴轮流讲述一种自己喜欢的动物,不能说出动物的名称,让同伴来猜。

四、延伸活动

1. 区域活动:教师提供或幼儿自带一些动物主题的科普类图画书,引导幼儿阅读,并与同伴分享。

2. 家园合作:回家后观看关于动物的电视节目,如动物世界等,并将自己喜欢的片段讲述给爸爸妈妈听。

技能训练

训练一:学前儿童讲述活动观摩与评析

【实训目的】

通过现场或视频观摩优秀的学前儿童讲述活动案例,进一步熟悉如何设计与组织学前儿童讲述活动,并尝试评价学前儿童讲述活动。

【实训要求】

1. 观察记录一个学前儿童讲述活动的全部过程,包括活动材料的准备与运用、活动的组织过程与方式、教学方法的运用等。

2. 以研究学习小组为单位对活动进行评析。

3. 各研究学习小组派代表发言,师生集中研讨。

训练二:学前儿童讲述活动试教

【实训目的】

运用本章学习内容,学会设计与组织学前儿童讲述活动,并尝试进行活动反思与评价。

【实训要求】

1. 全班推选一名学生进行学前儿童讲述活动集中试教与说课反思。

2. 师生围绕以下三个问题研讨试教课例:

(1) 学前儿童讲述活动中如何引导幼儿感知与理解讲述对象?

(2) 学前儿童讲述活动中如何引导幼儿学习与运用新的讲述经验?

(3) 学前儿童讲述活动中如何增强讲述过程的趣味性?

3. 分小组个进行个别试教,每名学生展示自己设计的学前儿童讲述活动,要求提交教案,制作教具或课件材料,完整进行模拟试教,试教后进行说课反思,组内进行活动评析。

4. 教师进行总结与提升。

训练三:学前儿童讲述活动教研

【实训目的】

针对学生讲述活动设计与组织中的几个突出关键问题,如感知理解讲述对象时提问的设计,讲述经验的学习与运用等,模拟幼儿园语言活动教研的形式,组织专题教研,有针对性地解决学生在学前儿童讲述活动实践中的问题,进一步提高学生设计、组织与评价学前儿童讲述活动的能力。

【实训要求】

1. 教师根据学生实践中的具体情况即存在的突出问题,介绍学前儿童讲述活动教研的任务与目的,抛出教研的核心问题。

2. 师生围绕教研问题开展研讨:

(1) 学生以研究学习小组为单位,任选一个核心问题进行研讨。

(2) 每组派代表发言。

(3) 师生围绕问题进行深入研讨。

3. 教师进行教研总结与提升。

国考真题

1. 题目：看图讲述(2019年幼儿园教师资格证面试试讲真题)

内容：

(1) 看图片讲故事。

(2) 模拟提问。

基本要求：

(1) 看图讲故事。

① 故事符合图意，语言生动有趣。

② 给故事取名，名字有一定的概括性，符合图意。

③ 普通话标准，口齿清楚，语速适宜，有感染力。

(2) 模拟提问：模拟向4~5岁幼儿提2个问题，提出的问题有助于幼儿理解图片内容或吸引幼儿注意力。

(3) 请在10分钟内完成上述任务。

图6-11

2. 题目：看图讲述(2018年幼儿园教师资格证面试试讲真题)

内容：

(1) 看图片模拟给幼儿讲故事。

(2) 模拟提问。

图 6-12

基本要求：

(1) 看图讲故事。

① 运用普通话讲述，故事符合图意。

② 给故事取名。

(2) 模拟提问：

仅向幼儿出示图 1 和图 2，请根据画面内容，模拟向大班幼儿提 2 个问题，以引导幼儿观察画面、大胆想象、续编故事。

(3) 请在 10 分钟内完成上述任务。

3. 题目：看图讲述(2017 年幼儿园教师资格证面试试讲真题)

内容：

(1) 看图片讲故事，模拟对幼儿讲故事。

(2) 模拟提问。

图 6-13

基本要求:
(1) 看图讲故事。
① 故事符合图意,语言生动有趣。
② 给故事取名,名字有一定的概括性,符合图意。
③ 普通话标准,口齿清楚,语速适宜,有感染力。
(2) 模拟提问:模拟向 5—6 岁幼儿提 2 个问题,以引导幼儿发现角色之间的关系和观察画面细节。
(3) 请在 10 分钟内完成上述任务。

拓展链接

在说明性讲述活动与幼儿的学业语言发展[①]
张文洁,钮艺琳

本研究以"种子长成苹果"的活动为案例,分析在说明性讲述活动中促进幼儿学业语言发展的问题。

1. 重视并充分解读活动中的学业语言

如上所述,学业语言是一种相对正式、规范的语言,且具有简洁性、精确性、权威性、逻辑性等特点。教师在开展说明性讲述活动前要充分理解学业语言的特点,在活动中向幼儿准确地传达信息。在开展"种子长成苹果"活动之初,组织活动的教师及研究团队就共同解读了活动中可能涉及的学业词汇,如形状、颜色、大小、结构、果皮、果肉、果核、种子等。

2. 在活动过程中有意识地增加学业语言输入

幼儿语言输出的质量很大程度上受外部语言输入质量的影响。教师在活动中使用的语言对幼儿具有重要的示范作用。在说明性讲述活动中,教师要尽可能使用学业语言,以增强语言表达的规范性与严谨性,从而引导幼儿使用相对严谨、简洁且合乎逻辑的学业语言来表达。

3. 根据幼儿经验和回应,适时引入学业语言

语言的学习、概念的获得,与儿童的已有知识和经验密切相关。因此幼儿学习学业语言,首先需要积累与学业语言相关的经验。"种子长成苹果"的活动案例中,教师在引导幼儿学习"果皮""果肉""果核"等学业语言词汇时,先通过触觉、视觉、味觉等丰富幼儿的相关经验,再基于幼儿已有经验及其回应,循序渐进地引导幼儿理解学业语言的含义。举例说明如下。

师:摸上去有什么感觉?
幼 A:我觉得有点像苹果的杆杆头。
师:哦,你摸到的好像是苹果的柄。杆杆上面,那是柄。

[①] 节选自张文洁,钮艺琳. 说明性讲述活动与幼儿的学业语言发展[J]. 幼儿教育,2013(6).

师:你摸上去是什么感觉?
幼B:我摸到那是一个苹果。
师:你为什么觉得是苹果呢?
幼B:因为它上面有那个柄。
师:哦,你也摸到了和她一样的东西,这个是苹果的柄。

组织活动的教师还在幼儿观察、品尝苹果的基础上引入了"果肉""果皮""果核"等相关学业语言词汇。

师:吃完了,我们一起来说说看。你吃掉的是什么?
幼A:我吃掉的有点酸咪咪的。
幼B:果肉。
师:噢。酸咪咪的果肉!把你们的话加在一起说就更完整了。
师:看看这一组小朋友吃剩下来的。剩下来的是什么?
幼A:果皮!
师:噢,剩下来的是果皮!
师:有些小朋友不爱吃果皮,有些小朋友把果皮吃掉了。
师:看看这个剩下来的东西是什么?
幼A:果芯!
幼B:芯子!
师:专业一点叫——果核。

此外,教师还注意及时纠正幼儿在理解学业言过程中产生的某些偏差。

师:这个果核里面还藏着一个小秘密,谁知道?
幼A:果核就是苹果的种子。
师:果核就是苹果的种子,是吗?
幼B:不是!
师:那么种子在什么地方?
幼C:种子在那个里面!
师:对啊,就在这个果核里面。看到了吗?藏着的种子在哪里?
幼C:看到了。
幼A:像两个眼睛。
师:像两个黑黑的小眼珠一样。
师:大家试着来说说,种子藏在……
幼(齐):种子藏在果核的里面。
师:好。真完整!

4. 关注幼儿学业语言表达的规范性与逻辑性

说明性讲述活动提供的是一种相对正式的语境,幼儿需要使用简洁明了、准确精炼、正式规范的语言。因此幼儿要尽量使用学业语言词汇,以准确地表达意思。举例说明如下。

师：你们吃的是苹果的什么？

幼（齐）：肉。

师：苹果的肉。

师：你吃到的是什么？

幼B：苹果的肉。

师：苹果的肉简单一点可以叫什么？

幼A：果肉！

师：噢，叫果肉。

幼B：有的苹果的皮也很好吃。

师：那么苹果的皮叫什么呢？

幼A：果皮！

师：味道怎么样呢？

幼C：很好吃的。

幼B：我吃的是苹果的肉。

师：对。我们叫它——果肉。

说明性讲述活动还要求幼儿表述时具有条理性、逻辑性。在"种子长成苹果"活动案例中，组织活动的教师通过为幼儿提供支架，如"苹果的外面是什么？中间是什么？里面是什么？"这种句式相对固定的填空式提问，一方面为幼儿提供了运用学业语言加以表述的逻辑框架，另一方面也有助于增强幼儿表达的条理性。对于学业语言掌握不足的幼儿来说，这种提问方式为他们提供了有力的支持。

师：看看苹果的外面是什么？中间是什么？里面是什么？

师：谁来说说看？按照从外到里的顺序。

幼A：外面是果皮。

师：苹果的……

幼B：苹果的外面是果皮。

幼C：苹果的外面是果皮，里面是果肉，再里面是芯子。

师：噢，他讲的是，苹果的外面是……

幼（齐）：果皮！

师：苹果的中间是……

幼（齐）：果肉！

师：苹果的里面是……

幼（齐）：果核！

师：你来完整地说一次。

幼B：苹果的外面是果皮，苹果的中间是果肉，苹果的里面是果核。

这种带有启发和引导双重意义的提问方式使幼儿逐渐学会了有条理地、合乎逻辑地使用学业语言来表达自己的想法。

参考文献

著作类:

[1] 周兢.学前儿童语言学习与发展核心经验[M].南京:南京师范大学出版社,2014.

[2] 张明红.学前儿童语言教育与活动指导[M].上海:华东师范大学出版社,2014.

[3] 郭咏梅.幼儿园语言活动创新设计[M].北京:中国轻工业出版社,2013.

[4] 郭咏梅,高晓敏.幼儿语言教育[M].北京:北京师范大学出版社,2012.

[5] 姜晓燕,郭咏梅.学前儿童语言教育[M].北京:高等教育出版社,2011.

[6] 郭咏梅.幼儿语言教育与活动指导[M].北京:高等教育出版社,2017.

[7] 李季湄,《〈3—6岁儿童学习与发展指南〉解读》[M].北京:人民教育出版社,2013:75-87.

[8] 王艳芳,刘秀丽.为了孩子的语言发展[M].北京:北京师范大学出版社,2009.

[9] 袁爱玲.幼儿园全语言活动设计与实施指导·大班[M].南京:南京师范大学出版社,2008.

[10] 张明红.给幼儿教师的101条建议·语言教育[M].南京:南京师范大学出版社,2007.

[11] 李秉德.教学论[M].北京:人民教育出版社,2005.

[12] 张明红.学前儿童语言教育[M].上海:华东师范大学出版社,2006.

[13] 郑荔.教育视野中的幼儿文学[M].南京:江苏教育出版社,2005.

[14] 周兢,余珍有.幼儿园语言教育[M].北京:人民教育出版社,2005.

[15] (美)奥恩斯坦,汉金斯.课程论[M].北京:中国人民大学出版社,2010.

期刊文献:

[1] 周兢.全语言教育与中国幼儿语言教育的本土化[J].幼儿教育,2002,(7-8).

[2] 任继敏.当前幼儿文学欣赏教育中的误区[J].学前教育研究,2007(5).

[3] 王玉.幼儿文学教育的新理念[J].学前教育研究,2009(2).

[4] 谢全霞.浅谈幼儿文学的语言[J].黑河学刊,2011(1).

[5] 王玉,余珍有.学前儿童语言学习核心经验与语言教育活动质量[J].幼儿教育,2012(1).

[6] 方卫平."玩"的文学:幼儿文学的游戏性[J].学前教育研究,2012(6).

[7] 赵南.幼儿教师应如何理解和实施支架教学[J].学前教育研究,2003(12).

[8] 胡剑红.支架幼儿语言学习的教学策略[J].学前教育研究,2010(1).

[9] 郭咏梅. 支架幼儿语言学习——"图谱支架"在幼儿园文学教育活动中的运用[J]. 当代教育论坛,2015(4).

[10] 赵琳. 儿童早期语言教育与其后继语文能力发展关系的研究报告[J]. 学前教育研究,2003(11).

[11] 余珍有. 日常生活中的早期阅读指导[J]. 学前教育研究,2005(5).

[12] 朱从梅,周兢. 亲子阅读类型及其对幼儿阅读能力发展的影响[J]. 幼儿教育(教育科学版),2006(7-8).

[13] 刘先芳,甘行芳. 早期阅读教育中存在的问题及有效策略[J]. 当代学前教育,2007(1).

[14] 张明红. 早期阅读材料的选择[J]. 幼儿教育,2007(18).

[15] 黄芳. 为幼儿选择合适的阅读材料[J]. 当代学前教育,2009(2).

[16] 周兢. 促进儿童前阅读核心经验形成的教育活动与指导建议[J]. 幼儿教育,2013(8).

[17] 李林慧等. 学前儿童图画故事书阅读理解研究[J]. 当代教育论坛,2015(4).

[18] 张放放,周兢. 儿童叙事能力发展研究综述[J]. 幼儿教育:教育科学版,2006(6).

[19] 曾维修,李甦. 儿童叙事能力发展的促进与干预研究[J]. 中国心理卫生杂志,2006(9).

[20] 周凤娟,章依文. 学龄前儿童看图叙事能力的微观结构和宏观结构研究[J]. 中国儿童保健杂志,2010(1).

[21] 王津. 幼儿说明性讲述的核心经验与教育指导策略[J]. 幼儿教育:教育科学版,2010(6).

[22] 崔利玲. 看图讲述教学模式的改善策略[J]. 早期教育,2001(3).

[23] 李林慧. 幼儿叙事性讲述的核心经验与教育指导策略[J]. 幼儿教育:教育科学版,2014(1、2).

[24] 周兢. 关注《指南》背景下的幼儿园语言教育[J]. 幼儿教育,2013(5).

[25] 钱志英. "语言超市"展风采——谈幼儿园语言活动区的创设与利用[J]. 现代幼教,2012(4).

[26] 白燕. 浅析学前语言游戏教学的有效化[J]. 天津市教科院学报,2009(4).

[27] 许晓蓉. 幼儿早期阅读指导策略浅探表演童话[J]. 学前教育研究,2008(5).

[28] 郭咏梅. 幼儿园图书阅读指导中存在的主要问题及应对策略[J]. 学前教育. 2007(6).